Krise!

Wie wir gestalten, was uns blüht

Eine Textsammlung mit Beiträgen von:

Heidrun Buitkamp

Andreas Schneider

Gundula Buitkamp-Nagel

Antje Buitkamp

Andreas Fraesdorff

Karin-Franziska Opitz

Christian Danckworth

Josef Berghold

Bibliografische Information der Deutschen Nationalbibliothek:
Die Deutsche Nationalbibliothek verzeichnet diese Publikation in der Deutschen Nationalbibliografie; detaillierte bibliografische Daten sind im Internet über dnb.dnb.de abrufbar.

Texte: © 2021 Antje Buitkamp (Hg.)
Satz und Umschlaggestaltung: © 2021 Andreas Schneider

Herstellung und Verlag:
BoD – Books on Demand, Norderstedt

ISBN: 978-3-7557-6036-8

Bildnachweis:
Umschlag: Antje Buitkamp
S. 38: Andreas Schneider
S. 41: Gundula Buitkamp-Nagel
S. 105: Antje Buitkamp
S. 106: Gundula Buitkamp-Nagel
S. 130: Heidrun Buitkamp
S. 175: Christian Danckworth
Personenfotos: privat

Inhaltsverzeichnis

Vorwort

Wohl selten war der Begriff „Krise" so oft zu hören wie seit 2020: Die Corona-Krise konfrontiert uns mit Tod, Gesundheitsschäden, Überlastung von Gesundheitssystemen, finanziellem Ruin, zunehmender Gewalterfahrung, Bildungsdefiziten, sozialpolitischen Spannungen und Verstärkung psychischer Irritierbarkeit.

Gleichzeitig überrollt uns die Klimakatastrophe: Stürme, Dürren, Überschwemmungen, Hitzeextreme, Waldbrände, Versauerung und Vermüllung der Ozeane, Meereseisschmelze, Auftauen des Permafrost-Bodens, Absterben der Korallenriffe und Gletscher. Zudem rütteln – teilweise auch aufgrund der klimatischen Veränderungen – politische Konflikte, Kriege, Vertreibungen, Flucht, Hunger, Seuchen und oft extreme wirtschaftliche Notlagen am Gefüge der Welt.

Jede und jeder von uns erlebt das Phänomen Krise auf ganz eigene Art, setzt individuelle Schwerpunkte, zieht daraus unterschiedlichste Konsequenzen im privaten und gesellschaftlichen Leben, sucht zum Beispiel nach zuverlässigen Informationen, „wurschtelt sich durch", tauscht sich mit nahestehenden Menschen aus, teilt be- und entlastende Gefühle, versucht sich in der Entwicklung hilfreicher Strategien und – übt sich in Geduld.

Wie unterschiedlich unsere Herangehensweisen auch sein mögen – letzten Endes befinden wir uns in unserer krisenhaft zusammenwachsenden Welt im selben Boot. Unter diesem Eindruck entstand im Sommer 2020 die Idee, gemeinsam ein Buch zu schreiben, um Krisensituationen aus verschiedenen Blickwinkeln zu reflektieren, Wissens- und Erfahrungsschätze zu sammeln und den Zugriff auf wertvolle Ressourcen zur Krisenbewältigung zu ermöglichen.

Die Gründung des Autorinnen- und Autorenteams war ein lebendiger, spannender, von einigen krisenähnlichen Situationen nicht verschonter, vermutlich aber gerade auch durch diese „Geburtswehen" gelungener Prozess. Eine Teilnehmerin entschied sich angesichts der anfangs etwas holprigen Teamdynamik und politischer Text-Inhalte dafür, alleine ein eigenes Buch zu schreiben und das gemeinsame Projekt zu verlassen. Kurz darauf kamen drei neue Mitglieder zur Gruppe hinzu.

Teilweise kannten wir uns aus anderen Zusammenhängen, zum

Beispiel freundschaftlichen, politisch-aktivistischen oder familiären, wie sich aus den Nachnamen unschwer erschließen lässt. Oder besser gesagt, wir meinten, uns selbst und die anderen zu kennen, stellten aber fest, dass im Zuge eines solchen Projekts allerseits ungeahnte, überraschende Eigenarten und Charakterzüge erkennbar werden. Wir alle kamen durch persönliche Beziehungen in den Kreis der Schreibenden hinein, trafen dort aber natürlich auch auf Menschen, die uns vorher noch gänzlich unbekannt waren.

Es ergab sich also eine Phase des Aneinander-Herantastens. Zweimal gelangen uns corona-konforme Direktbegegnungen, dann mussten wir auf digitale Konferenzen umsteigen. Auf diesem Wege stellten wir uns gegenseitig unsere langsam klarere Formen annehmenden Ideen vor. Als zentrale Motive, die nun das Buch wie ein roter Faden durchziehen, stellten sich Solidarität und Hoffnung als maßgebliche Kräfte zur Bewältigung persönlicher, gesellschaftlicher und globaler Krisen heraus.

Als wir der Frage nachgingen, wen wir mit unseren diversen psychologischen, politischen, medizinischen, theologischen und gesellschaftlichen Themen erreichen wollen, stellten wir fest, dass in der Vielfalt eine Chance liegt – schwebt uns doch allen vor, keine ausgewählte speziell-spezifische, sondern eine breite, bunt gemischte Zielgruppe zu finden. Sätze wie „Alles Krise oder was?", „Augen auf und durch!" oder „Ausblick auf Hoffnung" flogen durch den Raum und begleiteten uns in die ersten Wochen des Schreibens.

Nach und nach entstanden die ersten Texte, und es begann ein wertschätzender, kritischer, den eigenen Horizont erweiternder Austausch. Unsere unterschiedlichen Sprach- und Schreibstile bereicherten den Prozess. Angesichts verschiedener Meinungen und Haltungen kam es zu tiefgreifenden Diskussionen. Letztendlich trägt jede und jeder Schreibende die Verantwortung für den jeweils selbst verfassten Beitrag.

Nun liegt vor uns und den Leserinnen und Lesern eine gründlich gereifte Textsammlung. Von der Abwechslung zwischen eher wissenschaftlich ausgerichteten Abschnitten, erlebnisorientierten Textvignetten, lyrischen Einwürfen und kurzen Prosastücken erhoffen wir uns im Ergebnis eine anregende und Anstöße vermittelnde Lektüre. Wir erwarten mit Spannung das Echo derer, die das Buch – dem eigenen Interessen-Kompass folgend, teils vertieft, teils im flüchtigen Überblick oder vielleicht auch Abschnitte überspringend – lesen werden.

Die einzelnen Autorinnen und Autoren beschäftigen sich mit einer bunten Mischung an Themen:

Heidrun Buitkamp ist Bibliothekarin und Theologin. Sie leitet die Textsammlung mit einem klärenden Blick auf den begrifflichen Inhalt des vielbenutzten Wortes „Krise" ein. Die etymologischen und historischen Hintergründe werden genauso thematisiert wie die Bedeutung im aktuellen Sprachgebrauch.

Andreas Schneider, beruflich im Kontext der Informatik zuhause, eröffnet mit analytischem und lösungsorientiertem Blick den Weitwinkel auf „Die Kunst der Krise" und schildert Techniken, die die Integration der weltweiten, alltäglichen, unumgänglichen Krisenhaftigkeit des Daseins in das eigene Leben ermöglichen.

Im Anschluss daran geht es um das Thema „Kunst in der Krise", zu dem Gundula Buitkamp-Nagel – selbst schreibend und musizierend tätig – eine Sprachkünstlerin und einen Schauspieler befragt hat und anhand dieser exemplarischen Berichte Betroffener die Systemrelevanz sowie Chancen und Notwendigkeit kreativen Arbeitens in den Fokus rückt.

Danach liegt der Schwerpunkt auf dem individuellen psychischen Krisenerleben: Hier verknüpft Gundula Buitkamp-Nagel Szenen und Motive aus Kinderbüchern von Astrid Lindgren mit Situationen aus ihrer praktischen Erfahrung als Musiktherapeutin bei der Begleitung von Kindern und Jugendlichen in Krisensituationen.

Darauf folgend werden zunächst Krisen in Institutionen und Systemen beleuchtet, insbesondere in der Gesundheitsversorgung, die von einer zunehmenden privaten Renditeorientierung, Personalmangel, Zeitdruck, Überlastung, Fehlzuteilung von Ressourcen und fehlendem Raum für Empathie betroffen ist:

Antje Buitkamp ist Frauenärztin in einer Rehaklinik. Sie berichtet vom Aufbau eines Entlastungskrankenhauses in der Corona-Krise, das sich nach einer schwierigen Anfangsphase zu einem unerwartet flexiblen Versorgungsmodell entwickelte, in dem beträchtliches Zukunftspotential steckt.

Andreas Fraesdorff setzt sich als Pastoralpsychologe, Klinikseelsorger und Supervisor mit krisenhaften Erfahrungen in einem großen Hamburger Krankenhaus auseinander, deren Grenzen, aber auch

Chancen er anhand konkreter Beispiele herausarbeitet.

Karin-Franziska Opitz, Sozialarbeiterin und Psychoonkologin, schildert den Umgang mit dem Sterben als einer einmaligen Krise, die jeder Mensch unweigerlich ganz alleine, aber nicht unvorbereitet zu bestehen hat.

Christian Danckworth geht als examinierter Altenpfleger der Bewältigung der Pflege-Krise nach und schlägt einen Bogen bis hin zur Utopie eines grundlegenden Systemwechsels.

Abschließend wird eine globale Perspektive eingenommen: Josef Berghold analysiert als Sozialpsychologe den gesellschaftlichen Umgang mit der Klimakatastrophe und plädiert nachdrücklich dafür, sich den mit ihr verbundenen Ängsten zu stellen, einen konstruktiven Umgang mit ihnen zu finden und dabei auch Wege zu einem organisierten politischen Handeln zu eröffnen.

Einige der Autorinnen und Autoren bereichern die Sammlung zusätzlich mit eingestreuten poetisch-literarischen Kompositionen und Kurztexten.

Mit diesem Buch möchten wir Mut machen und die Sinne schärfen, um der Krisenwahrheit ins Auge zu sehen und sie zu verstehen. Wir möchten Werkzeuge aufzeigen und zur notwendigen Tatkraft beitragen, damit Entscheidungen getroffen, sinnvolle Lösungen gefunden und neue Wege beschritten werden. Wir möchten deutlich machen, dass in der Gemeinschaft vieles möglich wird, was uns als Einzelnen unmöglich erscheint. Wir möchten die Hoffnung wecken, dass es sich lohnt, Kräfte zu entwickeln, sie zu bündeln und aktiv zu werden, um Krisen zu überwinden und sie zum Nährboden für neue Chancen werden zu lassen.

Das Team der Autorinnen und Autoren

hallo krise

was willst du von mir
ziehst mir den boden weg
wirfst mich in die luft
lässt mich fallen
in ungeahnte abgründe
knall oder
sanfte landung
überleb ich das
hallo krise
du knetest mich
wie einen mürbeteig
formst mich neu
walzt mich aus
bis ich ganz dünn bin
und fast zerfalle
vor schmerz
hallo krise
du schnitzt mit scharfem messer
splitter fliegen und späne
du kennst meine konturen
willst auf etwas hinaus
was ich nicht kenne
du schälst mich frei
wenn ich dir nicht zerbreche
wer werde ich sein
vielleicht
mehr ich
denn je

gundula buitkamp-nagel

Heidrun Buitkamp

Worte schaffen Wirklichkeit:
Von so genannten und anderen Krisen

Wenn ein Wort gehäuft und als ein so deutlicher Schwerpunkt von Texten vorkommt wie ‚Krise‘ in der vorliegenden Aufsatzsammlung, lohnt sich zu Beginn ein Blick auf Herkunft, Gebrauch und semantischen Gehalt. Die folgenden Gedanken stehen unter der Fragestellung: Was genau umfasst der Begriff ‚Krise‘? Ist das Gemeinte mit dem Wort zutreffend beschrieben? Was haben Menschen zu verschiedenen Zeiten damit verbunden, wenn sie von ‚Krisen‘ sprachen? Hat die Bedeutung sich im Laufe der Zeit gewandelt? Tragen wir selbst durch den umgangssprachlichen Wortgebrauch zu einer Bedeutungsverschiebung bei? Ist eine solche der Sache angemessen, oder sollten wir sie uns bewusst machen und gezielt darauf hinwirken, einer Abnutzung oder Verflachung Einhalt zu gebieten?

Der Ursprung des Wortes ‚Krise‘ liegt im Griechischen: κρίνειν bedeutet ‚unterscheiden, aussondern, auswählen‘ und ‚entscheiden, urteilen, richten‘.[1] Damit sind zwei Aspekte benannt, die sich wiederfinden lassen im deutschen Wort ‚Krise‘, kennzeichnet es doch einen Zeitpunkt bzw. eine Phase der Unterscheidung und Entscheidung.

Was die Unterscheidung betrifft, so wird eine Krise die erfahrene Wirklichkeit stets in ein ‚Vorher‘ und ein ‚Nachher‘ einteilen, welche sich niemals gleichen. Selbst wenn es eine Rückkehr zur vermeintlichen Normalität geben sollte, wird das Bewusstsein der Gefährdung immer mitschwingen und das künftige Erleben prägen, sei es bewusst oder unbewusst.

Der Aspekt der Entscheidung liegt vielleicht noch offenkundiger auf der Hand: Die Krise kennzeichnet den Zeitpunkt oder die Phase eines Umschwungs in eine von mindestens zwei möglichen Richtungen. Etwas potentiell Bedrohliches steht in unmittelbarer Nähe zu einer hoffnungsvollen, Entwicklung ermöglichenden Perspektive. Ein mit dem griechischen Verb κρίνειν verwandtes Wort (ἀποκρίνεσθαι) bedeutet ‚antworten‘. Im übertragenen Sinne lässt sich dies daraufhin interpretieren, dass es zumindest teilweise beeinflussbar sein könnte, welche Rolle und Perspektive ein von einer Krise betroffener Mensch einnimmt. Unterscheidungen und Entscheidungen kommen nicht nur von außen auf uns zu, sondern können auch selbst getroffen oder zumindest bewusst ‚beantwortet' werden. Im Blick auf einzelne Etappen der Krisenverarbeitung sind – einander ablösend oder auch abwechselnd – Phasen einer eher passiven, erleidenden und erduldenden Haltung von anderen zu unterscheiden, die im Gegensatz dazu von Aufbruch und eigener Aktivität geprägt sein können.

Zu konstatieren ist ein häufiger Rückgriff auf das Wort ‚Krise' in der heutigen Umgangssprache. Geläufige Beispiele sind die Redewendungen ‚Ich krieg `ne Krise' oder gar ‚die Oberkrise', jemand ist ‚leicht angekrist' oder ‚es kriselt'. Ob das jeweilig damit Benannte überhaupt zu vergleichen ist mit dem Ernst einer wirklich als ‚Krise' zu bezeichnenden Situation, bleibt zu hinterfragen.

Nicht immer muss ein wie eine Verkleinerungsform anmutender Ausdruck allerdings eine Verharmlosung bedeuten. So ist beispielsweise das Wort ‚kriseln' bereits im 19. Jahrhundert im Sinne einer sich andeutenden Krisensituation in den allgemeinen Sprachgebrauch eingegangen.[2] Benannt werden damit die Vorboten einer ernstzunehmenden Lage.

Um dem Gebrauch des Wortes in unterschiedlichen Zeiten und Kontexten auf die Spur zu kommen, diente die Recherche in einem Bibliothekskatalog als experimenteller Ausgangspunkt.[3] Bei Eingabe des allgemeinen Suchbegriffs ‚Krise' im Online-Katalog des Gemeinsamen Bibliotheksverbundes wurde eine Treffermenge von über 50.000 Titeln erzeugt. Einen Vorteil für die Frage nach dem Wortgebrauch in verschiedenen Epochen stellte die chronologische Sortierung der Titel dar. Die Erscheinungsjahre reichten bei der Suche nach dem deutschen Terminus ‚Krise' von ca. 1800 bis 2021, bei Verwendung des lateinischen Wortes ‚crisis' bis in die Reformationszeit bzw. sogar bis zum Beginn des Buchdruckes zurück, also zweifellos bis zu einer Zeit gravierender Umbrüche – und Krisen.

Benutzt wird das Wort ‚Krise' in verschiedensten Zusammenhängen. Herausgegriffen seien nur wenige, konkret in Buchtiteln vorkommende Beispiele: Handelskrisen, Krisen spezieller Wirtschaftszweige, Krisen politischer Systeme und die ‚Krise des Abendlandes', Glaubenskrisen, Lebenskrisen, seelische Krisen und gesundheitliche Krisen.

Es lässt sich eine im Laufe der Zeit zunehmende Thematisierung des Individuums und spezieller diesbezüglicher Krisen feststellen.

Gleichzeitig ist in aktueller Zeit durch vielfältige Informationskanäle ein Anteilnehmen auch an geographisch fernen, aber weitreichenden Krisen möglich – und notwendig. Kein krisenhaftes Geschehen bleibt in der vernetzten und globalisierten Welt ohne Auswirkung auf das eigene Lebensumfeld. Ebenso kann eigenes Handeln umfassendere Wirkungen zeitigen als zunächst vorstellbar. Insofern verändert sich der Horizont vom ‚Allgemeinen‘ zum ‚Besonderen‘ – und auch wieder in die umgekehrte Richtung. Das kann verunsichern und doch Mut erzeugen, der viel mehr ist als ein Mut der Verzweiflung.

Zur Veranschaulichung sei eine Aufsatzsammlung aus dem Jahr 2020 herausgegriffen: ‚Krise der Zukunft‘.[4] Schon aus dem Titel lässt sich durch den in verschiedener Richtung aufzufassenden Genitiv eine Doppeldeutigkeit herauslesen: Geht es um eine zukünftig an Relevanz zunehmende Krise oder soll ausgesagt werden, dass die Zukunft sich grundsätzlich als Krise darstellt? Beim Betrachten des Untertitels und der Beiträge im Einzelnen wird deutlich, dass eine Infragestellung jeglicher Zukunftsperspektive Thema ist, also der Krisen-Terminus in seiner radikalen Bedeutung zum Tragen kommt. Gleichzeitig und geradezu paradox sind die Inhalte nicht von Fatalismus, sondern von Tatkraft und Zukunftsorientierung geprägt. Beides schließt sich offenbar nicht aus, selbst wenn die Lage nach menschlichem Ermessen ausweglos erscheint.

Nach dem Blick auf den Wortgebrauch ist nach den jeweiligen begrifflichen Implikationen zu fragen. Unabhängig von einer inhaltlichen Qualifizierung soll hier der Versuch einer groben Einordnung verschieden gearteter Krisen nach eher formalen Kriterien unternommen werden. Unter welchen Gesichtspunkten hat beispielsweise eine Unterscheidung von ‚großen‘ und ‚kleinen‘ Krisen ihre Berechtigung? Ein Anhaltspunkt für eine derartige Differenzierung könnte zum einen die Anzahl betroffener Menschen oder Bevölkerungsgruppen sein und zum anderen die Reichweite der Situation bezüglich ihrer zeitlichen Ausdehnung und der Nachhaltigkeit ihrer Auswirkungen. Über die Tiefe und Schwere von persönlichen Krisen, die im Leben einzelner Menschen und innerhalb überschaubarer ‚Systeme‘ wie Familien oder anderer Lebensgemeinschaften dramatische Wirkungen entfalten können, ist damit allerdings nichts ausgesagt.

Zu unterscheiden sind in jedem Fall individuelle und kollektive Krisen, auch wenn es einen Zusammenhang zwischen beiden Formen gibt. Eine direkte Abhängigkeit besteht jedoch nur in einer Richtung: Persönliche Krisen können unabhängig von gesamtgesellschaftlichen vorkommen – nicht aber umgekehrt. Grundlegende Umbrüche, die sich nicht nur in privaten Erinnerungen niederschlagen, sondern ein Medienecho in der Gegenwart hervorrufen und sich auf lange Sicht in Geschichtsbüchern oder politischen Rückblicken wiederfinden, waren und sind immer mit zahllosen krisenhaften Lebenssituationen einzelner Menschen verbunden. Dass eine Krise zu einer ,historischen' wird, hängt unmittelbar mit ihren Auswirkungen auf eine große Anzahl von Menschen über einen längeren Zeitraum hinweg zusammen. Je größer die Anzahl der Betroffenen ist und je länger sich der Zeitraum ausdehnt, innerhalb dessen ein krisenbezogenes Thema gesellschaftlich relevant ist, desto umfassender ist die öffentliche Wahrnehmung und entsprechend dramatisch die Bewertung als ,große' oder gar ,globale' Krise.

Was allen Situationen gemeinsam ist, die den Namen ,Krise' verdienen, ist eine grundlegende Veränderung dessen, was bis dahin als ,normal' empfunden und gelebt wurde. Es findet ein Einschnitt statt, der Bisheriges in Frage stellt und ein Weitermachen in der bis dahin bekannten Weise unmöglich macht. Es kann sich um ein plötzliches oder ein sich bereits länger abzeichnendes Geschehen handeln. Dass eine Krise ausschließlich den Punkt einer Konfrontation mit Unerwartetem oder den Augenblick einer Entscheidung kennzeichnet, ist vermutlich seltener der Fall, als dass eine längere Phase der Auseinandersetzung mit neuen Lebensumständen und der Ausrichtung auf unumgängliche Veränderungen zu durchleben ist. Im Unterschied zur ,Katastrophe' ist festzuhalten, dass diese ein plötzliches, unumkehrbares Geschehen kennzeichnet. Sie ist nicht selbst die ,Krise', wirkt aber als Auslöser für krisenhafte Verarbeitungsprozesse bei denjenigen, die mit den im wörtlichen Sinne katastrophalen Auswirkungen eines Ereignisses weiterleben müssen.[5]

Der Prozess der Verarbeitung verläuft in individuell unterschiedlichem Tempo und in unterschiedlichen Schritten oder Phasen, die sich mehr oder weniger klar voneinander abgrenzen, jedoch keiner festgelegten Reihenfolge zuordnen lassen. In jedem Fall geht es darum, sich aus einer Schockstarre zu lösen und in eine Haltung oder auch Aktivität hineinzufinden, die eine Öffnung auf Zukunft hin ermöglicht. Was sich dafür als hilfreich erweist, ist je nach Situation und persönlichen Bedürfnissen unterschiedlich. Auch wenn jedes Ereignis, das zu einer Krise führt, als ein unvergleichliches und exklusives empfunden wird, können ab einem gewissen Punkt die Orientierung an Menschen, die Vergleichbares durchleben mussten, und der Zusammenschluss mit (zeitversetzt oder gleichzeitig) ähnlich Betroffenen Kräfte freisetzen und die Ausrichtung auf vorhandene Ressourcen erleichtern.

Nicht zu vernachlässigen ist allerdings die Gefahr, dass eine Krise nicht zur konstruktiven Verarbeitung, sondern zu einer negativen Entscheidung führt. Wenn etwas auf Messers Schneide steht und es möglicherweise um Leben und Tod geht, liegt es in der Natur der Sache, dass die Entscheidung schließlich fallen und eine der beiden Richtungen festlegen wird. Das Besondere der Krisensituation ist aber, dass keine Zwangsläufigkeit besteht, sondern dass beide Optionen realistisch und somit Hoffnung und eigene Aktivität begründet und aussichtsreich sein können.

Abschließend ist festzuhalten: Eine Krise bedeutet in jedem Fall eine ernste Situation mit mindestens doppelter Entscheidungs- oder Entwicklungsoption. Sie stellt selten ein punktuelles, sondern meist ein länger andauerndes Geschehen dar, ist aber zu unterscheiden von einer dauerhaften Veränderung eines Sachverhaltes oder Lebenszusammenhanges. Es ist eine Phase von Spannung, Anspannung, Verspannung, manchmal aber auch Gespanntsein im positiven Sinne. Im Gegensatz zur Katastrophe lässt eine Krise Spielraum für Entwicklung und dementsprechend für Hoffnung, Solidarisierung und Kreativität.

Die genauere Betrachtung des Wortes lässt entgegen dem Augenschein vermuten, dass nicht alles, was uns im umgangssprachlichen Gebrauch des Wortes ‚Krise‘ begegnet, eine Verflachung bedeuten muss. Auch wenn durch bestimmte Ereignisse oder Erfahrungen nur Teilaspekte des individuellen (Er-)lebens betroffen sind und eine Auswirkung über den persönlichen Kreis hinaus kaum wahrnehmbar ist, können sie sich zur Krise auswachsen und ein potentiell bedrohliches Geschehen darstellen.

Dennoch sollten die inflationär häufige Verwendung des Wortes sowie möglichst auch die Verkleinerung und Verniedlichung vermieden werden, um den Terminus für die Bezeichnung existenziell erschütternder Situationen zur Verfügung zu behalten.

Anmerkungen

1   Grund- und Aufbauwortschatz Griechisch, Stuttgart 1981.

2   „kriseln", bereitgestellt durch das Digitale Wörterbuch der deutschen Sprache, <https://www.dwds.de/wb/kriseln>, abgerufen am 26.02.2021.

3   Der Gemeinsame Bibliotheksverbund weist Bestände aus mehreren – vorwiegend norddeutschen – Bundesländern nach. Seit 2019 gibt es einen gemeinsamen Katalog mit dem Südwestdeutschen Bibliotheksverbund („K10plus"), der die Bestände aus 10 Bundesländern umfasst.

4   Pfleiderer, Georg et al. [Hrsg.]: Krise der Zukunft I. Apokalyptische Diskurse in interdisziplinärer Diskussion. Zürich/Baden-Baden 2020 (Religion – Wirtschaft – Politik ; 15).

5   Katastrophe bedeutet wörtlich ‚Umwendung' (aus dem Griechischen) – und zwar immer zum Schlechteren.

Andreas Schneider

Krise als Wegbegleiter
oder die „Kunst der Krise"

Plädoyer für eine positiv gerichtete Hinwendung auf eine angstbesetzte Größe

„Klimakrise", „Migrationskrise", „Demografiekrise", „Gerechtigkeitskrise" und zuletzt natürlich auch „Corona-Krise" – all dies sind uns wohlbekannte und -vertraute Begriffe. Und sie sind es zu Recht, denn all das sind – teils bereits unmittelbar spürbare, teils zuverlässig prognostizierte und mit hoher Wahrscheinlichkeit auf uns zukommende – reale Umstände unserer Lebenswelt. Wir lesen und hören tagtäglich von ihnen, keine Fernsehnachrichten, in denen sie uns nicht – unmittelbar oder als Hintergrundbedingung – begegnen. „Leugnen zwecklos" könnte man sagen – auch wenn gerade dieses Verleugnen ein durchaus nicht selten verwendetes „Gegenmittel" zu sein scheint.

Tatsache aber ist, dass – neben und zusätzlich zu den persönlichen Krisen der eigenen Biografie – die genannten „großen", gesamtgesellschaftlichen Krisen (und um die soll es hier gehen) nun mal da sind. Und zwar auf sehr nachdrückliche, „anhängliche" Weise. Sie werden nicht von heute auf morgen wieder verschwinden. Und erst recht nicht von alleine.

Wir werden mit ihnen leben müssen. Ob wir wollen oder nicht. Und wenn wir dies schon tun, dann sollten wir es möglichst richtig, möglichst gut, möglichst gekonnt tun. Im besten Fall erlernen wir die „Kunst der Krise"…

Kunstgriff 1: Hinschauen

Es ist beileibe keine Überraschung: Auch beim Thema Krise beginnt – und eventuell steht und fällt – alles mit dem Akt der Wahrnehmung. So sehr und so unausweichlich drohendes Unheil auch im Alltagsdiskurs, in Nachrichten und Medien präsent sein mag – es wird schon nicht so schlimm kommen, es wird mich nicht betreffen, es ist vielleicht eh alles nur mediales Getöse. Und im Zweifelsfall ist es sogar in verschwörerischer Absicht erdacht und erlogen. Verleugnung wäre die übliche Bezeichnung für diese Art der mentalen Reaktion. Oder auch weniger dezidiert und zielgerichtet: Beschwichtigung, Besänftigung, (Selbst-)Beruhigung.

Es anders zu machen, also ungeschönt und ungeschützt sich das Krisengeschehen vor Augen zu führen, ist jedoch durchaus keine einfache Herausforderung: Wieviel Gefahrenbewusstsein können wir aushalten, wieviel Bedrohung bewältigen und trotzdem unser „seelisches Gleichgewicht" bewahren? Der hierfür wichtige „innere stabile Sockel" ist sicherlich individuell sehr unterschiedlich ausgeprägt. Und ihn zu verlassen, ist tunlichst zu vermeiden – Panik hilft nirgends und niemandem. Aber letztendlich führt kein Weg drum herum: Man sollte, man muss sich langsam herantasten an die Realität, denn schließlich wollen – und müssen – wir ja mit ihr umgehen und sie formen.

Gerade wenn es um eine Krise geht, ist genaues Betrachten ausschlaggebend, am besten von allen Seiten. Und es ist dies die Voraussetzung für…

Kunstgriff 2: Sich anfreunden

Deutlich und klar wahrgenommen steht sie dann also da, die Krise. Und um ehrlich zu sein: In den meisten Fällen bietet sie keinen allzu erfreulichen Anblick. Meist schwankt er eher zwischen greller Fratze und grau-langweiliger Mühsalsmiene. Aber nichtsdestotrotz, vielleicht sollte man ja einmal „hinter die Kulissen" schauen – oder einfach erstmal in Offenheit und Unvoreingenommenheit Kontakt aufnehmen. Es geht also um das Kennenlernen, um das Aufschließen der Wesenheit der Krise als Gegenüber, um das Entdecken von Facetten und Details.

Bei diesem genauen Hinschauen werden einem Strukturen und innere Zusammenhänge dieser Facetten häufig fast von alleine begegnen. Man beginnt zu analysieren. Und je mehr man entdeckt, desto klarer und vertrauter wird das Bild. Zudem bietet sich somit die Möglichkeit „hineinzuzoomen", nicht mehr nur die Krise als Gesamtes im Blick zu haben, sondern Einzelaspekte in den Fokus nehmen zu können. Und diese Einzelaspekte erscheinen dann vielleicht durchaus handhabbar und als Problem lösbar. Das macht Mut.

Aus solcher Vertrautheit mit der Sache erwächst dann häufig…

Kunstgriff 3: Sich inspirieren lassen

Ab hier könnte es spannend werden… Man sieht die Problemlage also vor sich, im besten Falle nicht mehr als dunkles, bedrohliches großes Ganzes, sondern schillernd und detailreich, und schaut auf... – lauter Schwierigkeiten. Auf den ersten Blick. Was sich nun aber ergeben könnte, wäre ein Wachwerden eines gewissen Initiativimpulses. Oder einfacher gesagt, aus lauter Schwierigkeiten könnten viele interessante Herausforderungen werden.

Wobei ein solches „Umklappen" der Sichtweise nicht erzwingbar ist, nicht jede oder jeder ist dazu (gleich gut) veranlagt. Zudem mag es auch eine Sache der Übung sein. Aber – niemand sollte sich gezwungen sehen. Man kann auch abwarten, es (erstmal) den Anderen überlassen, denn...

Kunstgriff 4: Gemeinsam geht es besser

Wenn man nun vor lauter Lust, sich seinen Lieblings-Krisen-Teilaspekt mal so richtig vorzuknöpfen, nicht mehr weiß, wohin mit der Energie, dann (spätestens) könnte es an der Zeit sein, auch mal gesellig zu werden. Denn es gibt mit Gewissheit noch eine ganze Menge anderer Leute, die genau auf dieselbe Problemstellung hin orientiert sind. Und die genauso gerne loslegen wollen, jede mit ihrer speziellen Kompetenz, Begabung und Energienote. Es bietet sich also die großartige Chance, das zu tun, was Menschen in aller Regel als besonders beglückend und bereichernd wahrnehmen: gemeinsam in konstruktiver Weise an einem positiven Ziel zu arbeiten.

Gut, man muss sich suchen, finden, kennenlernen – das Internet macht's heutzutage zum Glück leicht. Und man muss eine tragfähige, gut funktionierende Kommunikationsform untereinander vereinbaren, einüben und pflegen – sicherlich schon schwieriger, aber zumindest kann man hier auf ein Repertoire an erprobten Methoden zurückgreifen. Oder auf die altbewährten Ratschläge von Oma. Dass es zwischen Menschen dann und wann mal „menschelt", ist am besten gleich mit einzukalkulieren; dann fällt man bei ersten Krisen in der Krise nicht gleich aus allen Wolken. Nicht unwahrscheinlich andererseits, dass sich hier auch Freundschaften entwickeln können, gemeinsames Problembewältigen – oder zumindest - bearbeiten – schweißt nun mal zusammen.

Krisenbewältigung ist mitunter ein dick zu bohrendes Brett. Und ebenso wie es im Zusammenwirken hier und da mal kriseln mag, drängt sich vielleicht auch von der Sache her manchmal unterwegs der Eindruck auf: „Wir erreichen doch gar nichts. Das Problem ist so groß und so dringend, und es tut sich so wenig." Da könnte dann helfen…

Kunstgriff 5: In Teilschritten denken

„Rom ist auch nicht an einem Tag erbaut worden." Was zunächst einmal phrasenhaft daherkommt, enthält aber wohl in der Tat altbewährte Wahrheit. Krise ist halt Krise, weil es sich nicht um eine Kleinigkeit handelt, sondern um einen richtig großen Berg von Problemen. Und wie bei jeder Bergwanderung ist es ratsam, zwischendrin innezuhalten, durchzuschnaufen und sich umzuschauen. Und nicht zuletzt sich zu freuen an dem bereits Geschafften.

Eine Aufgliederung der Gesamtaufgabe in klar definierte Etappenziele dürfte hierbei hilfreich sein und bietet zudem die Möglichkeit, Zwischenbetrachtungen stattfinden zu lassen, sich immer wieder neu zu orientieren und gegebenenfalls Pläne und Strategien neu zu justieren. Wichtig hierfür wiederum ist…

Kunstgriff 6: Geschmeidig bleiben

So wichtig es bei der Bewältigung einer Krisensituation ist, das Ziel fest im Auge zu behalten, so wenig hilfreich ist es andererseits, auf dem Weg dorthin übergroße Starrheit walten zu lassen. Natürlich braucht es einen Plan; aber ebenso natürlich verändern sich Rahmenbedingungen – mitunter durch eigenes Einwirken, eigene Erfolge. Es gibt neue Erkenntnisse, neue Methoden, neue Mitwirkende etc. Einen einmal aufgestellten Plan – am besten regelmäßig – zu hinterfragen, mag deshalb von außen her ein wenig wie Wankelmütigkeit anmuten. Es nicht zu tun, würde aber die Chance nehmen, sich immer wieder frisch auf aktuelle Gegebenheiten einzustellen. Im Zentrum sollte also nicht die Angst vor Gesichtsverlust stehen, sondern die Handlungsklugheit. Und vor allem…

Kunstgriff 7: Pragmatismus vor Ideologie

Alles, insbesondere die Kommunikation untereinander, wird einfacher, wenn es um die Sache geht und nicht um Ideologien, seien sie politischer, weltanschaulicher oder religiöser Art. Das soll nicht heißen, dass Grundsatzfragen völlig ausgeklammert werden müssen oder irrelevant sind, aber die Gefahr, sich in ihnen zu verlieren oder gar zu entzweien, ist groß.

Erstmal von der Sache her zu denken, ist schlicht in aller Regel effizienter. Und Effizienz – ebenso wie Zusammenhalt – ist bei dem Bemühen, eine Krise zu bewältigen, durchaus nicht unwesentlich.

Kunstgriff x: Der Kunst ist kein Ende

Ebenso wie mit hoher Wahrscheinlichkeit der Krisen keines sein wird. Jede und jeder wird eigene Kunstgriffe entdecken im Verlauf der Auseinandersetzung mit Krisen, im Persönlichen wie auch im Allgemeinen, Gesamtgesellschaftlichen. Günstig dabei stets: Erfahrungsaustausch, Offenheit für Neues, Lernen von Anderen.

Andererseits ist die Situation natürlich mitunter viel schwieriger, die Problemlage viel überwältigender, als dass solch ein munter daherformuliertes „Anti-Krisen-Backrezept" angemessen oder nutzbar erscheint. Aber vielleicht nimmt sich auch Manches auf den ersten Blick überwältigend und unlösbar aus, was dann, wenn man es nach Auflösung des Anfangserschreckens aktiv und offensiv aufgreift, allmählich handhabbar wird.

Und so und so anders verhalten sich die Dinge, wenn es sich, im Unterschied zu den hier angestellten allgemeinen bzw. abstrakten Überlegungen, um ganz persönliche Krisen von z. B. Krankheit und Tod handelt, die ja an anderen Stellen in diesem Buch auf eindrückliche Weise geschildert werden und bei denen in viel schwerwiegenderer Weise Faktoren des inneren Erlebens in den Vordergrund treten.

Was beiden Bereichen – leider – häufig gemein ist, ist eine Tatsache, die man ehrlichweise nicht außen vor lassen sollte: Nicht jede Krise ist auflösbar, und es geht nicht immer gut aus. Aber wo immer wir die Chance haben, uns aus der Erstarrung, dem schicksalhaften Durchlebenmüssen zu lösen und einen aktiven Zugriff auf die Sache zu finden, da kann sie vielleicht Platz finden und kultiviert werden, die Kunst der Krise.

zwanzigzwanzig

euch umarmen
noch nicht
chorsingen
noch nicht
fahren wohin ich will
noch nicht
ins Konzert
noch nicht
endlich wieder auf die bühne
noch nicht
echtes Publikum
noch nicht
schwimmen in der Halle
noch nicht
ich zu dir
noch nicht
er hatte es schon ich
noch nicht
ich weiß
noch nicht
wir alle wissen alles
noch nicht
sag mal ganz oft
noch nicht
noch nicht noch nicht noch nicht
nochnichtnochnichtnochnicht
zwanzigzwanzig ist nämlich
das Nochnichtjahr
und es ist
noch nicht
zu
ende

gundula buitkamp-nagel

Gundula Buitkamp

Ich kann nicht auftreten!

Künstler:innen in der Coronakrise

Warm, satt und sauber – das sind die Basics, die erfüllt sein müssen, damit ein Mensch als irgendwie versorgt gilt. Dass es Bedürfnisse gibt, die darüber hinausgehen, ist den meisten von uns seit März 2020 schmerzlich bewusst geworden: Soziale Kontakte, Restaurant- und Kneipenbesuche, gemeinsames Musizieren in Chören und Orchestern, Gottesdienste, Schule und Bildung – all das und noch viel mehr wurde ausgebremst. Zunächst noch humorvoll, dann zunehmend übellaunig und traurig arrangiert man sich seitdem mehr schlecht als recht damit, nicht ins Kino, Theater oder Konzert gehen zu dürfen. Weiße Litfaßsäulen leuchten am Wegesrand, denn es gibt nichts anzukündigen. An der Lübecker Musik- und Kongresshalle sind überdimensional große Porträtaufnahmen der einzelnen Musiker:innen aus dem Städtischen Orchester angebracht. So wird darauf aufmerksam gemacht, dass es sie noch gibt, jede und jeden einzeln statt im Gruppenverband, der ihre Identität bedeutet und ihre Existenz sichert. Diese Bilder zu sehen, schmerzt mich jedes Mal, wenn ich dort vorbeigehe, und die Sehnsucht, dieses Orchester wiedervereint musizierend zu erleben, im Publikum sitzen und den zauberhaften Klängen live lauschen zu dürfen – „in Präsenz", wie man heute sagt – überflutet mich mit einer Macht, die ich so kaum kannte.

Wie aber ergeht es Menschen, die beruflich kunst- und kulturschaffend sind und das selbstständig, also ohne festes Gehalt? Menschen, die mit ihrem künstlerischen Ausdruck auf die Bühne wollen, ja müssen, den Kontakt zum Publikum gewohnt sind und sich davon zu Neuem inspirieren lassen; Menschen, die nicht nur finanziell, sondern mit Leib und Seele Kunst schaffen und auf die Darstellung, Realisierung, Ausführung und die vielfältigen Reaktionen kulturhungriger Rezipient:innen angewiesen sind? „Jetzt hast du doch mal richtig Zeit für deine Kunst", hören sie die eine oder andere ermunternde Stimme. „Schreib doch den Roman, von dem du immer gesprochen hast! Male! Tanze! Nimm ein Album auf!" Aber lässt sich so etwas übers Knie brechen, nur weil auf einmal viel Zeit da ist? Lassen sich Kunst und Kreativität herbeirufen wie gute Geister, wenn eine Pandemie für allgemeine Kulturlähmung sorgt, der menschliche Austausch und das Einkommen wegfallen? Wofür soll ein Geiger in solchen Zeiten schwere Stellen üben – für das Konzert in fünf Jahren? Andere Berufsgruppen werden plötzlich in die Kategorie „systemrelevant" geordnet und erhalten Applaus, der zugegebenermaßen nichts an den teilweise inakzeptablen Bedingungen ihrer Branchen ändert, aber immerhin verdeutlicht, dass sie gesehen, wertgeschätzt und respektiert werden.

Wie aber fühlt es sich an, als Künstler:in implizit als nicht systemrelevant zu gelten? Ist denn Kunst nicht wichtig?

Dass dies ein Missverständnis ist, wurde im Lauf der Monate immer deutlicher, und es entwickelten sich zahlreiche teilweise sehr erfolgreiche Bemühungen, kunstschaffenden Menschen die Ausübung ihres Berufs corona-konform zu ermöglichen. Genannt sei beispielhaft die von der Arbeitsgemeinschaft Kulturtreibhaus und der Lübecker Possehl-Stiftung initiierte Aktion KulturFunke, die seit Juni 2020 hunderten Kulturschaffenden dazu verhilft, „mit einer Förderung bis zu 6000 Euro ihr kreatives Projekt in Lübeck zu verwirklichen" (www.kulturfunke.de, abgerufen am 18.4.2021). So wird einem jungen Pianisten die Zusammenarbeit mit einem Tonmeister ermöglicht. Ein Steinway-Konzertflügel steht plötzlich in der Evangelisch-Reformierten Kirche, die für ihre gute Akustik bekannt ist. Hier erfüllt sich der Pianist den Traum, unter bestmöglichen Voraussetzungen Tonaufnahmen zu machen. Zuhörende in überschaubarer Menge dürfen, vereinzelt in den Kirchenbänken sitzend, wunderbaren Livekonzerten beiwohnen. An einem lauen Sommerabend steht der Flügel plötzlich im Botanischen Garten. Der Pianist spielt und spielt. Auf der Trave wird eine Schwimmbühne errichtet, auf der Musiker:innen Konzerte geben – finanziert von der Stiftung. Musikstudent:innen bieten sogenannte 1:1-Konzerte an, das heißt sie besuchen mit ihrem Programm einzelne Menschen zu Hause und stellen eine vorher selten erlebte Kontakt-Intensität her. Eine weitere neue Form der Begegnung zwischen Künstler:in und Publikum stellt eine Lesung im Schaufenster einer Buchhandlung dar: Drinnen wird über Headset gesprochen, draußen auf dem Bürgersteig lauschen die Menschen gebannt über Kopfhörer. Mich selbst erfreut das Weihnachts-Livekonzert meiner schwedischen Lieblingssängerin direkt aus ihrem eigenen Wohnzimmer. Mein Ticket habe ich online bezahlt, nach Stockholm muss ich mich nicht auf den Weg machen. Auch

das gab es vor Corona nicht. Da habe ich nur wehmütig ihren Tournee-
plan studiert.

Aber da sind auch der Berufszauberer, der zum Zeitvertreib ein unbe-
zahltes Praktikum in einer Gärtnerei macht, und der Startenor, der im
Getränkemarkt jobbt, um sich über Wasser zu halten. Wen stimmt das
nicht nachdenklich?

Wie erlebt ein:e Künstler:in die Coronakrise?

Dazu habe ich HannaH Rau, die Gründerin der Lübecker WortWerft,
und Ulli Haussmann, Schauspieler und Leiter des Lübecker Privattheaters
Combinale, befragt.

HannaH Rau ist Wortwerkerin und Bühnenpoetin, tourt seit 2004 mit
abendfüllenden Text-, Poetry- und Songprogrammen durch Deutschland
und hat das Slamrecording erfunden, mit dem sie auf Tagungen und
Kongressen den kreativen Schluss- und Höhepunkt gestaltet. Zudem ist
sie Dozentin für kreatives Schreiben, oft in Verbindung mit Theaterspiel.
Bühnenpräsenz gehört zu ihrem Berufsleben (https://www.luebecker-
wortwerft.de/ , abgerufen am 18.4.2021). Ihre aktuelle Tätigkeit sowie
den Begriff „Wortwerkerin" beschreibt sie:

Wie jetzt? und was heißt eigentlich Wortwerkerin?

*Als „Wortwerkerin" arbeite ich ja, im Gegensatz zur „Schrift-Stellerin" mit
den Worten zwischen mir und dem Publikum oder den Schreibenden (z.B.
in meinen Schreibgruppen). Und irgendwie stelle ich nun inzwischen mehr
Schrift hin, ohne zu wissen, wie sie bei den Lesenden ankommt. Wie heißt es
so schön: „Wir können den Wind nicht ändern, aber die Segel anders
setzen." Und manchmal wundert man sich, wo man dann ankommt.*

HannaH Rau

HannaH berichtet mir im Jahr 2020, als sich gerade abzeichnet, dass
Corona kein übler März-April-Scherz ist, sondern kein Ende erkennen
lässt, von einem erkenntnisreichen persönlichen Erlebnis.

*Schon seit ein paar Jahren laufen meine Freundin Sonnie und ich regelmäßig
mittags um die Altstadtinsel. Wir sind beide „Schreibtischtäterinnen" und
können immer eine Pause an der frischen Luft gebrauchen. Dann kam die
Pandemie. Nichts lief mehr. Aber wir liefen weiter. Und: Ich bekam "über*

Nacht" Schmerzen im linken Fuß. Ganz fiese Schmerzen. Ein Fersensporn.

Bei einem unserer Treffen humpelte ich also schneckenlangsam auf meine Freundin zu, die schon wartete. Mit schmerzverzerrtem Gesicht rief ich:

„Boh! Ich kann nicht auftreten!"

Und Sonnie antwortete nach einer kurzen Pause: „Ja, HannaH. Du kannst nicht auftreten."

Und da wurde mir lachend klar: Vielleicht ist der Bühnenteil meiner Arbeit meinem Körper doch wichtiger als es mein schlauer Kopf vermutet hat. Und ja, dieser Teil fehlte besonders.

Übrigens ging (!) der Fersensporn erst weg, als ich wieder auftreten konnte. Logisch, oder?

HannaH Rau

Ulli Haussmann ist am Theater Combinale, das er in den 90er Jahren mitbegründet hat, als Schauspieler und Autor sowie in der Theater- und Projektleitung tätig. Eine Vielzahl seiner Theaterstücke und Romanbearbeitungen sind im Combinale uraufgeführt worden. Seit drei Jahrzehnten ist er regelmäßig auf der Combinale-Bühne zu sehen, aber auch an außergewöhnlichen Spielorten im Freien.
(https://www.bewegte-ferien.net/%C3%BCber-uns/, abgerufen am 13.5.2021)

Angesichts der geltenden Corona-Auflagen bevorzuge ich es, schriftlich mit beiden in Kontakt zu gehen. Meine Frage leitet sich aus HannaHs Fersengeschichte ab und lautet: *„Ich kann nicht auftreten!" Was fällt dir zu diesem Satz ein?*

Beide reagieren mit frei formulierten poetischen Texten.

Als erstes lasse ich HannaH Rau sprechen. Ihre Schilderung des Krisenerlebens hat sie bereits vor einem Jahr verfasst. Sie stammt mitten aus dem ersten Lockdown im Jahr 2020, also aus der Zeit, in der HannaH „gar nicht auftreten" kann und sich keinerlei Perspektive abzeichnet. Im Gegenteil, es tun sich Abgründe auf, sowohl finanziell als auch die Selbstdefinition betreffend: Die künstlerische Arbeit ist plötzlich verboten, Einnahmen bleiben aus, geklatscht wird für andere, während es um Schauspieler:innen, Musiker:innen und auch um HannaH still wird. Da schreibt sie:

HannaH Rau (2020)

Corona-Tagebuch ohne Tage und ohne Buch

Du wirst diese Tage doch sicher gut nutzen

Wie gut, dass du aktiv bist

Wenn doch nur alle es besser wissen als ich selbst, was jetzt gerade wichtig ist und was wir Künstler doch alles tun sollen oder können oder nicht.

Da bekomme ich gestern diese Aufforderung, ein Gedicht in eine Mail zu schreiben, einen Mail-Kettenbrief: Kommt, lasst uns sammeln! Gedichte, die Mut machen, Gedichte, die uns gut tun. Und ich frage mich, welches Gedicht dies tun kann. Welches soll es tun?

Und es ist so wie die meiste Zeit der letzten Wochen. Ich sitze und grüble und kann nichts tun. Ich habe kein Gedicht. Ich habe keine Worte. Ich beginne zu schreiben und ich frage mich, wozu und was das soll und ob irgendwer diese Worte gebrauchen kann, lesen will und was bedeuten sie jetzt? Und wohin gehen wir, wenn die Krise uns packt, was kann helfen, wenn da keine Berührung sein kann? Dann soll die Berührung über die Kunst stattfinden. Aber kann das die Kunst?

Ich glaube daran. Ich habe immer daran geglaubt, dass Kunst das kann. Ich weiß, dass Schreiben helfen kann, Schreiben trägt. Und das glaube ich auch immer noch. Aber meine eigenen Worte haben ihren Sinn verändert, einfach so. Und ich gucke zu. Das ist, als ob deine Kinder dann einfach nach ein paar Jahren, in denen du ihnen das Beste was du hast, was du konntest, gegeben hast, wenn dann deine Kinder einfach ganz allein in gefährliche Höhen klettern: Und dann senden sie dir Sonnenaufgangsbilder vom Kirchendach. Schöne Bilder. Und du hast Angst. Bloße Angst.

Ich habe kein Gedicht, das diese Angst halten kann. Ich habe kein Gedicht, das mir so viel Mut gibt, dass ich immer, immerzu, so wie immer weitermachen kann. So, wie sie es jetzt wollen, von mir wollen. Sende uns ein Video, wo du dich filmst, während du liest! Schreibe und wir veröffentlichen es! Sprich deinen Text ein und wir stellen die Aufnahme online!

Ja, was denn?

Wenn die ausgestreckte Hand noch einen Meter Abstand hat zur nächsten, dorthin, wo du deine Hand hineingraben möchtest. Wenn deine Arme einfach nur die Freundin umarmen wollen, du sie umarmen möchtest, weil du sie so klasse findest. Ihre Worte, im Wald auf dem einsamzweisamen Spaziergang, diese ganz einfachen Worte, zu denen wir uns finden, wenn es hart auf hart kommt. Diese Worte sind es doch. Wie der eine klare Schnaps, wenn Du eine schlechte Nachricht bekommen hast. Hart. Scharf. Im Hals schmerzend.

Es gibt dich. Du bist noch da. Du kannst atmen. Sehen. Hören. Die Spatzen schimpfen. Sie schimpfen durch das lächerlich blendende Licht. Dies Licht, das so schwachsinnig die Zeit konterkariert, wie all die Videos, die jetzt Deine sozialen Netzwerke SOZIALE NETZWERKE fluten. Mit einem Witz über Klopapier nach dem anderen. Wie (…) wir „Die Pest“ von Camus bestellen, weil wir ja nun Zeit haben zu lesen.

Ich habe keine Zeit. Ich will keine Zeit haben. Ich will diese Umarmung von dir. Ich will dir nah sein. Erst mit Worten, dann mit meinen Händen. Deine Wärme spüren.

Ich will morgens nicht mehr aufwachen und wütend sein.

Und ich höre die lärmenden Spatzen im gleißenden Sonnenlicht und die Glocken, die läuten durch die Stille, als würden sie in meinem Kopf direkt neben der Wut sitzen.

Und dann kommt aus der Kirchengemeinde ein Aufruf zu Morgenandacht per Mail. Und morgen wieder und jeden Tag. Die Gotteshäuser bleiben leer! klagt es im Radio. Der Papst sitzt allein auf dem Petersplatz! Und will doch Hostien auf die gestreckten Zungen legen! Und schüttelt weiter Hände. Gott wird ihn schützen. Und Hoffnung sollen wir haben.

Ja. Das habe ich. Aber ich habe kein Gedicht dafür. Jedenfalls keins, was diese Kettenbriefschreiber so denken.

Manchmal, in schlimmen Momenten, habe ich eine Melodie im Kopf: Ein feste Burg ist unser Gott. Und er ist doch gerade mir so fern und ich frage mich, woran und was sie alle glauben und wie die Zeilen weitergehen. Was weiß denn ich.

Und dann gibt es erste Corona-Hilfen vom Staat und ich versuche, Anträge zu stellen und muss beweisen, dass ich Künstlerin bin, dass ich etwas beigetragen habe zum Bruttosozialprodukt, dass ich etwas verloren habe, das nun nicht mehr Geld verdient.

Und ich denke, das seht ihr doch, ich habe doch Steuern bezahlt.

*Und dann sehe ich meine Kolleg*innen, wie sie ins Netz treten und sich filmen, mit ihren Instrumenten, ihren Texten, wie sie zeigen, was sie jetzt tun, was sie getan haben, alles für lau, damit alle weitermachen und zuhause bleiben. Und ich kann nur zusehen und es verdichtet sich in mir. Nicht in Worten. Nein. Irgendwie nicht.*

Und dann denke ich, ok, und hole meine alten Lieder, meine alten Worte heraus und stehe mit der Liebsten in der Sonne um 18 Uhr im Hof und spiele für die freundlichen Nachbarn, die Abstand halten. Und dann singe ich mein über 10 Jahre altes Lied mit dem Refrain In dieser Situation sind wir alle verdächtig. Woher die Zeile damals kam? Ich weiß es nicht. Aber jetzt ist sie wieder da und sie ist so unwirklich wahr, wie all dies Gleißen und Spatzengeschrei und Glockengedröhne in meinem Kopf. In dieser Situation sind wir alle verdächtig.

Ja.

Ich bin verdächtig und du auch, nicht das Beste aus der Situation zu machen. Ich hangle mich an den Worten der anderen entlang, der wenigen Stimmen, die sagen: Du hast zwar die Möglichkeiten, Home-Office musst du nicht erst lernen, das machst Du als Literatin sowieso. Und du hast Technik und Unterstützung. Aber du hast auch Krise, Angst, Katastrophe und das musst du erst einmal klar kriegen. Und es ist nicht wie ein Unfall, ein Vulkanausbruch, eine Welle, die dein Schiff umschmeißt, und du musst schwimmen bis zur nächsten Insel, guck mal, da vorn.

Nein, es ist ein Schwimmen in einem riesigen Meer, dauernd. Du siehst nicht wohin und wie lange und das Wetter ist wun-der-bar! Wun-der-bar! Und du schwimmst und du spürst die schmerzenden Beine, die frierenden Hände, den Fuß, der nicht mehr will und dass du noch Schuhe anhast und die jetzt komplett sinnlos hier sind und die großen Schiffe mit den feiernden Berühmtheiten, sie ziehen vorbei und sie spielen Schubert, laut! Über das glatte, weite Meer ziehen die Klaviertöne und du hörst hin und du kannst die Tränen nicht halten, sie würgen dir den Hals und das Wasser schwappt in deinen Mund, weil du nicht aufpasst, zu viel nach Luft schnappst und nur salziges Wasser kommt bis in die feinsten Alveolen. Das ist ein neues, schönes Wort. Das kennst du, weil du täglich Professor Drosten hörst.

Und über dir sind all die Möwen mit ihrem Geschrei, die bunten Bilder, die Witze, die Tweets, die gifs, die Filme, die sie witzig finden. Sie lachen, sie lachen dir den blauen Himmel nah.

Aber vielleicht ist es das alles nicht, denkst du und schwimmst.

Aber du schwimmst.

Und es ist nicht das Geschrei, nicht das Licht, nicht das Wasser, nicht der Himmel. Denn du hast keine Richtung. Du kannst nur schwimmen.

Aber du schwimmst.

Mehr nicht.

Und darüber lässt sich nicht viel schreiben.

(...)

Und ich kann nicht aufhören zu lesen. Zu schwimmen. Zu glauben. Zu rauchen. Ich kann nicht aufhören, Hoffnung zu haben.

Und sie ist nicht in den großen Worten. Sie ist in der Sehnsucht, die ich fühle bei all den fernen Umarmungen, die hier angekommen sind über die Wochen. Die fernen Umarmungen, die da sind, wenn ihr mir schreibt, wenn ihr mir Geld über den Spenden-Button sendet.

Und ich freue mich, weil ihr mir schreibt, weil niemand etwas von mir will, keine Gegenleistung, niemand erwartet etwas von mir, keine Worte, noch nicht einmal ein Danke.

Aber dennoch ist da eine Lücke. Was mache ich mit dieser Lücke, was mache ich mit diesem dauernden Zwischenraum? Was mache ich mit dieser beschissenen Sehnsucht, dieser Wut. Der Zwischenraum, er dauert an, viel zu lang dauert er an.

Diesen Zwischenraum zu leben, das ist es doch. (...)

Aber darum geht es. Dass da andere sind, die schon einmal etwas gedacht haben, die in dieser Lage schon einmal waren, die diesen Zwischenraum bepflanzen mussten mit einer Kohorte an Apfelbäumen, mit dem C-Dur-Quintett und der Ode an die Freude (...)

Und eigentlich lässt sich das nicht in Worte fassen. Und deshalb bin ich fassungslos dieser Tage. Ohne Worte.

Haltlos, den Zwischenraum nicht wie gewohnt mit Spiel und Anarchie und

Unbequemem ersegelnd. Nein, ich schwimme. Ich schwimme ins Irgendwohin.

Ich habe kein Boot. Ich habe sinnlose Schuhe, und sie sind sinnlos rot, an beim Schwimmen. Vielleicht bin ich aber auch wieder zu spät. Oder zu früh. Wie so oft. Und die Liebste sagt: Du bist genau richtig. Ich weiß es nicht.

Das Zwischenraumleben des „Ich weiß es nicht" ist keine wärmende Decke. Aber es könnte die einzige sein, die ich jetzt habe.

Es ist in Ordnung, jetzt nicht die Worte aus der Tasche ziehen zu können. Ein nasser, verlaufener Text auf einem zerknitterten Zettel, der all das kann. Wo soll der sein?

Wer will den schreiben.

Nein. Für den Weg über den Ozean habe ich ein Spatzengeschrei, meine Beine, ein gleißendes Licht, Schnaps, Glockengeläute, eine Hand in meiner, eine Erinnerung an Umarmungen, an Blicke, an Publikum, an Worte, die andere sagten, lächelnd im Raum tanzten sie, wie Staubsterne im Licht, Erinnerungen an Begegnungen mit Augen, Händen, Haut.

Nahezu hautnahe erlebe ich beim Lesen die Verzweiflung einer ziellos ins Nichts Schwimmenden. Unwillkürlich schieben sich Bilder dazwischen von geflüchteten Menschen, die versuchen, in löchrigen Booten von Afrika nach Europa zu kommen. Sie ringen mit dem Tod und kämpfen um ihr Leben. Sie haben über den Verlauf ihrer Fahrt keinerlei Kontrolle und außer einer fast irrational scheinenden Hoffnung nichts, woran sie sich noch klammern können. Kann man die Krise einer Künstlerin, die nicht auftreten kann, wirklich damit vergleichen? Ja! Heidrun Buitkamp weist in ihrem Beitrag über die Etymologie und Bedeutung des Wortes „Krise" ausdrücklich darauf hin, dass das Erleben subjektiv sei und kein Urteil durch Außenstehende zulasse. Die Heftigkeit einer Krise lasse sich nicht an der Anzahl der Betroffenen oder anderen Parametern eindeutig ablesen. Und da Hannah Rau als Wortwerkerin in einer Wortwerft sich offensichtlich symbolisch ganz der Nähe zum Meer verschrieben hat – steht es doch literarisch und psychologisch für die Untiefen der Seele –, teilt sie uns in ihrem Text mit, wie ihr der Einbruch der Coronakrise den Boden unter den Füßen weggerissen hat.

Ein Jahr später hat sich bereits die eingangs erwähnte Aktion Kultur-

funken etabliert und zahlreichen Kunst- und Kulturschaffenden vielfältig zu Aufwind verholfen, so auch HannaH Rau, die unter anderem an
einem Buch über Systemrelevanz arbeitet. Glücklicherweise ist sie also
nicht im Meer untergegangen, sondern mit mindestens drei Buchprojekten, etlichen Online-Schreibkursen und einem nicht zu unterschät-
zenden Ehrenamt vollauf beschäftigt. Land in Sicht!?

*2021: Mein Arbeiten hat sich seit März 2020 sehr verändert. Am Anfang
habe ich alles in Bewegung gesetzt, um etwas zu tun zu bekommen,
irgendetwas. Habe getippt und transkribiert, getextet, was nicht bei drei auf
dem Baum war. Außerdem gab es einen Spendenbutton auf meiner Website
- ganz viele liebe Menschen haben die WortWerft vor dem Schlimmsten
bewahrt. Jetzt läuft alles wieder an und ich habe mehr Schreibarbeit aber
weniger Auftritte als früher. Und unglaublich viel zu tun. Das fühlt sich
seltsam an. Ganz langsam nur verlasse ich den sehr aufmerksamen
Krisenmodus. Als Selbständige ist man ja nie ganz sicher: Habe ich im
nächsten Monat auch noch genug zu tun? Und nächstes Jahr?*

HannaH Rau

Der Schauspieler Ulli Haussmann wiederum schreibt sein Statement im
Mai 2021, jetzt, da bereits „die dritte Welle" die Gesellschaft in Schach
hält. Wir wissen inzwischen, dass Corona nicht so leicht abzuschütteln ist.
Doch das Virus hat uns nicht mehr völlig im Griff. Wir lernen, mit seiner
Existenz und seinen Mutationen zu leben. Aber es sind verschiedene
Impfstoffe entwickelt worden, und es zeichnen sich Perspektiven ab,
auch für Künstler:innen. Damit lässt sich vielleicht erklären, dass Hauss-
manns Text schon etwas gelassener daherkommt.

Ulli Haussmann (2021)
Ich kann nicht auftreten

*Was fällt mir dazu ein? Natürlich weiß ich, welche Antwort auf diese Frage
von einem Schauspieler erwartet wird. Aber ich muss die Erwartungen ein
wenig enttäuschen. Natürlich schmerzen die vielen Monate bühnenfreier Zeit,
aber erstens habe ich nach 35 Jahren Theaterarbeit genug Geduld entwickelt,
ein paar Monate ohne Auftritte zu überstehen. Zweitens habe ich schon bei
der Berufswahl darauf geachtet, dass meine Arbeit nicht ausschließlich aus*

Schauspielern besteht. Mein Tag füllt sich also mühelos damit, das Theater finanziell über die Krise zu bringen, soloselbständige Kolleg:innen zu beraten, dass ihnen das auch gelingt und Stücke für die nächste Spielzeit zu entwickeln. Und drittens geht es in einer Pandemie schlicht um anderes als um die Befindlichkeit eines Schauspielers.

Damit könnte mein Statement zu dem Thema beendet sein, aber mich treibt in diesem Zusammenhang noch etwas anderes um: Ich muss gestehen, ich war immer schon ein Nachrichten-Junkie, die Pandemie hat diese Sucht leider deutlich verstärkt. Jede Inzidenz, wo auch immer in der Welt, jede Maßnahme, die gegen steigende Inzidenzen ergriffen wird, jede Meinung für oder gegen Lockdown oder Lockerung, alle Impfstoffnebenwirkungen, seien sie noch so selten, Nachdenken und Querdenken, Systemrelevanz und Intensivbettenknappheit … Das alles und noch viel mehr belastet mein Hirn seit gut einem Jahr, Welle für Welle überrollt mich die Flut von öffentlich geäußerten Meldungen und Meinungen.

Welch mediale Erleichterung schien zwischenzeitlich die Präsidentenwahl in den Vereinigten Staaten zu versprechen: endlich ein neues Thema! Aber wie groß war die Enttäuschung, als auch dort die Dauerschleife der Verlautbarungen über eine „gestohlene" Wahl nicht enden wollte.

Auch wenn wir in Deutschland in der Bewältigung der Krise halbwegs einen Kurs der Vernunft gehalten haben, ist uns der Diskurs darüber vollständig außer Kontrolle geraten. Wer sich wann zu Wort meldet, scheint wichtiger als der Inhalt der Wortmeldung, die Wirkung des medialen Auftritts wesentlicher als die Wirksamkeit der verkündeten Maßnahme. Statt Empathie zu leben, schwelgen wir in der Kontroverse, geradezu genussvoll baden wir in Rede und Gegenrede, Hauptsache Meinung, welche ist fast zweitrangig. Das Peinlichste dabei: Ich kann mich da gar nicht ausnehmen.

Dass es dann ausgerechnet Schauspieler:innen waren, die den vorläufigen und m. E. ausgesprochen überflüssigen Höhepunkt in dieser Entwicklung gesetzt haben, schmerzt mich besonders. Ein #hättensiedocheinfachgeschwiegen würde der Meinungsfreiheit keinen Abbruch getan haben.

An dieser Stelle möchte ich Alf zu Wort kommen lassen. Er ist eine der vier Figuren, die in der auftrittsfreien Zeit das Licht der fiktiven Theater-Welt erblickt haben. Er ist kein Schauspieler, aber auch so einer, der den Mund nicht halten kann.

Alf nimmt einen handgeschriebenen Zettel aus einer Kiste und liest, er spricht dabei das Publikum an, das hoffentlich bei der Premiere von „Alles Nichts" anwesend sei wird. „Präsenzpremiere" werden wir das wohl nennen.

Alf: „Kennen Sie das? Sie sagen etwas und jeder denkt, Sie hätten das selbst gedacht. Aber in Wahrheit hat es irgendjemand schon einmal gesagt, im Fernsehen oder Sie haben es irgendwo gelesen, oder jemand hat es bei irgendeiner Gelegenheit geäußert, an die Sie sich nicht mehr erinnern.

Mir passiert das dauernd. Nicht, dass ich mir das in der Absicht merken würde, es bei passender Gelegenheit anzubringen, nein, es kommt aus mir heraus, als wäre es gerade frisch gedacht... von mir!

Dann stelle ich mir die Frage: Gibt es überhaupt irgendetwas, das noch nie jemand gesagt oder gedacht oder geschrieben hat? Etwas ganz Neues, ein revolutionär neuer Gedanke? Wenn ich bedenke, wieviel schon gedacht wurde, weltweit, seit Adam und Eva, kann ich mir beim besten Willen nicht vorstellen, dass ausgerechnet ich jemals einen nigelnagelneuen Gedanken denken würde. Sie? Das ist doch sehr unwahrscheinlich, oder?"

Alf schaut ein wenig irritiert, er ist nicht sicher, ob er den Text gerade selbst gedacht oder lediglich von dem Blatt abgelesen hat. Als er den Zettel in den Schredder stecken will, bemerkt er, dass auf der Rückseite auch noch etwas steht: „Wer das Ungehoffte nicht erhofft, kann es nicht finden. Heraklit."

Alf: „Sehen Sie? Das habe ich jetzt nicht gedacht... das ist zweieinhalbtausend Jahre her."

Er steckt das Blatt endgültig in den Schredder. Es folgt Stille! Wie wohltuend...

Ach, keine Sorge: Es geht in dem Stück nicht um Corona.

Hilfreich scheint es für Ulli Haussmann zu sein, dankbar auf über dreißig Jahre aktives Theaterspiel zurückzublicken, solidarisch jüngeren Künstler:innen mit Rat und Tat in der Krise zur Seite zu stehen und die Gewichtung des Themas Pandemie im Reigen des Weltgeschehens zu relativieren. Nach der Lektüre fühle ich mich bemüßigt, Ulli zu fragen, ob es sich bei Alf um das mir bekannte außerirdische Fellmonster aus der amerikanischen Fernsehshow handele und ob er von Ulli selbst gespielt werde. Umgehend erhalte ich eine aufschlussreiche Antwort:

Aufschlussreich warum? Weil zu spüren ist, wie es im Theater Combinale in Richtung Zukunft geht! Auch wenn es nicht rosig aussieht – das Combinale erhielt nämlich leider nicht den erhofften Zuschlag, jetzt seine Türen für das Publikum im Rahmen eines Modellprojekts öffnen zu dürfen – , lässt man sich nicht unterkriegen, entwickelt neue Stücke und Programme und baut auf eine „Präsenzpremiere" im Jahr 2022. Die will ich mir nicht entgehen lassen! Ich bekomme wieder Lust auf Vorfreude.

Ziele, Hoffnung und Solidarität begünstigen offenbar das Blühen der Kreativität. Wir dürfen gespannt sein. Kunst ist ein menschliches Bedürfnis. Warm, satt und sauber genügt nicht: Kunst ist systemrelevant!

Andreas Schneider

Max und Meer

Oder: Seemannskrise im Schlutuper Hafen

Auf größeren Gewässern, wo laut „Verordnung für die Kennzeichnung von Kleinfahrzeugen auf Binnenschifffahrtsstraßen" ein jedes sich auf dem Wasser fortbewegende Ding – Enten und Gänse ausgenommen – einen gut lesbaren Namen tragen muss, heißt mein Faltbootkajak immer „MAX". Das lässt sich so schön einfach aus Klebebandstreifen auf den ansonsten eher unbenamsten gummierten Bootsrumpf kleben, vorne am Bug, kurz über der Wasserlinie.

Mit diesem Bug also lugte Max an einem sonnigen Augustsommermorgen von seinem Ruheplatz am Ostseestrand unweit Travemünde seelenruhig auf das in sanften Wellen friedlich sich bewegende Meer. Es war noch früh, das Wetter schien schön, alles bereit für eine geruhsame Fahrt hinein in die Trave und dann den breiten, teils kanalartigen Fluss hinauf gen Lübeck. Eigentlich eine gemütliche Tagestour von vielleicht 30 km. Sack und Pack waren schnell – und wie häufig eher nachlässig – im Rumpf des viereinhalb Meter langen Bootchens aus Holzgeripppe und darüber gespannter wasserfester Haut verstaut, und schon ging's los, das in der Sonne goldgelb leuchtende Holzpaddel in gleichmäßigem Rhythmus ins klare Meerwasser tauchend, immer längs des Strandes bis zur schon bald erreichten Einmündung, und dann links ab in den Fluss, wo etwas mehr Achtsamkeit geboten ist, da man sich nun das eingegrenzte Wasser teilt mit allerlei Frachtschiffen, Fähren und Seglern.

Aber auch der Vorgang des Paddelns an sich wurde ab hier nach und nach recht mühsam. Wer hätte gedacht, dass nach so einem ungetrübten Morgen doch schon recht schnell Wolken aufziehen, gepaart mit einer ungemütlichen norddeutsch „steifen Brise". Auf den ersten Kilometern konnte ich mich noch nahe am Flussufer im Windschatten der hübschen Buchten und Uferwälder „wegducken", und, wo dies nicht möglich war, galt es, sich mit kraftvollen Paddelschlägen über die regelmäßig von vorne kommenden Wellen hinweg zu arbeiten. Alles zwar mühsam, aber nicht kritisch.

Bis sich dann auf einmal die Ufer weiteten und der harmlos klingende, aber doch beachtlich große Schlutuper Hafen vor der Bootsnase lag. So ein großer Frachthafen mit seinen hohen glatten Kaimauern und stählernen

Schiffswänden bringt für einen paddelnden Nussschalenkapitän schon per se immer ein gewisses Unbehaglichkeitsgefühl mit sich. Denn am besten denkt man gar nicht drüber nach, wo und wie man vielleicht wieder an Land käme, sollte man aus irgendwelchen Gründen doch mal kentern... Hier und heute war das Problem, wie sich bald herausstellte, aber noch ein ganz anderes: Die bis dahin gleichmäßig wogenden Wellen trafen an dieser Stelle überall auf die geraden Wände des Hafenbeckens, wurden reflektiert und bildeten dadurch eine kabbelige, von allen Seiten auf das Boot einschlagende Dünung. Ein großes Auf-und-Ab-Hüpfen und Wackeln begann, die Hafenausfahrt gegenüber noch einige hundert Meter entfernt... Das hatte nun doch unversehens was von Krise.

Und eben hier ergab sich „auf hoher See im Schlutuper Hafen" die konkrete und vielleicht symbolhafte Erfahrung: Das Einzige, was Halt bot in dieser heiklen Situation, war aktives Tun. Jedes Eintauchen des Paddels in das – obgleich unruhige – Wasser bot nämlich die Möglichkeit, sich daran gewissermaßen aufstützen zu können. Denn ähnlich wie es ein Schwimmer von seinen Händen her kennt, „krallt" sich quasi auch das Paddelblatt beim Durchfahren des umgebenden Elements regelrecht in dieses hinein, die Dynamik verleiht hier Festigkeit. Nachlassen beim Paddeln, „einfach mal treiben lassen" hätte hingegen unter diesen Bedingungen mit ziemlicher Sicherheit ein Kentern zur Folge gehabt. Und gleichzeitig war es wichtig, nicht angstvoll zu verkrampfen, schließlich wollten ja die kuddelmuddelig sich buckelnden Wellen mit beweglicher Hüfte ausgeglichen werden. Aktiv und beweglich – auch ganz allgemein ein gutes Krisenbewältigungsmotto?

In diesem Falle, kurz gesagt: Es gelang. Sogar trocken, abgesehen von gelegentlichen Gischtspritzerduschen. Aber die, wie auch das „Ringen mit den Widrigkeiten", machten sogar ein wenig Spaß, insbesondere wenn allmählich das Zutrauen wuchs: „Ich kann das meistern." Und nach überstandener Gefahrensituation, beim Einbiegen in ruhigere Gefilde, war das Durchschnaufen dann natürlich umso schöner. Und eingestandenermaßen machte sich auch etwas Stolz breit, der Herausforderung gewachsen gewesen zu sein, gepaart mit dem guten Gefühl, auch zukünftig vor vergleichbaren Situationen nicht zurückschrecken zu müssen.

Nur „MAX" hatte infolge der Turbulenzen an seinem Klebebandnamen etwas Federn lassen müssen und lief am Ende des Tages als etwas zahnlückig-schiefer „NIX" in Lübeck ein...

amaryllis

vergessen
im keller
die alte knolle
zwei jahre dunkelheit
zwei jahre kein wasser
zwei lange jahre

vergessen
bis der junge der
den schraubenzieher suchte
ein kitzeln an der wade bemerkte
sich bückte
und entdeckte
was ihn da
mit blassem schoss
um eine chance bat
vergessen

bis er sie holte
ihr frische erde gab
und frisches wasser
sie ins licht stellte
und sicherte
mit einem feinen band
an einem festen stecken

vergessen
doch sie lebte
wurde grün und grüner
stark und stärker
überwältigte uns
mit jubilierendem rot
und einem zweiten stängel und
noch mehr rot
und einem dritten
und noch mehr rot

alles ist angelegt
verborgen im dunkelgrau einer
vergessenen knolle
ganzheit
heilung
einmalige schönheit
die manchmal hilfe braucht

gundula buitkamp-nagel

Gundula Buitkamp-Nagel

Zum Beispiel Ronja

Kinder und Jugendliche in Krisen

Krise – als ich dieses Wort zum ersten Mal hörte, war ich ungefähr neun Jahre alt, und es ging um Abbe Nilsson.[1] Der fünfzehnjährige Junge war stark unterkühlt aus dem kalten Fluss gezogen worden und hatte das Bewusstsein verloren. Wie würde es mit ihm weitergehen? Es war Doktor Berglund, der den verzweifelten Eltern erklärte, sie müssten sich einige Tage gedulden, und dann käme die Krise, die entscheiden würde, ob es mit Abbe bergauf gehen werde oder … Gemeinsam mit Madita und ihren armen Nachbarn durchlitt ich diese Wartezeit, die sich im Buch zwar nur über wenige Seiten erstreckte, mich aber in den Bann zog, als handelte es sich um meine besten Freunde. Astrid Lindgren beherrschte die Kunst, ihre jungen Leserinnen und Leser mit einfachen Worten zu tiefster Mitempfindung zu bewegen. Wer Abbes Krankheit miterlebt hat, weiß, was eine Krise ist; wer die Erleichterung und Freude seiner Eltern und der kleinen Freundin Madita angesichts der Genesung des Jungen mitempfunden hat, der weiß, wie verändert man aus einer Krise hervorgeht, wie neu die Welt erscheint, wie kostbar das zurückgewonnene Leben.

Möglicherweise sind es Lindgrens Bücher, die mich nicht nur zu einem empathiefähigen Menschen gemacht haben, sondern auch zu einem Menschen, der Krisen begegnen und meistens damit umgehen kann. Lindgren zeigt auf einmalige Weise, wie Kinder und Jugendliche in Lagen geraten, aus denen sie sich heraushelfen müssen, ohne dass ihnen ein klarer Lösungsweg aufgezeigt wird. Sie müssen schier unerträgliche Konflikte lange, lange aushalten, ohne dass ein gutes Ende in Sicht wäre. Hoffen und Bangen, Verzagen und Seufzen wechseln sich ab mit intuitiv gesteuerten Handlungen, deren Sinn selbst den Protagonisten noch nicht ganz klar ist. Es kommt sowohl zu schrecklichen Erkenntnissen als auch zu unerwarteten Begegnungen, die weiterhelfen. Doch dann muss man wieder warten und die Ungeduld des Herzens ertragen.

Ich möchte anhand einiger Beispiele aus Astrid Lindgrens Literatur erläutern, wie die Verfasserin ihren Leserinnen und Lesern scheinbar völlig absichtslos – „Ich schreibe nur für das Kind in mir selbst", pflegte sie zu sagen – aufzeigt, wie man mit Unerwartetem, mit Veränderungen spielerisch und kreativ umgehen, also improvisieren kann, und wie es letztlich gelingt, Vertrauen zu schöpfen, statt die Hoffnung aufzugeben.

Als Musiktherapeutin in einer Kinder- und Jugendpsychiatrie habe ich täglich mit stark belasteten jungen Menschen in Krisensituationen zu tun und möchte daher ergänzend Vignetten aus den Therapien mit ihnen einbringen. Möglicherweise sind manche Schwierigkeiten meiner Klientinnen und Klienten für unser Jahrhundert spezifisch, die damit einhergehenden Gefühle und Strategien der heutigen Kinder und Jugendlichen jedoch denen der Kinder in den Lindgren-Bücher ganz ähnlich. Sind es doch zutiefst menschliche Facetten, wie es sie schon immer gab und immer geben wird.

Klänge und Rhythmen berühren uns direkt, lassen etwas in uns anklingen, bringen uns in innere und äußere Bewegung. Musizieren, Singen und Musikhören schaffen eine nonverbale Brücke zwischen meist verunsicherten Kinderseelen und mir als Therapeutin, verdeutlichen Verletzungen, Wünsche und Sehnsüchte, eröffnen Lösungsmöglichkeiten. Davon möchte ich erzählen.

Manche Kinder zeigen auf die große Kopie einer Fotografie, die neben meinem Schreibtisch an der Wand hängt, und fragen: „Wer ist denn die Oma da?" Man sieht Astrid Lindgren in dem Moment, als sie in ihrer Wohnung zum ersten Mal einen Walkman ausprobiert, den Kopf zurückwirft und herzhaft lacht.[2]

Dann sage ich wahrheitsgemäß, dass es sich um Astrid Lindgren handele, die zum Beispiel „Ronja Räubertochter" erfunden hat.

„Ach, das habe ich mal gesehen, als ich klein war. Süßer Film", sagen die Kinder dann.

Wir können leider nicht einfach davon ausgehen, dass Kinder und Jugendliche lesen. Wenn sie es zudem nicht gewohnt sind, vorgelesen zu bekommen, fällt es ihnen in der Regel schwer, längere Texte aufzunehmen, da ihnen die Vorstellungskraft, das Abstraktions- und Konzentrationsvermögen völlig fehlen. Sie schalten innerlich ab, wenn ihnen nicht eine visuell festgelegte Version angeboten wird.

Nicht selten greife ich daher auch in Therapien zu einem Buch, lese kürzere Passagen daraus vor oder erzähle Geschichten nach. Das direkte Erzählen ohne Buch fängt die Aufmerksamkeit von Kindern meiner

Erfahrung nach noch besser ein, und oft erfinden wir gemeinsam neue Geschichten.

Im folgenden werden Krisen von Kindern und Jugendlichen zunächst am Beispiel je eines Buches dargestellt und dann mit thematischen Parallelszenen aus der Musiktherapie in der heutigen Kinder- und Jugendpsychiatrie ergänzt, verknüpft mit der abschließenden Frage nach Krisen in Astrid Lindgrens eigener Biografie. Wer mit den Lindgren-Büchern weniger vertraut ist, möge die entsprechenden Abschnitte (eingerückt) entweder als Anregung auffassen, sie sich irgendwo auszuleihen und in einer stillen Stunde zu lesen – oder sich zum Beispiel auf andere Bücher und Autor:innen zu besinnen, die prägend für den eigenen Umgang mit Krisen waren. Schon das Lesen an sich kann übrigens eine hilfreiche Form des Umgangs mit Krisen sein: Abtauchen in eine andere Welt.

Die Erkennungsmelodie

„Mio, mein Mio"

Es ist dem ungeliebten Pflegekind Bo Vilhelm Olsson, neun Jahre alt, gelungen, der Tristesse des Stockholmer Winters zu entkommen und mit einem Geist, der in einer Flasche eingesperrt war, ins Land der Ferne zu fliegen, wo sein Vater, der König, ihn schon seit langem sehnlichst erwartet. Der alte Name Bo Vilhelm gilt nicht mehr – der König nennt seinen Sohn liebevoll Mio, und zwar oft und immer wieder: „Mio, mein Mio …". Erwachsene Leser:innen und therapeutisch denkende Menschen werden schon hier beginnen zu interpretieren, scheint es doch auf der Hand zu liegen, dass ein Kind in Not sich eine hilfreiche Fantasiewelt aufgebaut hat. Ich hatte das Glück, selbst noch Kind zu sein, als ich das Buch las. Ich glaubte Mio völlig fraglos und begleitete ihn durch die Nacht zu seinem geliebten Vater auf der Insel der grünen Wiesen im Land der Ferne. Dort lernt er auch den gleichaltrigen Jum-Jum kennen, mit dem er sich sofort anfreundet. Von einem Hirtenjungen bekommen sie Flöten geschnitzt und lernen eine kleine einfache Melodie darauf zu spielen. Nach einer gewissen Zeit voll Spiel und Freiheit kommt auf Mio ein Auftrag seines Vaters zu: Er soll die Kinder befreien, die Ritter Kato, ein grausamer Kinderräuber, in schwarze Vögel verwandelt hat und im Land Außerhalb gefangen hält. Mio ist froh und dankbar, dass Jum-Jum ihn begleitet; die Freunde machen sich auf den Weg. Das Land Außerhalb besteht aus einem Toten Wald, einem schwarzen Berg und einem unheimlich düsteren See, in dessen Mitte Ritter Katos Burg auf hohen Klippen thront. In den dunklen Gängen des Berges verirren und verlieren sich Mio und Jum-Jum. Der Berg hat die seltsame Eigenschaft, dass er Mios Rufe in krächzendes Geflüster verwandelt und als vielfaches Echo zu ihm zurückträgt. Mio wird von einer grenzenlosen Angst überwältigt. Er ist allein, es ist dunkel, er kann sich nicht hörbar machen – gibt es etwas Schrecklicheres im Leben eines Kindes? Er wirft sich auf den kalten Boden, weint verzweifelt und hadert damit, dass sein Vater ihn losgeschickt hat. Da fällt die kleine Hirtenflöte aus seiner Manteltasche. Er nimmt sie und probiert sie aus, voller Furcht, die Flöte könnte ebenso verzerrt erklingen wie sein Rufen zuvor. Aber sie erklingt hell, klar und rein. Ist es die wieder aufkeimende Hoffnung, die sie klingen lässt? Aus weiter Entfernung ertönt Jum-Jums Antwort, und die beiden finden sich wieder.[3]

Diese Szene hat sich mir schon als Kind besonders eingeprägt. Denke ich an Mio, ist es das Flötenspiel im schwärzesten Berg, das mir als Erstes in den Sinn kommt. In der tiefsten Verzweiflung, ganz unten, am schlimmsten Punkt der Krise, im Dunkeln, in der Einsamkeit und Verlassenheit ist es eine kleine Melodie, die den Dialog ermöglicht, Annäherung und Wiederbegegnung schafft, und in der Einfachheit liegt die Magie: Die selbstgeschnitzte Hirtenflöte ist kein modernes Orchesterinstrument, das virtuos gespielt werden müsste, um das Gegenüber zu erreichen. Mio und Jum-Jum scheinen auch nicht herausragend musikalisch zu sein. Aber sie sind durch ihre Melodie und das dialogische Spiel miteinander verbunden: spielen – horchen – spielen – horchen – einander näherkommen und schließlich zusammen sein. Möglicherweise hat Astrid Lindgren mit dieser Idee erste Wünsche nach solcher Begegnung in mir geweckt.

In meiner Herkunftsfamilie gab es einen Familienpfiff. Er bestand aus den ersten vier Tönen von „Morgen, Kinder, wird's was geben". Wenn ich ihn auch eher als Befehl empfand – „Alle herkommen!" - , stiftete er doch Zusammenhalt und Identität. Auf größeren Veranstaltungen oder in fremden Städten diente er stets dazu, dass die Familie sich wiederfand. Er schenkte allen ein Stück Sicherheit und diente der Krisenprävention, ohne dass wir darüber je gesprochen hätten. Der Pfiff gehörte einfach dazu.

Die Erkennungsmelodie in der Musiktherapie

Der zwölfjährige Silas, in früher Kindheit traumatisiert und seitdem ohne Kontakt zum leiblichen Vater, nimmt zu Hause sein Zimmer auseinander und gilt als unbeschulbar, seit er andere Kinder bedroht und verprügelt hat. Bei uns in der Klinik macht er sich schnell unbeliebt bei seinen Mitpatient:innen, indem er gehässige Kommentare abgibt und andere beleidigt. Jedes Mal, wenn er zu mir kommt, fragt er: „Hast du, ich meine, haben Sie sich auf mich gefreut? Also, ich freue mich immer auf Sie, freuen Sie sich auch auf mich?" Er sieht mich aus weit aufgerissenen blauen Augen an, bis ich antworte: „Oh ja, ich habe mich auf dich gefreut." Dann eilt er ans Klavier und spielt mit großer Wucht seine Melodie. In einer der ersten Musiktherapiestunden hat er sie erfunden; es ist ein kurzes Motiv, bei dem er einen rhythmisch mehrfach angeschlagenen Quartsextakkord von der Ausgangsposition ein wenig nach rechts und ein wenig nach links rückt, um dann in die Startposition zurückzukehren. Die Lautstärke ist ohrenbetäubend. Mir ist, als hämmerte Silas an meine Tür, als wolle er sichergehen, gehört und eingelassen, angenommen zu werden. Das Klavier erbebt unter seinen Fingern.

„So ging es doch, oder?", fragt er diesmal. „Habe ich es genauso gespielt wie letztes Mal? Können wir die Aufnahme anhören? Können wir es nochmal aufnehmen?" Wir hören die Aufnahme an. Sie dauert nur eine Minute. Ich frage ihn, ob er währenddessen ein Bild malen möchte. In Windeseile zeichnet Silas mit Buntstiften eine kleine Insel, die durch eine Palme in zwei Hälften geteilt wird. Links von der Palme hängt eine schwarze Wolke am Himmel, und ein Strichmännchen liegt am Boden, die Mundwinkel zeigen nach unten. In der rechten Bildhälfte scheint die Sonne, und mehrere Menschen stehen aufrecht und mit lachenden Gesichtern beieinander. „Jetzt glauben Sie bestimmt, dass das meine Familie ist! Ich habe schon mein Leben lang Therapie, ich weiß, dass Sie das glauben! Glauben Sie das? Dass das meine Familie ist? Stimmt nicht,

das ist nicht meine Familie! Ich habe eine Scheißfamilie und eine Scheißvergangenheit, das weiß ich selbst, und ja, das ist meine Familie, ich habe
sie gemalt, schmeißen Sie es weg und vergessen Sie es, ich gehe wieder
ans Klavier!" Das tut er, und er spielt noch ungefähr zehnmal sein oben
beschriebenes Motiv. Allmählich spielt er leiser und ruhiger. Auch sein
Blick entspannt sich.

Welch eine Leistung hat er gerade vollbracht! Wie von selbst haben
seine Hände eine Zeichnung zuwege gebracht, die sein Dilemma darstellt;
er erblickt es, zeigt es, wehrt es ab und bekennt sich doch dazu, denn er
hat keine Wahl: Diese und keine andere ist seine Familie, und sein Platz
ist auf der dunklen Seite, wo er unglücklich am Boden liegt, getrennt von
den anderen, die sich fröhlich sonnen.

Jetzt frage ich, ob ich das Bild wirklich wegwerfen soll. Er sagt: „Nein,
aber ich will es nicht haben. Es soll hier bleiben. Zeigen Sie es
niemandem!"

Eine wohltuende Müdigkeit scheint ihn zu befallen; er gähnt.

Hätte Silas ohne die Musik dasselbe gezeichnet? Hätte diese Selbstoffenbarung stattfinden können? Hätte er sich danach so beruhigt wie eben
am Klavier?

In der Musiktherapie übernehmen Instrumente und Klänge häufig die
umhüllende, Halt gebende Funktion eines mütterlichen oder väterlichen
Schoßes oder einer Umarmung. Dies ist es, was Silas beim Klavier sucht
und findet. Gleichzeitig bin ich als Therapeutin anwesend und Zeugin
dieses wichtigen Prozesses, ohne das Kind körperlich zu berühren und
womöglich Grenzen zu überschreiten. Mithilfe der therapeutischen
Beziehung, die ihm zusätzlich zum Musikinstrument heilsame Projektionsmöglichkeiten bietet, und der stützenden Funktion der Musik ist ein
Grundstein für Integrationsarbeit gelegt, ohne dass ich Interpretationen
ausgesprochen hätte. Silas hat sein Erleben dargestellt, mit eigenen
Worten erklärt und sich mit seiner persönlichen Musik an seinem Lieblingsinstrument beruhigt.

Ich heiße ihn willkommen, egal wie er sich vorher auf der Station
„benommen" hat, sehe ihm zu, höre ihm zu, merke mir seine Erkennungsmelodie und speichere alle seine Äußerungen, verbal wie
nonverbal, in meinem Gedächtnis und auch auf einer digitalen Speicherkarte. Ich freue mich wirklich auf ihn; das bestätige ich ihm gern.

Und wie bei so manchen Kindern ohne Vater geht mir auch bei ihm durch den Sinn: Mio, mein Mio…

„Der inneren Stimme folgen"
„Ronja Räubertochter"

Manche mutig wirkenden Entscheidungen haben gar nicht so viel Mut gebraucht. Eine innere Stimme, ein nicht mehr zu bändigender Drang haben zu einer Handlung geführt, die vorher kaum auszudenken war, und dann sieht die Welt anders aus.

Ronja springt über den Höllenschlund, dem verdatterten Erzfeind ihres Vaters in die Arme. Warum? Weil sie es tun muss! Das Unrecht und Leid, das ihr geliebter Vater Mattis ihrem Freund und selbstgewählten Bruder Birk antut, um die feindliche Räubersippe aus der anderen Hälfte der gespaltenen Räuberburg herauszuzwingen, ist für Ronja unerträglich. Sie kann nicht hinnehmen, dass Birk am Tag zuvor von Mattis entführt wurde und nun im tiefsten Verlies der Mattisburg eingesperrt werden soll. Sie quält sich stumm, während die Väter an der meterweiten Kluft zwischen den Hälften der gespaltenen Burg verhandeln, bis sie plötzlich weiß, was sie tun muss, um Birk zu retten. Dann springt sie zielsicher und kraftvoll über den lebensgefährlich tiefen Abgrund.

Man kann es vielleicht Mut der Verzweiflung nennen. Aber ist es nicht eine tieferliegende innere Quelle, aus der im richtigen Moment die richtige Antwort hervorbricht wie ein gleißender Lichtstrahl durch schwarze Wolken? Ein Ahnungswissen – Intuition – sendet seine Kräfte in Ronjas Körper. Die Erwachsenen sehen ihren gewagten Sprung und erstarren vor Entsetzen. Erstens setzt Ronja ihr Leben aufs Spiel. Zweitens fällt sie damit ihrem Vater in den Rücken und nimmt seinem Triumph allen Wind aus den Segeln. „Ich habe kein Kind", wird er gleich darauf sagen, in sich zusammengesunken und zutiefst verstört.

Doch Ronja erreicht, was sie erreichen wollte. Die Kinder werden zurückgetauscht, wenn auch nicht folgenfrei: Ab jetzt hat jede Sippe ihren inneren Konflikt – nicht auszuhalten für Ronja und Birk, die nach drei Tagen in eine Höhle im Wald ziehen und die Eltern sich selbst überlassen.[4]

Der inneren Stimme folgen in der Musiktherapie

„Was klingt in dir?" – eine merkwürdige Frage? Aber genau darum geht es mir. Eine Kunsttherapeutin würde vielleicht fragen: „Wie sieht es gerade in dir aus?", ein Gesprächstherapeut: „Wie geht es dir? Woran arbeitest du gerade?"

Doch ich brauche die merkwürdige Frage gar nicht unbedingt zu stellen. Stattdessen sage ich zum Beispiel: „Na, wonach ist dir heute eher zumute – nach Schlagzeug oder nach Harfe? Oder nach etwas ganz anderem?"

Auch das ist oft kaum zu beantworten. „Keine Ahnung …", „Weiß ich nicht …", „Egal …" – das sind gängige Reaktionen.

Wie soll man sich da einer inneren Stimme nähern? Und überhaupt: Ist unsere physische Stimme nicht immer innen? Unsichtbar wohnt sie da zwischen unseren Stimmbändern und dem Kehlkopf. Ohne Atemkraft bliebe sie dort gefangen. Schon der Stimmklang beim Sprechen verrät etwas über das Innen: genervt, niedergeschlagen, hoffnungsvoll oder hoffnungslos, fröhlich – all das schwingt schon in wenigen gesprochenen Worten mit. Traurigkeit lässt die Stimme belegt und leise werden, Wut macht sie hart und klar, und ein Schweigen kann von Misstrauen oder Ratlosigkeit herrühren.

Es gibt verschiedene Interventionen, um die Jugendlichen ins Klingen zu bringen. Manche brauchen und wünschen explizit klare Vorgaben und Anweisungen, wollen eng begleitet und geführt werden, andere bevorzugen großen Freiraum, möchten ganz allein agieren, lassen mich in der Ecke sitzen und nur zuschauen, während sie auf der Suche sind, vertragen keine hörbare Einmischung.

„Ich fühle nichts", sagt die dreizehnjährige Lena in ihrer ersten Musiktherapiestunde mit harter, monotoner Stimme. Sie ist wegen drängender Suizidgedanken akut aufgenommen worden. „Meine Stimmung ist immer dieselbe. Ich bin leer. Sie werden enttäuscht sein. In mir ist es vollkommen eintönig."

Ich horche auf: „Eintönig?" Sie nickt mit starrem Blick. Ihr Gesicht ist bleich, nahezu weiß. Nichts Kindliches kann ich erkennen, eher wirkt sie wie eine Erwachsene, die mit dem Leben abgeschlossen hat.

„Bitte, such mal nach diesem einen Ton", fordere ich sie auf. „Deine Eintönigkeit möchte ich hören."

Lena geht ans Klavier, drückt einige Tasten und entscheidet sich für das kleine a; das ist ein tiefer Ton. „Ja, der ist es. Der passt." Sie spielt ihn mehrmals, wir horchen ihm nach, und ich zeige ihr das rechte Pedal, mit dem man den Nachklang verlängern kann.

„Das klingt wirklich eintönig", sage ich, „aber auch einsam und traurig, kann das sein?" Und als sie nickt, frage ich: „Was wünschst du dir, was mit diesem Ton passieren soll?"

Sie denkt lange nach und sagt dann ruhig und klar: „Dass jemand bei ihm ist. Und dass er höher wird, aber soweit bin ich noch nicht."

Nun bitte ich Lena, immer wieder den Ton a zu spielen und mit einem anderen Finger andere einzelne Töne auszuprobieren. Wie klingt ihr Ton mit diesem, wie mit jenem Ton zusammen? Danach begleite ich sie am Vibrafon, indem ich verschiedene Dreiklänge anspiele, in denen der Ton a enthalten ist: a-moll, F-Dur, A-Dur, D-Dur, d-moll, verminderte Akkorde. Wir betten ihren Ton ein in verschiedene Zusammenhänge.

Lenas Ton nimmt ganz unterschiedliche Farben an. Er fängt an zu schillern wie eine Seifenblase, mal grün, mal rot, mal bunt.

Als unsere Musik verklungen ist, schweigen wir eine Weile. Mir ist, als hätte ich in Lena hineinhorchen, hinter ihre versteinert wirkende Fassade blicken dürfen.

Eine kaum wahrnehmbare Röte auf ihren Wangen verrät mir, dass unser Spiel sie nicht kaltgelassen hat.

„Vor einer Stunde kannten wir uns noch gar nicht. Und jetzt haben wir schon zusammen Musik gemacht, und ich durfte deine Eintönigkeit hören", sage ich zum Ende der Stunde.

Lena nickt wiederum schweigend und geht ganz langsam zur Tür, als wollte sie eigentlich noch bleiben. Zu meiner Überraschung wird sie schon wenige Tage später entlassen, weil sie nicht mehr akut suizidal ist. Hat sich da eine innere Stimme bemerkbar gemacht? Und was hat die gesagt?

—

Das Lied „Stimme" von Eff wurde zu einem inneren Kompass für Maja, ein emotional hoch belastetes Mädchen, das wie Ronja zwischen familiären Fronten stand und im Zuge der Scheidung vor Gericht kundtun sollte, ob sie in Zukunft bei Vater oder Mutter leben wollte.

Sie brachte ihr Handy mit in die Musiktherapie, um mir den Song zu zeigen, der ihr zum Leitstern geworden war, sodass sie ihn täglich mehrmals hörte, manchmal auch als Dauerschleife:

„(…) Du musst ihn meistern den nächsten Schritt

Da wo guter Rat teuer du grad lost und gebeutelt bist

War da nicht immer diese Stimme die dir hilft und zwar immer

Hör auf die Stimme hör was sie sagt sie war immer da komm hör

auf ihren Rat

Hör auf die Stimme sie macht dich stark sie will dass du's schaffst

(…)

Sag wirst du reden oder schweigen

Was wird passieren was kommt danach

Willst du weggehen oder bleiben

Du musst entscheiden…" [5]

Zu diesem Lied gibt es etliche Einträge im Internet, u.a. christliche Andachten und eine Predigt,[6] in denen die Stimme Gott zugeordnet wird. Andere kritisieren, dass es aber meist mindestens zwei Stimmen seien, die in uns redeten, sodass man nicht wissen könne, welche davon das Richtige sage – der Song dagegen suggeriere, das Leben werde ganz leicht, wenn wir nur nach innen horchten.[7]

In der Musiktherapie hatte der Song in mehrerer Hinsicht Bedeutung: Zunächst war es ein bedeutsamer Schritt, dass Maja ihn mit mir anhören wollte. Die Musik machte umständliches Erklären überflüssig, ließ mich mitfühlen, bevor wir uns im Gespräch dem eigentlichen, persönlichen Problem näherten. Da wir „Stimme" nun in jeder Stunde einmal gemeinsam anhörten, bekam die Therapie eine neue, haltgebende Struktur. Von diesem Ritual aus konnten wir uns in musizierten und gesprochenen Dialogen der Zerrissenheit und dem inneren Prozess widmen, den das Mädchen durchlaufen musste, bevor es ihr langsam besser gehen und sie schließlich im realen Prozess vor Gericht ihre Entscheidung kundtun würde.

Der sichere Ort

„Michel in Lönneberga"

Wenn der cholerische Vater die unschuldige Lebendigkeit seines fünfjährigen Sohnes nicht mehr ertragen kann, zerrt er ihn hektisch zum Tischlerschuppen und schließt ihn dort ein. Manchmal versteht Michel zwar, wofür er dorthin muss, aber meistens findet er die ihm zuteilwerdende Behandlung einfach nur ungerecht. Und so dreht er die Bedeutung des Eingesperrtwerdens um: Der Schuppen hat nämlich auch auf der Innenseite der Tür einen Riegel, und der dient Michel zur Erhaltung seiner Autonomie. Er schließt sich ein und hat das letzte Wort darüber, wann er wieder herauskommt. Der Schuppen wird vom gehassten zum geliebten Ort. Die Wut, die Michel oft überkommt, verwandelt sich in eine schier grenzenlose Schaffenskraft. Michel nutzt das scharfe Messer, das seine Eltern ihm staunenswerterweise selbst in diesen emotional angespannten Momenten vertrauensvoll überlassen, nicht etwa dazu, sich selbst zu verletzen, wie wir es von verzweifelten Jugendlichen kennen. Nein, er betätigt sich als kleiner Bildhauer und schnitzt haufenweise Skulpturen, die er zum Andenken an die abgesessene Zeit nebeneinander auf ein Bord reiht wie in einem Museum. Währenddessen führt er tabufreie Selbstgespräche, spricht Gebete, zeigt Reue, Zorn und Fantasie, sortiert und reguliert sich.

Mitunter kommt er dem Vater zuvor, oder die besorgte Mutter schickt ihn schon mal los. Dann rennt er zum Schuppen und schließt sich ein, bevor der Vater explodiert.

So wird der Tischlerschuppen zu einem sicheren Ort und bietet Zuflucht, wenn es brenzlig wird, und der arme Vater muss den kleinen Sohn gelegentlich sogar anflehen, doch endlich wieder herauszukommen.

Das kann auch so aussehen, dass Michel sich entschließt, rußgeschwärzt zum Schornstein herauszuklettern oder sich nach einem wackligen Balanceakt über ein Brett von Fenster zu Fenster im Vorratsschuppen einzurichten, während die Familie ihn stundenlang sucht.

Michel weiß sich zu helfen und gibt sich nicht geschlagen. Später wird er Bürgermeister von Lönneberga - wer hätte das gedacht?[8]

„Madita"

Obwohl sie keine Gewalt zu fürchten hat, steigt Maditas fünfjährige Schwester Lisabet manchmal in ihren Wandschrank. Da sagt sie zum Beispiel Wörter, die man nicht sagen soll, die aber doch so verlockend klingen und davon zeugen, dass Menschen nicht nur gut sind und das Leben nicht nur Zuckerschlecken. Unter der Bettdecke singt sie Trinklieder, die sie irgendwo aufgeschnappt hat. Längst hat sie herausgefunden, dass Erwachsene nicht immer anständig sind und es außerhalb des behüteten Birkenlund, wo sie als Töchterchen des lokal angesehenen Chefredakteurs aufwächst, ein ganz anderes Leben gibt.

Die Eltern haben ihr selbstverständlich verboten, die verbotenen Wörter auszusprechen. Aber irgendwo müssen sie ja hin, findet Lisabet. Dafür hat sie ihren Schrank auserkoren. Das Aussprechen der Wörter verschafft ihr Genugtuung und Entlastung.[9]

Der sichere Ort in der Musiktherapie

Im Musiktherapieraum habe ich unter anderem ein großes grünes Eisenfass stehen, in dem sich, wie auf dem Etikett zu lesen ist, einst Himbeermark für die Schwartauer Werke befand. Es hat vor einigen Jahren seinen Weg vom Schrottplatz in die Klinik gefunden, weil ich festgestellt hatte, dass es als "unkaputtbare" Pauke ziemlich gut klang. Dieses Fass hat mittlerweile eine ganze Menge mitgemacht. Gespielt wird es in der Regel mit dicken Filzschlägeln.

Eine zweite Funktion ist sein Volumen. Man kann das Fass umdrehen und Flüche hineinsprechen oder -rufen, Dinge, die herauswollen, aber nicht "klinikfein" sind, oder auch wortlos hineinbrüllen. Aus Wut wird nicht selten Spaß. Irgendwann ist genug gebrüllt. Wir drehen das Fass wieder um. Es hat den ganzen Mist geschluckt. Wir können in Ruhe über die Ärgernisse sprechen oder uns anderen Dingen zuwenden.

Ich habe aber auch Kinder in Therapie – oft getriebene, unruhige, sprunghafte kleine Wesen mit der Verdachtsdiagnose Aufmerksamkeitsdefizithyperaktivitätssyndrom, kurz ADHS , die ganz in das quergelegte Fass hineinkriechen und an diesem engen, überall am Körper spürbaren Ort endlich zur Ruhe kommen. Mal wird es zur Wiege, mal zum Schiff auf dem Ozean. Welches Kind würde schon zugeben, dass es eigentlich auf Mamas Arm oder gleich in den Rundumschutz der Gebärmutter zurückmöchte? Ohne solche Interpretationen auszusprechen, darf ich Kindern mit ihren Sehnsüchten und Bedürfnissen begegnen. Singen, Summen und Schaukeln tun das ihre dazu. Der sichere Ort dient der Nachnährung bindungsunsicherer, emotional vernachlässigter Kinderseelen.

Sterben und Tod

„Die Brüder Löwenherz"

Während erwachsene Leserinnen und Leser gegenüber Astrid Lindgrens Roman „Die Brüder Löwenherz" kritische bis ablehnende Haltungen einnahmen, weil er offen das Sterben, den Tod und damit verbundene Fragen und Gefühle thematisierte und man meinte, er könne Kindern das Sterben direkt schmackhaft machen, schrieben viele kranke, aber auch gesunde Kinder der Autorin Dankesbriefe, weil sie sich durch die Lektüre getröstet fühlten und neue Hoffnung schöpften. Das Buch ist durchgehend aus der Sicht des todkranken Karl Löwe geschrieben, der weiß, dass er bald sterben wird, wovor er sich sehr fürchtet. Nur seinem älteren Bruder Jonathan, den er liebt und bewundert, kann er sich anvertrauen. Jonathan tröstet ihn und erzählt ihm von Nangijala, einem Land, in das man nach dem Tod komme; dort sei die Zeit der Lagerfeuer und Sagen, und man sei dort gesund und stark. Karl, genannt Krümel, wagt kaum, seinem Bruder zu glauben, doch dann kommt dieser überraschend als Erster von den beiden ums Leben. Krümel ist es, der auf Erden zurückbleibt, tieftraurig und voller Zweifel, ob das, was Jonathan ihm ausgemalt hat, wirklich stimmt. Doch Jonathan erscheint an Krümels Fenster in Gestalt einer weißen Taube, die gurrend von Nangijala erzählt. Krümel schöpft Hoffnung. Wenig später ist er selbst in Nangijala und trifft dort seinen großen Bruder wieder.

Das ist der Auftakt zu einem großen schrecklichen Abenteuer, das die beiden dann zu bestehen haben. Es handelt von einem Land, das durch eine penibel bewachte Mauer in eine tyrannisch und eine freiheitlich regierte Hälfte geteilt ist; von einem Freiheitskampf, der viele Todesopfer fordert; von tödlicher Strahlung aus den Nüstern eines Ungeheuers – und am Ende wiederum von der Frage: Was geschieht mit uns, wenn wir sterben?

Astrid Lindgren scheint sich hier wenig um gängige religiöse Vorstellungen zu kümmern. Weder vom Ewigen Leben noch von Reinkarnation ist die Rede; nur eines ist sicher: Auch in Nangilima werden die Brüder sich wiedersehen, und ein guter alter Freund erwartet sie bereits. Nur ein Schritt ins Leere, und es ist geschafft.

Machen solche Aussichten Kindern „Lust" zu sterben? Werden suizidale Jugendliche in ihren Gedanken bestärkt? Solche Sorgen erscheinen gering im Vergleich zu den positiven Wirkungen, die das Buch auf Lindgrens junge Leserinnen und Leser hat: Sterben, Tod und Trauer sind etwas, worüber sich reden lässt – oder zumindest schreiben und lesen. Jeder Mensch ist davon betroffen. Wem ist geholfen, wenn wir dies tabuisieren?

Sterben und Tod als Thema in der Musiktherapie

Warum ist die elfjährige Kathi immer so aufgedreht und vorlaut, warum mischt sie sich überall ein, warum kann sie nicht stillsitzen, warum haben ihre schulischen Leistungen so nachgelassen in letzter Zeit, obwohl sie so viel weiß, und warum geht sie heimlich an den Kühlschrank und stopft sich voll? Die Mutter ist verzweifelt: Wenn die Tochter nun die Schule nicht schafft, nicht studieren kann und eines Tages in der Arbeitslosigkeit landet? Dabei klappt es mit Kathi und dem neuen Partner der Mutter doch gut; die beiden verstehen sich und mögen sich. Die Trennung von Kathis Vater liegt schon einige Zeit zurück, nun ja, und letztes Jahr ist er gestorben … Aber die Familie ist doch weiterhin da, die Großeltern wohnen nebenan, was will man mehr? Es könnte doch alles gut sein?

Fragen wir Kathi, warum sie in die Klinik gekommen ist, möchte sie darüber nicht sprechen, dreht sich weg, windet sich, greift unentwegt nach Gegenständen, lässt alles fallen. Aber sie interessiert sich für die Strand- und die Bauernhofgruppe, zwei erlebnisorientierte Angebote auf ihrer Station. Überall zeigt sie, was sie kann und weiß. Den anderen Kindern geht sie damit etwas auf die Nerven. Kathis Mutter ruft öfter mal besorgt an und fragt, ob die Kleine denn auch genug Lernstoff erhalte. Sie müsse unbedingt mit ihrer Klasse mithalten und vieles aufholen. Ob die Klinik das denn leisten könne?

Bei mir in der Einzelmusiktherapie probiert Kathi Instrumente aus. Wir spielen mal laut, mal leise, wild, zart, schnell, langsam. Im Zuge dessen fängt sie Feuer für die Geige, möchte gezeigt bekommen, wie das geht, und siehe da: Nach einem zehnminütigen Crashkurs führt sie den Bogen energisch über die leeren Saiten und beginnt, sich im Takt dazu zu wiegen, während ich sie am Klavier begleite. Sie spielt ausdauernd und mit konzentrierter Hingabe. Obwohl ihr auch bei mir schon einiges aus den Händen gefallen ist, mache ich mir um Geige und Bogen keine Sorgen; so organisch fügt sich das Instrument ganz in Kathis weiche Mulden ein, so selbstverständlich hält sie es mit dem starken Kinn. Die Töne breiten sich im Raum aus und dringen durchs offene Fenster nach draußen. Kathi lächelt beseelt.

„Du hast so wunderschön gespielt", lobe ich sie im Anschluss. „Würdest du dir wünschen, dass jemand dich hätte hören können?"

„Hmmmjaaa …", sagt sie.

„Na, wer hätte dich denn hören sollen?"

Sie nennt ihre Mutter, deren Freund, die kleine Schwester - „und Papa!"

Da ist er also auf einmal.

„Na, und kannst du dir vorstellen, dass er dich vielleicht sogar gehört hat?"

„Ich weiß nicht. Er ist ja nicht mehr da."

„Was glaubst du denn, wo er ist?"

Sie zeigt nach oben - dann nach unten: „Irgendwo … überall …"

„Hast du ihn hier?", frage ich und lege mir die Hand aufs Herz. Sie nickt.

„Dann hat er dich bestimmt gehört. Und was sagt er dazu?"

„Dass ich toll gespielt habe vielleicht?"

„Ja, bestimmt: Kathi, du hast toll gespielt. Ich bin stolz auf dich!"

Kathi erzählt jetzt, wie sie den Tag erlebt hat, an dem ihr Papa starb. Da kam sie nämlich von einem Kindergeburtstag nach Hause, und es wurde ihr gesagt, er sei jetzt nicht mehr da. Sie habe es nicht verstehen können, weil er gar nicht alt oder krank gewesen sei. Niemand habe ihr das erklärt, aber sie habe auch nicht gefragt. Auch habe sie ihn nicht mehr sehen oder an der Trauerfeier teilnehmen dürfen; es habe geheißen, dafür sei sie zu jung.

Seit einem Jahr fragt sie sich also, was mit ihrem Vater eigentlich los war. Dass er schon länger ein Alkoholproblem hatte und plötzlich an einem Hirnschlag gestorben ist, offenbart die Mutter nur der Psychologin. Von der Tochter erwartet sie ein Weiterfunktionieren in der neuen Familienkonstellation und gute schulische Leistungen. Kathis Mutter wirkt rational und emotional kühl. Trost und Wärme findet Kathi bei ihr nicht. Stattdessen holt sie sich Nahrungsmittel aus der Küche, wenn gerade niemand hinschaut.

Allmählich lässt Kathi außer den Fragen auch Trauer und Fantasien zu. Sie spielt jetzt öfter mal „für Papa", schenkt ihm ihre Musik, stellt sich vor, wie er darauf reagiert und was er ihr sagt. Und wenn er auch nicht in Form einer weißen Taube auf dem Fensterbrett sitzt, spüren wir doch beide seine Anwesenheit. Kathi hat ihrem Papa mit der Musik einen Ort der Begegnung geschaffen. Dort ist es angenehm warm. Jetzt kann sie trauern.

Niemals Gewalt?

„Die Brüder Löwenherz"

Jonathan zieht in den großen Freiheitskampf gegen Tengil, den grausamen Tyrannen des von einer furchtbaren Grenze umschlossenen Heckenrosentals. Im benachbarten Kirschtal vertritt Jonathan die Menschenrechte auf Selbstbestimmung und Frieden, liest und entschlüsselt Botschaften, die von Brieftauben – sofern sie nicht von feindlichen Pfeilen getötet werden – hin und her über die Grenze befördert werden, und begibt sich schließlich mit List selbst ins Heckenrosental, um seinen Freund Orwar aus Tengils Gefangenenhöhle zu befreien und mit diesem den Kampf gegen Tengil und dessen Gefolgschaft direkt aufzunehmen. Alles gelingt Jonathan, dem prinzenhaften blonden Jüngling, der trotz seiner Jugend schon erwachsen und verantwortungsvoll zu handeln versteht. Doch am lange herbeigesehnten und ebenso gefürchteten „Tag des Kampfes" weigert er sich wider Erwarten, sich aktiv an der Schlacht zu beteiligen. Er offenbart, dass er nicht töten könne, nicht einmal, wenn es um sein eigenes Leben ginge. „Wenn alle so wären wie du, dann würde das Böse ja bis in alle Ewigkeit herrschen", meint der aus der Höhle befreite Orwar, der nichts lieber will als endlich mit Tengil und seinen Männern abzurechnen. „ … wenn alle wären wie Jonathan, dann gäbe es nichts Böses", hält der kleine Bruder Krümel dagegen.[10]

„Mio, mein Mio"

Auch Mio bekommt es mit einem Tyrannen zu tun. Wie bereits erwähnt, hat er den königlichen Auftrag, die Kinder zu befreien, die Ritter Kato in traurige Vögel verwandelt hat. Mio ähnelt charakterlich eher Krümel als Jonathan. Wir durchleben und durchleiden mit ihm Mutlosigkeit und Verzagtheit, Zweifel und Gram. Immer wieder fragt er sich, warum ausgerechnet er es mit Ritter Kato aufnehmen muss. Viel lieber wäre er im Schloss und im lieblichen Rosengarten geblieben. Doch auf seinem beschwerlichen Weg durch abgestorbene Landschaften spürt er immer klarer, dass er Unterstützung erfährt. Auf wundersame Weise rettet der Tote Wald ihn vor Ritter Katos Spähern. Eine um ihr Kind trauernde Weberin fertigt ihm einen Tarnmantel. Der im tiefsten Berg angekettete Schmied überreicht ihm das Schwert, das durch Stein schneiden kann. Dazu kommen die bereits erwähnte Hirtenflöte und ein harmlos wirkendes Löffelchen, welches Mio in einer Hungernacht plötzlich mit frischem Brot und klarem Wasser vor dem sicheren Tod bewahrt. Mio stellt fest, dass alles auf das hinausläuft, was seit Jahren bestimmt zu sein scheint: Er und niemand anderes muss und wird Ritter Kato und damit das Böse besiegen. Als er das begreift, ist er endlich bereit. Kraft und Mut wachsen ihm zu, und es kommt zum Duell. Mit Ritter Kato ist nicht zu spaßen. Er kämpft erbittert. Welch ein Triumph wäre es, Prinz Mio in einen wehrlosen Vogel zu verwandeln wie so viele Kinder zuvor! Doch dann tritt die überraschende Wendung ein: Mio schlägt ihm das Schwert aus der Hand, und da macht Ritter Kato es ihm auf einmal leicht: „Sieh zu, dass du mein Herz aus Stein durchbohrst! Es hat lang genug in meiner Brust gescheuert und weh getan." Der Böse leidet unter seiner eigenen Boshaftigkeit am allermeisten. Da wartet Mio nicht länger und sticht zu.[11]

Wie kommt es, dass Lindgren die beiden Jungen in so ähnlichen Situationen so unterschiedlich handeln lässt? Warum ist der starke Jonathan nicht in der Lage, seinen Feind zu töten? Was hat es zu bedeuten, dass das Pflegekind Bo Vilhelm Olsson zu einem Ritter wird und das Böse in einem erbitterten Zweikampf besiegt, und das, wo wir doch wissen, dass Astrid Lindgren mit Vehemenz jede Form der Gewalt gegen Kinder ablehnte?[12]

Mir scheint, als läge Jonathans eigentliche Größe darin, trotz bester körperlicher Voraussetzungen nicht wie ein Soldat zu kämpfen zu können. Er ist kein Kind mehr, sondern meiner Meinung nach vergleichbar mit Vorbildern wie Gandhi oder sogar Jesus, erwachsenen Männern mit hohen Idealen, für die sie eher selber sterben als jemanden zu töten.

Mio dagegen ist ein ungeliebtes Kind, das von den Pflegeeltern nur abwertende Gerüchte über Vater und Mutter gehört hat. Er besitzt nicht Jonathans Selbstvertrauen. Verloren trollt er sich an Herbstabenden in den Stockholmer Tegnérpark und stellt sich vor, was in den hübsch erleuchteten Wohnungen ringsum geschieht, wo „richtige Familien" beisammen sind. Nur das Märchen, in das er flieht, kann ihm helfen: Zuerst schenkt es ihm die sichere Bindung an einen liebevollen Vater, für den er einzigartig ist. Von dort aus geht es in die Mutproben, eine nach der anderen, bis aus Bo Vilhelm Olsson ein echter Ritter geworden ist, und dazu gehört ganz unvermeidlich, einer starken bösen Macht ins Auge gesehen und sie besiegt zu haben – fertig zu werden mit der Vergangenheit, um dann in die Zukunft zu schauen und für sich einstehen zu können. Deshalb muss Mio töten. Der Tötungsakt ist Reifeprüfung und Erlösung zugleich.

Umgang mit Impulsdurchbrüchen und Aggression in der Musiktherapie

„Für dieses Kind wäre Musiktherapie genau das Richtige. Da kann es mal so richtig seine Aggressionen rauslassen. Am besten am Schlagzeug!"

Dies ist eine weit verbreitete Vorstellung: Der hyperaktive, zu aggressiven Impulsdurchbrüchen neigende Junge bekommt Sticks in die Hand und darf auf die Trommeln eindreschen, bis er nicht mehr kann. Dann ist er vielleicht so erschöpft, dass er endlich ruhig wird. Und es wird ihn begeistern, ungezügelt losballern, Spaß haben, grob und wild sein zu dürfen, ohne dass gleich etwas kaputt geht und jemand schimpft.

Symbolisch Rache üben am Täter, am Schicksal, an der Ungerechtigkeit, die im Leben waltet: Warum dürfen so viele Kinder behütet und beschützt aufwachsen, während andere mit der obdachlosen Mutter auf der Straße leben oder – das ist leider kein Scherz – als Säugling von einem jähzornigen Elternteil aus dem Fenster geworfen werden?

Wenn das kein Grund ist zuzuschlagen! Also: Ran ans Schlagzeug -?!

Ist das der richtige Weg?

Traumatisierte Kinder haben in der Regel wenig Verlässlichkeit erlebt. Sie leben mit Unberechenbarkeit und bösen Überraschungen. Viele wurden mindestens einmal, wenn nicht sogar regelmäßig misshandelt oder missbraucht. Daraus resultiert eine generalisierte, tief sitzende Verunsicherung, die verständlicherweise zu Skepsis und Misstrauen führt. Mehr oder weniger (meist weniger!) bewusst werden Verhaltensweisen zum Selbstschutz entwickelt, die kurzfristig wirksam sind, langfristig aber zu weiterem psychischem Leid führen. Dazu zählen Dissoziation, selbstverletzendes Verhalten, aber auch Kriminalität, Hyperaktivität und die Schwierigkeit, stabile tragfähige Beziehungen aufzubauen.

Viele empfinden eine unerträgliche Scham, weil sie sich beschmutzt fühlen und meinen, ihnen sei anzusehen, was ihnen zugefügt wurde. Sie fühlen sich wertlos und versuchen, der Realität zu entkommen. Nicht zu unterschätzen ist hierbei die Suizidalität.

So nachvollziehbar das Verhalten eines schwer traumatisierten Kindes ist – es führt zu sozialen Schwierigkeiten und selbst im professionellen Rahmen einer Kinder- und Jugendpsychiatrie nicht selten zu Überforderung im Team und dem traurigerweise eher realitätsfernen Wunsch, das

Kind möge sich möglichst bald bessern. Es liegt also nahe, daran zu denken, dass es sich auspowern, austoben, abreagieren soll.

Das freie Spiel an Musikinstrumenten nennen wir Improvisation, und die freie Improvisation gilt als der goldene Weg in der Musiktherapie. Je weniger Vorgaben, desto authentischer der Ausdruck, desto kathartischer mitunter die Energieabfuhr, desto erleichternder das Erlebnis. Aus vielen Therapien kann ich dies bestätigen.

Allerdings bedeutet dies ja, dass wir uns auf etwas Unvorhersehbares einlassen. Im-pro-vidēre (lat.) heißt genau das: nicht vorhersehen.

Viele Klientinnen und Klienten formulieren dies als ein Ziel: Leistungsansprüche loslassen, Bewertungen wegschieben, einfach mal wieder zum Kind werden und spielen – was wäre schöner?

Der traumatisierte Junge aber braucht möglicherweise etwas anderes, nämlich Sicherheit, Vorhersehbarkeit und einen verlässlichen Kontakt.

Vielleicht ist auch die Bewegung des Schlagens genau verkehrt. Sie kann ihn an Dinge erinnern, von denen wir noch nichts Genaues wissen. Wurde er geschlagen, vernachlässigt, misshandelt?

Nur zu gern beginne ich eine Musiktherapie mit wilden Kindern. Meistens stelle ich fest, dass ein vorgegebener oder gemeinsam gefundener Rhythmus ihnen Sicherheit gibt. Das Improvisieren kann sich auf einer rhythmischen Basis entwickeln.

Und dann gibt es da häufig noch eine ganz andere Seite, nämlich die Sehnsucht nach Geborgenheit, nach leisen Klängen, nach zarten Tönen: "Darf ich die Harfe ausprobieren?"

Nein, Aggressionen müssen nicht unbedingt herausgelassen werden. Nicht jeder muss das steinerne Herz des Täters mit einem Schwert durchbohren wie Mio; nicht jeder muss sich in den großen Kampf wagen. Vielmehr handelt es sich darum, ein zutiefst verletztes Kind bei der Hand zu nehmen und es mit vorsichtigen Schritten aus einem bedrohlichen Dschungel herauszuführen.

Der wilde Julian läuft durch den Raum. „Ich möchte heute etwas Kleines spielen." Er zeigt auf die Triangel, bekommt sie, probiert sie aus, erschrickt: „Nein." Er sucht nach weiteren kleinen Instrumenten, bis ich verstehe, was er eigentlich möchte: Er möchte leise Musik machen und hat geglaubt, das gehe am besten mit kleinen Instrumenten. Ich zeige ihm, dass man auch auf einem großen Instrument sehr leise spielen kann, zum Beispiel auf dem Klavier. Er horcht genau. Er erträgt es nicht, wenn wir gleichzeitig spielen. „Sei leise", bittet er mich, wenn ich versuche, ihn zu begleiten. Doch dann setzt er sich auf einen Stuhl, lehnt sich zurück, schließt die Augen und sagt: „Spiel für mich. Aber ganz leise." Ich nehme das 20-saitige Monochord und beginne zu spielen, indem ich die Fingerkuppen darübergleiten lasse. „Du kannst dabei an etwas Schönes denken", sage ich, „zum Beispiel an einen Ort, an dem du dich so richtig wohl…" – „Nicht reden!", sagt Julian. Ich schweige sofort, spiele aber leise weiter. Dann lasse ich die Musik in die Stille übergehen. Julian behält die Augen geschlossen und atmet ganz ruhig. „Ist das okay so für dich, wenn es ganz still ist?", frage ich vorsichtig, und er nickt stumm.

Ganze fünf Minuten ist es still. Dann lasse ich das Monochord wieder erklingen. Julian räkelt sich, gähnt wohlig, öffnet schließlich die Augen, möchte gar nicht gehen, aber die Zeit ist für heute um.

Ich begleite ihn zurück auf Station.

Es fällt den Betreuern nicht leicht zu glauben, was ich ihnen erzähle. „Was? Der? Still? Hm…"

Schreiben als heilsame Ressource

„Britt-Mari erleichtert ihr Herz"

Eins der wenigen Mädchenbücher, die Astrid Lindgren verfasst hat, ist „Britt-Mari erleichtert ihr Herz". Das kerngesunde fünfzehnjährige Schulmädchen Britt-Mari aus einer Stadt mit dem sinnigen Namen Småstad (Kleinstadt) offenbart in einer Brieffreundschaft alles, was sie bewegt und beschäftigt; die Adressatin, Kajsa, bleibt eine Unbekannte im fernen Stockholm, von der wir nur erfahren, dass es sie gibt und sie antwortet – ihre Briefe jedoch bekommen wir nicht zu lesen. Britt-Mari plaudert munter drauf los, stellt ihre Familie vor, erzählt aus der Schule und von schwedischen Traditionen, nicht ahnend, dass ihr der erste Liebeskummer ins Haus steht, typisch für dieses Alter, deswegen aber nicht minder schrecklich und verunsichernd. Schon das Formulieren hilft ihr, sich zu sortieren und zu beruhigen. Zweifel und Verzweiflung bringt sie zu Papier und schickt sie mit der Post weit weg in dem Wissen, dass die wohlwollende, mitfühlende

Kajsa Anteil nimmt, die Briefe hütet und beantwortet. Astrid Lindgren hätte auch einen Tagebuch-Roman schreiben können. Aber sie zieht es vor, Britt-Mari ein gleichaltriges Gegenüber zu schenken. Eine reale Begegnung lässt sie jedoch zwischen den Mädchen nicht stattfinden. Der Zauber der Brieffreundschaft bleibt somit erhalten.[13]

„Deine Briefe lege ich unter die Matratze"

Etwa ein Jahr nach Astrid Lindgrens Tod meldete sich eine Dame namens Sara Schwardt bei Astrid Lindgrens Tochter Karin Nyman und stellte ihr beziehungsweise dem Lindgren-Archiv der Königlichen Bibliothek in Stockholm Briefe von Astrid Lindgren zur Verfügung: Antworten auf unzählige Briefe von Sara über mehrere Jahrzehnte. Sie beginnen mit „Sara, liebe kleine Freundin", „Sara, meine Feine" oder „Sara, meine Sara", was in meinen Ohren genauso zugewandt und bedingungslos liebend klingt wie „Mio, mein Mio".

Es stellte sich heraus, dass Sara schon als Kind mit großer Vehemenz brieflich Kontakt zu der Autorin gesucht hatte. Es war eine Ausnahme, dass diese darauf individuell, ausführlich und mitunter sogar sehr persönlich reagierte. Sara durchlief psychische Krisen und zeigte neben ihrer angriffslustigen, impulsiven Art (sie kritisierte einige Verfilmungen der Lindgren-Bücher scharf und forderte, selbst mitspielen zu dürfen!) eine hohe Verletztheit und Verletzlichkeit. Astrid Lindgren entzog sich dem fordernden Mädchen nicht, erkannte eine hohe Sensibilität und antwortete einfühlsam, aber auch streng. Zum Beispiel findet sich eine makabre und sicherlich wirksame Beschreibung zu den gesundheitlichen Folgen des Zigarettenrauchens, mit der sie Sara davon abhalten will, sich im jugendlichen Alter das Rauchen anzugewöhnen.

Als junge Erwachsene besuchte Sara Stockholm und lief – wie wohl auch die eine oder der andere treue Lindgren-Begeisterte – durch die Dalagatan, blieb vor der Nummer 46 stehen und überlegte, ob sie bei Astrid klingeln sollte, um dort einmal kurz die Toilette zu besuchen. Sie entschied sich anders und ging wieder weg. Wer weiß, vielleicht war auch ihr bewusst, dass der Zauber des Briefkontaktes durch eine reale Begegnung sich verändern oder verschwinden könnte? „P.S.: Übrigens: Sara und Astrid haben sich nie getroffen" heißt es im letzten Satz des Vorwortes zu dem mit Sara Schwardts Einverständnis veröffentlichten Briefwechsel.[14]

Aus meiner persönlichen Erfahrung kann ich sagen, dass manche Menschen, denen ich hauptsächlich in Briefen vieles anvertraue, im realen Leben gar nicht so gut zu mir passen. Es ist die räumliche Distanz, die Nicht-Überschneidung der konkreten Lebensräume, die so viel Offenheit zulässt und eine kostbare, besondere Nähe schafft.

Schreiben und Songwriting in der Musiktherapie

Kämpferin
Bleib stark
Gib dich nicht auf
Wir helfen dir auf
Bleib auf deinem Weg
Du schaffst das
Dir ist so viel Falsches passiert
Was nicht hätte passieren sollen
Das ist nicht deine Schuld
Du bist ein toller Mensch
Du kannst nichts dafür
Du bist keine Sünde
Du bist perfekt
So wie du bist
Sing wieder
Du singst so schön

Dieser Songtext stammt von der sechzehnjährigen Ariane, die, wie sie selbst es erklärte, „mit jedem Trauma eine neue Persönlichkeit" hinzugewann und nach eigenen Angaben zu neunt in die Klinik kam. Jede Persönlichkeit hatte besondere Stärken und Begabungen. Mal kam das Mädchen als der mutige Sven, mal als die schmerzfreie Maria, der musi-

kalische Kevin, der verträumte Lars – und so weiter – in die Therapie-
stunden, nur sie selbst lag derweil in einem Dornröschenschlaf, um das
Leben nicht erleben zu müssen. Die Alternative wäre Suizid gewesen.

Sie sprach über sich in der Wir-Form und meinte damit die Gruppe
ihrer inneren Helfer, die in meiner Anwesenheit den an Ariane gerich-
teten Sprechtext entwarfen.

Nicht leicht war es, Ariane dazu zu bewegen, peu à peu als sie selbst
in Erscheinung zu treten, nicht leicht auch, zwischen einer multiplen
Persönlichkeit und einer Bewältigungsstrategie zu differenzieren. Schließlich war es so weit: Die Gruppe hielt sich zurück, Ariane wurde präsent,
wenn auch schwer depressiv und antriebsarm. Aber sie war da.

Mit großem Interesse lese ich, was Jugendliche schreiben: Gedichte,
Geschichten, auf Deutsch, auf Englisch. Viele Texte entstehen in der
Therapiestunde selbst. Manchen fließen die Worte mit Leichtigkeit aus
der Feder, andere brauchen viel Unterstützung. Soll dann ein Song daraus
werden, nehmen wir entweder einen, den es schon gibt, und ändern oder
ersetzen den Text, oder es entsteht etwas Neues. Oft genügen zwei
Akkorde für ein ganzes Lied. Es kommt aber auch vor, dass ich einfach
nur staune, wenn mir jemand ohne Scheu fertige Songs aus der vergan-
genen Woche präsentiert und sich zum Beispiel mit Ukulele begleitet –
gerade erst gekauft und schnell gelernt, meistens mit Hilfe eines Youtube-
Tutorials. Dann wird mir wieder klar, wie rasant musikalische und andere
Fertigkeiten sich im Jugendalter entwickeln können – und dass ich in
diesen Fällen mehr dafür da bin, diese Entwicklungen zu bezeugen, zu
begleiten und Motivation zu geben, als die Musik mitzugestalten.

Anders als beim Briefkontakt, wie ich ihn oben beschrieb, verbringe
ich Zeit mit meinem Gegenüber. Wir erleben gemeinsam eine Stunde.
Doch auch diese Begegnung ist begrenzt: So wie man einen Brief erhält,
liest, zur Seite legt und wieder liest, so braucht auch die Therapiestunde
ihre Wirkungszeit. Nur mit der dazugehörigen Distanz außerhalb sind
diese intensive Nähe und Offenheit innerhalb des Musikraumes möglich.
Laufen wir uns im Flur oder auf dem Klinikgelände über den Weg, kann
es sein, dass ich keines Blickes gewürdigt, geschweige denn gegrüßt
werde. Dabei weiß ich genau, dass die Jugendlichen genau wissen, dass
ich genau weiß …

Das ist der Zauber der schützenden Distanz.

Enttäuschung, Aufbruch und Selbstwirksamkeit
„Rasmus und der Landstreicher"

„Man müsste losgehen und sich selber Eltern suchen"[15] – woher schießt auf einmal diese Idee in Rasmus´ Sinn, warum an diesem Tag, nicht früher und nicht später? Nun, ein vornehmes Ehepaar war zu Besuch im tristen Kinderheim, wo Rasmus lebt, und so wie sein bester Freund Gunnar es vorausgesagt hat, haben diese Leute sich ein süßes braves Mädchen mit Locken zur Adoption ausgesucht und auch sofort mitgenommen. Rasmus als nicht ganz so braver Junge mit glattem Haar rechnet sich nach diesem Ereignis keine Chancen mehr aus, je aus dem Heim herausgeholt zu werden. Statt sich aber der Enttäuschung hinzugeben, entwickelt er die Idee, auszureißen und selbst seines Glückes Schmied zu werden. Anders als Mio folgt er keinem märchenhaften Flaschengeist, und es gibt auch keinen König, der ihn sehnsüchtig erwartet. Stattdessen begegnet er Oskar, einem Landstreicher, der ihn gutmütig mit auf die Walze nimmt, um gute Eltern für ihn zu finden. Der etwas kauzige, aber hoch anständige Oskar zeigt Rasmus die Welt, und je länger sie zusammen sind, desto intensiver wird ihre Beziehung. Sie tippeln, verdienen sich singend ihre Mahlzeiten, retten einander aus den Fängen der Polizei und überführen zwei Juwelendiebe, bis Oskar Rasmus endlich bei einem freundlichen kinderlosen Bauern-ehepaar unterzubringen weiß. Die beiden können ihr Glück kaum fassen. Rasmus soll ein eigenes Zimmer, frische Kleidung und jeden Tag gut zu essen bekommen – das ist genau das, was er ursprünglich wollte. Doch der Abschied fällt ihm so schwer, dass er es nicht aushält und Oskar hinterherläuft, den er inzwischen so liebt wie einen richtigen Vater. Dass dieser gerade auf dem Weg zu seiner bis dahin unerwähnten Ehefrau Martina ist, die in einem bescheidenen grauen Häuschen auf ihn wartet, ahnt Rasmus ja nicht, und erst recht nicht, wie gut ihm Martinas Umarmung tun wird, die erste Umarmung seit Jahren.

Rasmus´ Vision von einem Zuhause war beim Aufbruch aus dem Kinderheim ganz anders. Entscheidend war letztlich die gewachsene Bindung zwischen Oskar und ihm.

Zukunftsmusik in der Musiktherapie

Knapp 17 ist Timo, als er während des Aufenthaltes in der Klinik erfährt, dass sein Vater schon wieder umziehen will.

„Ich komm da nicht mehr mit", sagt Timo, ohne die in der Doppeldeutigkeit dieses Satzes enthaltene Ansage zu begreifen: „Erst bin ich mit Mama ausgezogen, von München nach Neustadt in Holstein. Damit war natürlich ein Schulwechsel verbunden. Dann ist Papa uns hinterhergezogen ins Nachbardorf, damit ich ihn leichter besuchen kann. Dann bin ich bei Papa eingezogen. Und jetzt will er mit mir in ein noch kleineres Dorf ziehen, drüben in Mecklenburg, und ich soll schon wieder in eine neue Schule, dabei hab ich den mittleren Schulabschluss doch längst – mir reicht´s!"

Wen wundert es, dass Timo seit einem halben Jahr nicht mehr zur Schule geht, unter Appetitlosigkeit leidet und besorgniserregend Gewicht verloren hat in einer Entwicklungsphase, in der Gleichaltrige normalerweise „groß und stark" werden?

„Ich will nicht mehr bei Papa leben. Und bei Mama auch nicht. Ich weiß einfach nicht wohin."

Alles klar. Aber was nun?

Timo hat nicht vor auszureißen. Er braucht sich keine Eltern zu suchen wie Rasmus, denn er hat ja Eltern, nur können diese nicht auf seine Bedürfnisse eingehen, weil sie offensichtlich Beziehungsprobleme haben.

Ich biete Timo ein Experiment an:

Er darf auf dem Monochord spielen und sich dabei in die Zukunft träumen, wobei er den Zeitpunkt selbst wählen kann – in einem halben Jahr, in einem Jahr, in fünf Jahren. Wo sieht er sich, wo möchte er sein?

Das Monochord hat 20 Saiten, die in einer Ebene liegen und auf denselben Ton gestimmt sind. Man braucht nur die Fingerkuppen darübergleiten zu lassen und wird schon umhüllt von einem sanften Klangteppich. Die Obertöne schwingen deutlich mit und werden oft als Zauberklänge empfunden.

Timo lässt sich darauf ein und beginnt zu spielen. Ich unterstütze ihn mit demselben Ton, gestrichen auf der leeren G-Saite des Cellos. Wir spielen etwa zehn Minuten lang. Timos Gesichtszüge entspannen sich.

Er erzählt: „Ich habe mich U-Bahn fahren sehen. In München, wissen Sie, da komme ich doch her. Ich fahre unheimlich gern U-Bahn und kenne mich in München überall aus. Vor zwei Jahren habe ich ein ganz tolles Berufspraktikum bei meinem Onkel in der IT-Abteilung gemacht. Jeden Morgen bin ich …“

Er schildert den ganzen Weg vom Vorort zu Fuß zur U-Bahn und wiederum zu Fuß bis hin zu dem Bürokomplex, wo er den Fahrstuhl in den vierten Stock nahm. In einem lichtdurchfluteten Raum empfing ihn sein Onkel und führte ihn in die Welt des Programmierens ein.

„Die Leute da waren alle total nett, obwohl sie erwachsen waren und ich erst vierzehn. Niemand hat auf mir rumgehackt, und ich durfte ganz in Ruhe am PC sein.“

Timo strahlt übers ganze Gesicht, als er das erzählt. Dann verdunkelt sich seine Miene:

„Jetzt habe ich aber etwas aus der Vergangenheit erzählt. Das war gar keine Zukunftsmusik, wie Sie gesagt haben. Ich hab es ganz falsch gemacht.“

Es wird still. Tränen treten ihm in die Augen.

„Ich will zurück nach München“, stößt Timo auf einmal hervor. Er weint. „Ich muss zurück! Aber das kann ich doch meinen Eltern nicht antun!“

Zum ersten Mal hat Timo ausgesprochen, was in ihm rumort. Es kommt zu Besprechungen im Team, zu Elterngesprächen, zur Kontaktaufnahme mit dem Onkel. Timo verfolgt mit Staunen, was er selbst in Gang gesetzt hat. Der Onkel stellt ihm in Aussicht, ihn bei sich aufzunehmen und ihn auszubilden. Die Eltern stimmen schweren Herzens zu.

Timo richtet sich zusehends auf und kann mit einer guten Zukunftsperspektive entlassen werden.

Selbstbewusst durch innere Helfer

„Karlsson vom Dach“

„Schreibst du auch ein Kapitel über Karlsson vom Dach?“,[16] fragt mich mein Sohn, und ich schüttele den Kopf, weil ich Karlsson zwar lustig finde, aber spontan nicht darauf gekommen wäre, ihn als Helfer in der Krise zu betrachten. Aber dann werde ich nachdenklich. Warum eigentlich nicht? Hat dieser kleine Mann Karlsson[17] nicht dem kleinen Svante, genannt Lillebror,[18] der sich neben seinen pubertierenden älteren Geschwistern etwas einsam und gelangweilt fühlt, schlagartig zu einem ganz ungewöhnlichen und abwechslungsreichen Leben verholfen? Natürlich glaubt niemand dem Jungen, wenn er davon erzählt. Die Eltern gehen davon aus, dass Karlsson eine Fantasiefigur ist, und bedauern ihren Jüngsten in seiner offensichtlichen Einsamkeit. Welch ein Triumph dann am Ende des ersten Bandes, als es ihm gelingt, seiner Familie zu beweisen, dass Karlsson keine Einbildung ist!

Das ist ein richtiger Lindgren-Streich. Die Autorin führt alle, die irgendetwas in Karlsson hineininterpretieren wollen, gekonnt an der Nase herum.

Er erscheint höchstpersönlich zu Lillebrors Geburtstagsfeier und begrüßt dessen Familie ganz nebenbei, nicht ohne kritisch anzumerken, dass für ihn kein Gedeck vorgesehen ist.

Woran es Lillebror mangelt, davon hat Karlsson zu viel – so viel, dass es schon wieder lustig ist. Er verhält sich egozentrisch und ungerecht. Die Scherze und Streiche, die er sich erlaubt, entbehren jeder Form von Anstand. Obwohl er nicht unbedingt hübsch ist, mangelt es ihm nicht an Eitelkeit und Stolz, und er präsentiert sich als bester Karlsson der Welt, grundgescheit, gerade richtig dick und in den besten Jahren. „Welche Jahre sind denn die besten?", fragt Lillebror seinen neuen Bekannten. „Alle", antwortet dieser unbekümmert.

Lillebror staunt – besonders natürlich darüber, dass Karlsson fliegen kann und eine Freiheit besitzt wie kaum ein anderer Einwohner von Stockholm: Unbemerkt von der Allgemeinheit wohnt er in einem kleinen roten Schwedenhaus oben auf Lillebrors Dach hinter einem Schornstein, fern von Schule, gesellschaftlichen Verpflichtungen, jenseits von Gesetzen und letztlich jenseits von Gut und Böse. Seine Schreib- und Rechenkünste sind dürftig, seine Neigung zu Übertreibung und Dramatisierung dagegen grandios.

Als Präsident eines Landes möchte ich mir Karlsson nicht so gern vorstellen. Vermutlich würde er sich schon vor Beendigung der Stimmauszählung zum Wahlsieger ausrufen und fortan das ganze Land mit verrückten Ideen auf den Kopf stellen. Alle Eltern müssten, wie Karlsson es von Lillebrors Mutter erwartet, mit der einen Hand Schlagsahne schlagen und mit der anderen Fleischklößchen drehen, alle Kinder müssten wie Lillebror ihre Bonbons zu Medizin verarbeiten, und all das gute Zeug wäre beim Präsidenten direkt abzuliefern.

Musiktherapie: Selbstbewusst durch innere Helfer

Es gehört zur kindlichen Entwicklung im jüngeren Alter dazu, sich mit unsichtbaren Freunden zu umgeben. Wer einmal ein fünfjähriges Kind beim Spielen beobachtet hat, wird möglicherweise festgestellt haben, dass das Kind sich angeregt unterhielt, obwohl es allein war. Hinzu kommt der Rollenwechsel: In einem Moment bin ich das Kind, im nächsten der Indianer, die Fee, der Zauberer oder das Auto. Nichts davon ist wirklicher als das andere. Ich bin sie alle, und ich kann alles. Ich kann über die ganze Welt bestimmen.

Am Beispiel von Ariane (siehe „Schreiben als heilsame Ressource") konnte ich hoffentlich bereits aufzeigen, wie die Gründung einer inneren Helfergruppe überlebenswichtig war.

Die Entwicklung von Arianes Helfergruppe ist jedoch als pathologische Überspitzung der eben beschriebenen natürlichen Entwicklung zu sehen. Nahezu zwanghaft gebiert jede schwierige Situation eine neue Persönlichkeit, bis von Ariane selbst kaum noch etwas zu erkennen ist. Nicht zu unterschätzen ist hierbei der Effekt, dass Ariane sich nicht umgebracht hat.

In der Musiktherapie lässt sich die gesunde, natürliche Fähigkeit zur Vervielfältigung oder zum Rollenwechsel in der Fantasie wunderbar nutzen, um Mut auszuprobieren und Schüchternheit zu überwinden. Bei Angst vor Gewitter spielen wir zum Beispiel Wetterhexe. Das Kind darf bestimmen, was als nächstes dran ist: Sonne, Regen, Sturm, Frost, Regen, Nebel und Schnee – wir zaubern es hörbar her. Wie groß ist die Freude, die Lust, ein Gewitter zu spielen! Du bist der Blitz, ich bin der Donner! Mithilfe der Wetterhexe wird der Angst etwas entgegengesetzt: Selbstwirksamkeit.

Auch ein Lieblingslied kann zum inneren Helfer werden. Sich in bestimmten Situationen aktiv an eine Melodie zu erinnern, sie sich vorzustellen oder leise zu summen, hilft, ruhig und bei sich zu bleiben. So sagt die 14-jährige Elisa, die alle paar Tage in eine von niemandem zu erkennende Hochanspannung gerät und sich klaffende Schnittwunden zufügt, dass sie Hedwigs Thema aus der Filmmusik zu Harry Potter als sogenannten Skill nutze: als eine Fertigkeit, die sie einsetzt, um diese Anspannung aktiv zu reduzieren und bestenfalls selbstverletztendes Verhalten zu vermeiden. Ohne Notenkenntnisse lernt sie in der Musiktherapie die Melodie Ton für Ton auswendig am Klavier, prägt sich die schwarzen und weißen Tasten sowie die Intervalle optisch und akustisch ein, strengt sich unglaublich an und will nichts anderes: „Damit ich das nachher auch im Geist machen kann!" Elisa möchte die ganze Melodie, um selbst heile zu bleiben und ganz zu werden. Heilung bedeutet ja im Grunde genau dies: sich (wieder) vervollständigen. Hedwigs Thema – Elisas innerer Helfer.

Entsprechendes gilt für mantrisch gesprochene, positiv formulierte kurze Sätze wie „Ich weiß, dass du bei mir bist", „Alles wird gut" oder „Ich bin gut, ich hab Mut". Man kann sie trommelnd begleiten, leise flüstern oder auch nur im Stillen denken. Allerdings gehört häufiges Üben dazu, damit der innere Helfer abrufbar ist, wenn man ihn wirklich braucht – und nicht wie Karlsson kommt und geht, wie es ihm gerade passt.

Astrid Lindgren – stark wie Pippi?

> Keine Frage, Pippi ist super! So selbstbewusst, sicher, mutig und stark, und das, obwohl ihre Mama im Himmel und ihr Papa König auf einer Südseeinsel ist! Sie hat sich in der Villa Kunterbunt ein sicheres Zuhause geschaffen, kocht und backt, schickt sich abends selbst ins Bett und weiß mit jeder Situation klug und humorvoll umzugehen – welch ein Vorbild an kindlicher Resilienz! Sicherlich lohnt es sich für jedes Kind, die kleine starke Pippi in sich zu kultivieren.[19]

Trotzdem ist es nicht Pippi, die mir als erstes einfällt, wenn ich an die heilsame Kraft der Lindgren-Figuren denke. Es sind die gewöhnlichen Kinder mit den gewöhnlichen Namen, die das innere Kind in mir wachmachen: Der lungenkranke Karl Löwe (Krümel) mit seinen krummen Beinen, das verwaiste Pflegekind Bo Vilhelm Olsson (Mio), das behütet aufwachsende Mädchen Margareta (Madita) auf Birkenlund, die kleine Schwester Lisabet und auch Britt-Mari in Småstad – gewöhnliche Kinder und Jugendliche vor Herausforderungen und Verletzungen, die jedem Menschen früher oder später begegnen. Einerseits sind da Ungerechtigkeiten, Verlassenheitserleben, das Gefühl, nicht ernst genommen zu werden, und Entscheidungsnöte, Scham und schlechtes Gewissen; andererseits erleben diese gewöhnlichen Kinder aber auch scheinbar gewöhnliche Kleinigkeiten mit einem Genuss, der manchen Erwachsenen kaum noch möglich ist. Da ist die Freude über die Jahreszeiten, über verführerische Düfte aus der Küche vorm Mittagessen, über neue Sandalen und andere „Seligkeitsdinge", das heißt diese krisenanfälligen gewöhnlichen Kinder haben noch offene Sinne und lassen jede Art von Reiz an sich heran; Abstumpfung gibt es nicht.

Astrid Lindgren, geborene Ericsson, ging selbst durch tiefe Jugendkrisen, zunächst als sie merkte, dass sie auf einmal nicht mehr spielen konnte. Langeweile und Melancholie machten sich in ihr breit, und sie kämpfte dagegen an, indem sie das gesellige Leben suchte, tanzen ging, sich als erstes Mädchen in Vimmerby die Haare kurzschneiden ließ und mehr oder weniger maßvoll Provokation suchte. Als sie mit 18 Jahren ungewollt von ihrem verheirateten Chef schwanger wurde, war es endgültig vorbei mit der Kindheit.

Astrid galt nicht als volljährig und schon gar nicht als "Frau". Es war in der schwedischen Provinz zu dieser Zeit etwas Unchristliches, Verwerfliches, schlicht etwas Schlimmes, minderjährig ein uneheliches Kind zu erwarten; es bedeutete einen Skandal.

Eine sehr ernsthafte Krise nahm ihren Lauf: Es galt zu entscheiden, wo das Kind geboren werden konnte, ohne dass die Familie in Verruf geriete, und ob der Kindsvater, der bereit war, Astrid zu heiraten, wirklich der „Mann fürs Leben" wäre.

Anstelle eines sanften Übergangs in das Erwachsenenleben erfolgte für Astrid Lindgren ein plötzlicher Umbruch. Sie spürte, dass sie nicht in Vimmerby bleiben konnte. Trotz der Verzweiflung darüber, ihre Geburtsstadt und die Familie zu verlassen, entschied Astrid zum Wohle des Kindes, sofern es in der damaligen Zeit möglich war. Sie gebar den

Jungen im für ihre Verhältnisse fernen Dänemark, wo er für die ersten drei Lebensjahre bei einer liebevollen Pflegemutter blieb, aber für die junge echte Mutter nur schwer erreichbar war. Sie besuchte ihn aber, so oft sie konnte. Als die Pflegemutter schwer erkrankte, rief sie Astrid zu sich und ermutigte sie, den Jungen nach Schweden zu holen. Er sprach dänisch und akzeptierte seine leibliche Mutter nicht ohne weiteres.

Die innere Stimme, ein untrüglicher Kompass, hatte Astrid davon abgehalten, den Vater des Kindes zu heiraten.

Dass sie später einem Mann begegnen würde, mit dem sie eine Familie gründen wollte und der auch ihrem Sohn ein Vater werden würde, konnte sie zu jenem Zeitpunkt nicht wissen. Vielleicht war es eine ungewisse Hoffnung, die sie so entscheiden ließ, wie sie es tat?[20]

Ein Nein zum Kind gab es in Astrid Lindgrens Leben jedenfalls nicht. Das zeigte sich schon hier in aller Deutlichkeit.

Aber eine Pippi war sie in diesen Jahren wohl eher nicht, sondern ein zumindest äußerlich gewöhnliches, wenn auch sehr talentiertes junges Bauernmädchen, das hoch hinaus wollte, sich trotz guter Chancen verirrte und einen eigenwilligen, individuellen Weg einschlug.

Mir scheint, zu ihren souveränen Entscheidungen sowie zu der Fähigkeit, die teilweise bitteren Konsequenzen zu tragen, aber auch zum Mut für Neues hätte ihr eher eine innere Ronja verholfen, die Jahr für Jahr den wiederkehrenden Frühling und das Wiedererblühen des Lebens mit einem Freudenschrei begrüßt. Und wäre Astrid Lindgren nicht durch eben jene Täler gegangen, die zu durchschreiten das Leben ihr aufbürdete, hätte ihr Geist womöglich nicht genau diese krisenfähigen literarischen Kinder geboren, die uns nun schon seit siebzig Jahren begleiten.

Niemand muss stark sein wie Pippi. Aber spielerisch, fantasievoll und improvisationsfreudig wie Pippi mit Herausforderungen umzugehen – das ist eine Gabe, die im Menschen von Anbeginn angelegt ist und die wir besonders bei seelisch verletzten Kindern hervorlocken und unterstützen sollten, damit sie gestärkt aus Krisen hervorgehen und nach vorne blicken können.

Anmerkungen

1   LINDGREN Astrid, 1976: Mein Sohn, der Fliegerbaron, in: Madita und Pims, Hamburg, Friedrich Oetinger

2   FORSELL Jacob, ERSÉUS Johan, STRÖMSTEDT Margareta, 2006: ASTRIDS BILDER, S, 142f., Stockholm: Max Ström (die deutschsprachige Ausgabe heißt: Astrid Lindgren. Bilder ihres Lebens, 2007, Hamburg: Friedrich Oetinger)

3   LINDGREN Astrid, 1972: Mio, mein Mio, Hamburg: Friedrich Oetinger

4   LINDGREN Astrid, 1982: Ronja Räubertochter, Hamburg: Friedrich Oetinger

5   FORSTER Mark, JAEHN Felix, STEINKE Philipp: aus STIMME, Popmusikprojekt 2015,
https://de.wikipedia.org/wiki/Stimme_(Lied), recherchiert am 10.1.2021

6   KOPKOW, Hans-Jürgen, 2016: Predigt zur Konfirmation, www.markus-bs.de/uploads, recherchiert am 15.10.2020

7   GRONBACH Iris, Evangelische Jugendhilfe Godesheim, www.godesheim.de/2016/03/09, recherchiert am 15.10.2020

8   LINDGREN Astrid, 1972: Immer dieser Michel, Hamburg: Friedrich Oetinger

9   LINDGREN Astrid, 1971: Madita und Pims, Hamburg: Friedrich Oetinger

10 LINDGREN Astrid, 1973: Die Brüder Löwenherz, Hamburg: Friedrich Oetinger, S. 201f.

11 LINDGREN Astrid, 1972: Mio, mein Mio, Hamburg: Friedrich Oetinger, S. 155

12 LINDGREN Astrid, 1978: Niemals Gewalt! Rede anlässlich ihres Erhalts des Friedenspreises des Deutschen Buchhandels

13 LINDGREN Astrid, 1960: Britt-Mari erleichtert ihr Herz, Hamburg: Friedrich Oetinger

14 LINDGREN Astrid und SCHWARDT Sara, 2015: Deine Briefe lege ich unter die Matratze, Ein Briefwechsel 1971-2002, Hamburg: Friedrich Oetinger. Die erwähnte mahnende Rede über den Zigarettenkonsum findet sich in Astrid Lindgrens Brief vom 15.9.1972, S. 57

15 LINDGREN Astrid, 1957: Rasmus und der Landstreicher, Hamburg: Friedrich Oetinger, S. 28

16 LINDGREN Astrid, 1956: Karlsson vom Dach, Hamburg: Friedrich Oetinger

17 Zieht man in Erwägung, sein Kind Karlsson zu nennen, sollte man sich darüber im Klaren sein, dass es sich um einen schwedischen Nachnamen handelt (ähnlich verbreitet wie im deutschsprachigen Raum Müller, Meier, Schmidt …). Das Lustige ist gerade, dass das Buch nicht von Herrn Karlsson handelt; allerdings ist das in der Übersetzung nicht so deutlich spürbar.

18 Lille bror (schwedisch): kleiner Bruder

19 LINDGREN Astrid, 1971 (1949): Pippi Langstrumpf, Hamburg: Friedrich Oetinger

Zum Vertiefen

Diverse Biografien schildern Astrid Lindgren auch in ihren jungen Jahren, z.B.:

EDSTRÖM Vivi, 1992: Astrid Lindgren – Vildtoring och lägereld, Stockholm: Rabén & Sjögren

TÖRNQVIST Lena, 1998: Astrid aus Vimmerby, Vimmerby: Stiftelsen bevarandet av Astrid Lindgrens gärning, Hamburg: Friedrich Oetinger

STRÖMSTAD Margareta, 2001: Astrid Lindgren, Ein Lebensbild, Hamburg: Friedrich Oetinger

DANKERT Birgit, 2013: Astrid Lindgren, Eine lebenslange Kindheit, Darmstadt: Wissenschaftliche Buchgesellschaft

ANDERSEN Jens, 2017: Astrid Lindgren, Ihr Leben, München: Pantheon

Der dänisch-schwedische Kinofilm „Astrid" (2018) greift die Ereignisse auf und stellt sie ausgeschmückt, aber glaubhaft, dar. https://de.wikipedia.org/wiki/Astrid_(Film), recherchiert am 10.1.2021

Antje Buitkamp

Krisenbewältigung anhand eines Beispiels

Die Entstehung eines Entlastungskrankenhauses in der Corona-Krise

Entlastung, die: Befreiung, Erleichterung, Hilfe (Duden, 2021)

Was bedeutet sie, diese abstrakte „Bestimmung zur Erbringung von stationären Krankenhausleistungen gemäß Artikel 11 Absatz 4 des Gesetzes zum Ausgleich COVID-19 bedingter finanzieller Belastungen der Krankenhäuser und weiterer Gesundheitseinrichtungen, §22 Absatz 1 Krankenhausfinanzierungsgesetz"? Artikel, Absatz, Paragraph und nochmal Absatz?! Wer nicht vom Fach ist, versteht sie auch nicht durch wiederholtes Lesen, diese verschlüsselten Zeilen, mit denen wir uns unerwartet und intensiv auseinanderzusetzen hatten. Wir, also das Personal einer Rehabilitationsklinik, die auf Anfrage des Schleswig-Holsteinischen Ministeriums für Soziales, Gesundheit, Jugend, Familie und Senioren im März 2020 im Zuge der Corona-Krise – genauso wie 13 weitere der insgesamt 62 Rehakliniken Schleswig-Holsteins – gemäß dieser Bestimmung zum Entlastungskrankenhaus (EKH) wurde. „Die Länder müssen vor Ort im Sinne des Gesetzes dafür sorgen, dass die Gesundheitsversorgung der Bevölkerung gesichert wird. Eine entscheidende Rolle kommt dabei den Rehakliniken mit ihren rund 120.000 Ärzten und Pflegern zu. Denn das deutsche Gesundheitssystem braucht in der aktuellen historischen Krise dringend alle zur Verfügung stehenden Kapazitäten" (RehaNews24, 2020). Entlastungskrankenhaus – ein nie gehörter Begriff, ein Projekt, das es in dieser Form noch nicht gegeben hat. Es wurde kurzfristig ins Leben gerufen, um in Akutkliniken die Möglichkeit zu schaffen, Betten für COVID-19-Patientinnen und -Patienten freizuhalten. Bald stellte sich heraus, dass diese Kapazitäten – glücklicherweise – in dem befürchteten Umfang nicht benötigt wurden, so dass die Bestimmung zum 30.6.2020 widerrufen werden konnte.

In diesen drei Monaten entwickelte sich in unserer Klinik aus einer anfänglich gänzlich unüberschaubaren Situation ein kleiner, sicherer Kosmos. Wir versorgten insgesamt dreißig hauptsächlich orthopädische, traumatologische und internistische Patientinnen und Patienten, die von COVID-19 nicht direkt betroffen waren. Und noch mehr: In der Krise wuchs eine neue Idee. Das EKH könnte als Pilotprojekt zu einem Modell werden für die Behandlung von Patientinnen und Patienten, die nicht mehr der Akutkrankenhausversorgung bedürfen, aber noch nicht reha-fähig sind.

Als dieses Kapitel zu entstehen begann, hatte sich die erste Welle der Corona-Pandemie, zumindest in Deutschland, zwischenzeitlich weitge-hend zurückgezogen. Rückblickend ließe sich dieser Zustand als Ebbe bezeichnen oder auch als Ruhe nach – und vor – dem Sturm. Eine gewisse Erleichterung oder wohl eher Verdrängung breitete sich aus, obwohl die vielen weltweit an Covid-19 Verstorbenen im Bewusstsein, die Folgen des Lockdowns (übrigens ein Begriff aus dem Maßnahmenka-talog bei Amokläufen und Terroranschlägen) spürbar und weiterhin Einschränkungen im Alltag wirksam blieben. Auch von der zweiten Corona-Welle war längst die Rede. Sie ist inzwischen herangerollt, gefolgt von einer dritten, und ein erneuter Lockdown bestimmt derzeit das Alltagsgeschehen. Wir werden möglicherweise auch in der Zukunft mit den Corona-Gezeiten leben, sie besser verstehen lernen und uns ihnen anpassen müssen. Vielleicht lehren sie uns das Bewusstsein, dass wir alle als Bestandteil der Natur mit ihr und untereinander verbunden sind. Dann besteht Hoffnung auf einen Systemwandel, globale Gerechtigkeit und solidarisches, verantwortungsvolles Handeln.

Ein weltweiter Krisen-Rhythmus zeichnet sich ab, der in verschie-denster Art und Ausprägung auch das Leben eines jeden einzelnen Menschen durchzieht. Keine Biographie, in der keine Krisen vorkommen. Sie schleichen sich unbemerkt heran oder fluten aus dem Nichts mit ungeahnter Wucht – und kehren dann womöglich wellen-förmig wieder – und wieder? Wir wissen um härteste, ausweglose Krisen, an denen Menschen zerbrechen, vielleicht sogar sterben müssen. Aber es gibt auch krisenhafte Situationen, die einen Handlungsspielraum lassen und die Chance geben, an ihnen zu wachsen, zu reifen und stärker zu werden. Zu diesen gehört die EKH-Erfahrung. Es lohnt sich, sie genauer zu betrachten, um für die Zukunft zu lernen und Mut zu schöpfen.

Wie war es möglich, dass inmitten der – vermeintlichen? – Krise, fern von Routine und vorgegebenen Abläufen, dieses lebendige, fließende

System entstand, in dem wirkungsvolle, erfüllende Arbeit möglich war? Dass wir, die wir uns angesichts der coronabedingt kontinuierlich sinkenden Belegung und der düsteren Vorhersage einer Pleitewelle deutscher Rehakliniken existenziell bedroht sahen, zu einem sicheren Hafen für Menschen wurden, die durch Krankheit, Obdachlosigkeit und Verwahrlosung in katastrophale Situationen geraten waren? Dass die Krise zur Chance für neue – persönliche, konzeptuelle, politische – Entwicklungen und Lernprozesse wurde? Welche Kompetenzen, Kräfte und Ressourcen waren wirksam? Lassen sich verallgemeinerbare, hilfreiche Erkenntnisse ableiten, die auch in anderen Krisensituationen anwendbar wären?

Auf der Suche nach Antworten auf diese Fragen führte ich Interviews mit Personen, die am EKH beteiligt waren. Der Austausch über die vielfältigen Wahrnehmungen aus unterschiedlichen Blickwinkeln ermöglichten mir auch eine erweiterte Sicht auf meine eigenen Erfahrungen als leitende Ärztin des EKH. Schließlich setzten sich die zahlreichen Einzelteile zu einem bunten Puzzle der Krisenkompetenz und -intelligenz zusammen – ein Erfahrungsschatz, auf den wir in unterschiedlichsten Krisensituationen zurückgreifen können.

Unser Klinikseelsorger rückte den Begriff Entlastungskrankenhaus – im Gegensatz zu der abstrakten ministeriellen Erklärung – in das warme Licht, das sich tatsächlich im Lauf der Zeit entwickelte und uns den Rücken stärkte: „Ich finde das ein schönes Wort: Entlastung. Ein schöner Gedanke, dass man etwas tut, und jemand anders oder ein anderer Ort ist dadurch entlastet. Das hat etwas Heilsames, sehr Freundliches. Ich lasse das nochmal innerlich wirken… Ich glaube, das ist etwas, wonach sich sehr viele Menschen sehnen. Entlastung.“

„Auf dem letzten Zahn“

Wie lässt sich die Stimmung beschreiben, die sich im März 2020 in der Rehaklinik ausbreitete, als deutlich wurde, dass uns die Auswirkungen der Corona-Krise ganz direkt betreffen würden? Zu diesem Zeitpunkt kamen dramatische Nachrichten aus benachbarten Ländern: Abriegelung, überfüllte Krankenhäuser, zahlreiche an Corona verstorbene Ärztinnen und Ärzte, Krankenpflegerinnen und -pfleger, Apothekerinnen und Apotheker, Triage und eine Überlastung der Bestattungsinstitute in Italien, die Nutzung eines Eisstadions als Leichenhalle in Spanien. Niemand wusste, wie sich die Pandemie in Deutschland entwickeln würde. Die Intensivstationen bereiteten sich auf die schlimmsten Szenarien vor. In den Rehakliniken gingen die Patientenzahlen zurück, und es war unklar, ob und in welcher Form wir weiterarbeiten könnten. Ich hatte zu der Zeit Urlaub, saß wegen der Reisebeschränkungen zuhause, wurde immer unruhiger und stellte mir vor, jederzeit in ein Akutkrankenhaus, Labor oder Gesundheitsamt beordert zu werden. Es herrschte eine angespannte, quälende Stille.

„Wir haben relativ früh angefangen, unseren Krisenstab zu etablieren und als Klinikleitung in den Krisenmodus überzugehen", berichtet Herr M., Geschäftsführer unserer Klinik, der dreifache Verantwortung trug: Mitarbeiterinnen und Mitarbeitern eine Perspektive jenseits der Kurzarbeit zu bieten, auf dem Gelände möglichst begegnungsarmen Verkehr der Patientinnen und Patienten zu ermöglichen und einen positiven Beitrag für die Gesundheitsversorgung in der Corona-Zeit zu leisten. „Es wurde klar, dass innerhalb dieser Krisenzeit nicht genug Arbeit da sein würde. Wir mussten Betriebsteile schließen und Mitarbeiter in Kurzarbeit schicken. Mir war unwohl bei dem Gedanken, dass wir [in der Klinikleitung] alle voll weiterarbeiten und Mitarbeiterinnen und Mitarbeiter, die möglicherweise von vorneherein schon in einer etwas prekäreren familiären und finanziellen Versorgungssituation sind als wir, mit reduzierten Bezügen zu Hause sein würden. Gleichzeitig mussten wir das Infektionsgeschehen eindämmen und unsere Klinik unter dem Aspekt einer Gefährdungsanalyse betrachten. Uns wurde schnell klar, dass wir für einen wirtschaftlichen Betrieb der Klinik selbst unter Kurzarbeitsaspekten mehr Patienten bräuchten, als unsere Räumlichkeiten hergeben würden. Und dann kam die Anfrage vom Sozialministerium Schleswig-Holstein, ob wir uns vorstellen könnten, als Entlastungskrankenhaus zu arbeiten. Zu dem Zeitpunkt hieß es, die Kliniken, die sich diesem Verfahren anschließen, kommen mit unter den Rettungsschirm der Akutkrankenhäuser. Es gab noch keine Verlautbarung, wie der Rettungsschirm für Rehakliniken aussehen würde. Da habe ich natürlich gedacht, bevor ich ungewiss als Rehaklinik weitersteuere, ergreife ich die Gelegenheit und versuche, uns unter den Schutzschirm der Akutkrankenhäuser zu bekommen." Dass die Vergütung letztendlich anders aussah, wird erst später deutlich. „Ich habe dann für das Entlastungskrankenhaus ein räumliches, apparatives und personelles Konzept verfasst. Es war ein theoretisches Konstrukt – wir waren weit davon entfernt, geregelte Prozesse so zu installieren, dass diese auch gleich greifen würden."

Ich empfand es als erlösend, wieder in der Klinik zu sein und endlich eine sinnvolle Aufgabe zu haben. Und die Verantwortung, die ich im EKH übernahm, schien mir weitaus überschaubarer als alle sonstigen, furchterregenden Szenarien, die ich mir zwischenzeitlich mit zügelloser Phantasie ausgemalt hatte. Insofern fühlte ich mich angesichts der neuen Aufgaben im EKH nicht erschrocken, sondern eher erleichtert. Allerdings war ich zuerst noch in Kurzarbeit und hatte viel zu wenig Arbeitszeit – eine widersinnige Situation, die aber nur wenige Wochen anhielt, bis ich wieder in Vollzeit arbeiten konnte. Inmitten der von Sorgen, Unsicherheiten, Mutmaßungen und vagen Vorhersagen geprägten, unscharfen Gesamtlage versuchten wir, Konturen zu erkennen und Strategien zu entwickeln.

Die Einrichtung und Ausstattung des EKH auf einer der Stationen in unserer Klinik lief auf Hochtouren, und es gab einige Hürden zu nehmen. Frau F., Leiterin des ambulanten Pflegedienstes, war von Beginn an mit der Beschaffung notwendiger Materialien befasst und am Belegungsmanagement, der Organisation des Personals und an der Auswahl der Patientinnen und Patienten beteiligt, die im EKH versorgt werden sollten. Sie kam mit schwierigen Schnittstellen in Berührung, und es mussten unerwartete Probleme gelöst werden: Die definierten Aufnahmekriterien waren in den Akuthäusern schwer zu vermitteln und stießen nicht immer auf die erwartete Akzeptanz. Es gab Interessen der Geschäftsführungen, die mit den Möglichkeiten der Pflege nicht in Einklang zu bringen waren. Beim Einsatz hausinterner, von Kurzarbeit bedrohter Pflegehilfskräfte kam es zu Kontroversen mit dem Betriebsrat, und von den in Aussicht gestellten examinierten Pflegefachkräften aus einem externen Pflegepool kam letztendlich keine bei uns an. Zudem waren die Aufnahmebereitschaft und die Solidarität unter den zu Entlastungskrankenhäusern ernannten Rehakliniken geringer als erwartet. In unserem Interview brachte Frau F. sehr deutlich zum Ausdruck, wie krisenhaft die Aufbauphase war: „Komplettes Neuland! Alles musste neu überlegt, der ganze Standort neu organisiert werden. Schnabelbecher, Steckbecken, Waschschüsseln, Infusionsständer und das Notfallequipment mussten angeschafft werden. Dann die Klärung vieler Fragen: Wie stelle ich mich in den Akuthäusern vor, nach welchen Kriterien muss ich bei der Patientenauswahl abfragen? Was muss der Patient können, und was kann das Personal hier an pflegerischer und körperlicher Tätigkeit leisten? Wir mussten die Anträge aus pflegerischer und ärztlicher Sicht beurteilen. Für Personal im Akutkrankenhaus ist die Versorgung Schwerstkranker vielleicht normaler Standard und einfach zu handhaben, aber nicht für Pflegekräfte und Ärzte einer Rehaklinik. Es bestand die Gefahr, das Pflegepersonal auszureizen, denn die Arbeit war körperlich wesentlich anstrengender als sonst. Und alle liefen wirklich auf dem letzten Zahn, um die teilweise schwerstpflegebedürftigen Patienten pflegefachgerecht, verantwortungsvoll und würdig zu versorgen."

„Wir fahren die gleiche Schiene"

Die Bildung eines geeigneten Teams für das EKH war ein intensiver, teils konflikt- und krisenbehafteter Prozess. Anfangs wurde von der Pflegedienstleitung ein Dienstplan erarbeitet und das Pflegepersonal diesem Plan entsprechend im EKH eingesetzt. Aber schnell wurde deutlich, dass die Arbeit für diejenigen nicht geeignet war, die Kontinuität und Routine brauchen, um sich sicher zu fühlen und gut arbeiten zu können – ein verständliches und legitimes Bedürfnis. Einige von ihnen waren kurzzeitig im EKH, forderten dann aber ihre Rückversetzung in ihre vertrauten Bereiche – wo sie, wie auch sonst, wichtige Arbeit leisteten. Schließlich fanden sich im Team vorwiegend Personen zusammen, die Veränderungen und Unbekanntes als spannend, bereichernd und herausfordernd empfinden. Neugier, im wahrsten Sinne des Wortes, ist ein hilfreiches Sprungbrett, wenn es darum geht, sich auf ein Terrain zu begeben, das mit vielen Unwägbarkeiten aufwartet. Angesichts des Pflegekräftemangels wurden aus fachfremden Bereichen wie beispielsweise Physiotherapie und Verwaltung freiwillige Pflegehilfskräfte integriert, die sonst von Kurzarbeit betroffen gewesen wären. Unsere Patientinnen und Patienten wurden zusätzlich je nach Bedarf von den Psychologinnen und Ergotherapeuten der Rehaklinik begleitet. Auch die Reinigungs- und Servicekräfte, die im EKH arbeiteten, gehörten in das Team. Sie fanden sich geduldig in unsere teils unkonventionellen Rhythmen hinein. Als schließlich feststand, wer mitarbeiten würde, bestand eine hohe Einsatzbereitschaft. So wuchs ein starkes Zusammengehörigkeitsgefühl, und es dauerte nicht lange, bis sich eine reibungslose Zusammenarbeit entwickelte. Alle brachten ihre individuellen Fähigkeiten ein, fokussiert auf ein konkretes gemeinsames Ziel: die bestmögliche Versorgung der uns anvertrauten Patientinnen und Patienten.

Der Medizinsoziologe Aaron Antonovsky entwickelte das Resilienz-Modell der Salutogenese, also der Entstehung von Wohlbefinden, und ging dabei drei zentralen Fragestellungen nach: "Wie und warum werden Menschen krank, und wie bleiben sie trotz vieler potentiell gesundheitsgefährdender Einflüsse gesund?", "Wie entsteht Gesundheit, und wie wird sie gewahrt?" und "Was ist das Besondere an Menschen, die trotz extremer Belastung nicht krank werden?" Antonovsky formulierte den Begriff des Kohärenzsinns, der die Fähigkeit, die Situation auf ihre Ursachen hin zu analysieren, das Wissen um die eigenen Ressourcen und die Sinnhaftigkeit eines Bewältigungsversuches beinhaltet (Bengel, Strittmatter u. Willmann, 2001, S. 28 ff.). In Anlehnung an dieses Modell könnte man sagen: Unser Kohärenzsinn nahm zu, also unsere globale Orientierung, denn die Situation im EKH wurde verstehbar, sinnhaft und handhabbar.

Krankenschwester M. gehörte zu den ersten Teammitgliedern: „Der Anfang des EKH gestaltete sich aus meiner Sicht chaotisch, durch die Unerfahrenheit in allen Bereichen. Innerhalb von kürzester Zeit gab es aber einen deutlichen Umbruch. Wir sind sehr zusammengewachsen, als klar war, welche Mitarbeiter in diesem Team tätig und welche Aufgabenbereiche zu erfüllen sind. Alles lief auf dem kurzen Dienstweg. Die Absprachen klappten hervorragend. Und je mehr die Teamfindung stattgefunden hatte, desto mehr Freiräume hatten wir.“

Krankenschwester S., die mit Krankenschwester M. schließlich fest in der Frühschicht arbeitete, schildert die Schwierigkeiten, die bei der Zusammenstellung des Teams auftraten: "Jede der Schwestern und Pfleger hatte eine andere Einstellung, und man war nicht mit jedem kompatibel. Viele hatten Angst vor der Situation und die Sorge, dass sie das nicht leisten können, oder die Ungewissheit, welche Erwartungen man an sie hat. Einige Schwestern haben ehrlich gesagt, nein, ich kann es nicht. Man konnte gleich herausfiltern, dass sie für diesen Bereich nicht geeignet sind, weil sie es auch nicht möchten. Andere haben den Moment genossen und gesagt, okay, ich mache das mal. Aber sie waren sich nicht im Klaren, was hier tatsächlich auf sie wartet." Die Einbindung der Pflegehilfskräfte ins Team verlief aus ihrer Sicht sehr positiv: „Sie haben uns klar gesagt, dass sie mit Angst und Unsicherheit kommen. Wir haben sie gut eingeführt, und sie sind mehr als über ihre Grenze hinausgegangen. Wir haben phantastisch davon profitiert. Schließlich konnten wir sagen: wir fahren die gleiche Schiene, teilen dieselben Ansichten." Es wird deutlich, dass der Zusammenhalt Sicherheit gab und Mut zum Experimentieren machte: „Wir haben öfters gesagt, gut, beim ersten Mal hat es nicht geklappt, wir machen es ein zweites Mal. Wir haben nicht aufgegeben und mussten uns nie für irgendetwas entschuldigen oder rechtfertigen. An oberster Stelle stand, dass jeder gesagt hat, was er braucht. Und für die Patienten war wichtig, dass immer dieselben Personen vor Ort waren."

Im EKH erlebten wir, dass Eigenverantwortlichkeit und Entscheidungsfreiheiten dazu beitragen, Sicherheiten zu entwickeln und die Kontrolle über die schwierige Situation zu gewinnen. Herr W., Gesundheitsmanager, ist sowohl für die Angestellten als auch für die Klinikleitung ein unterstützender Coach. Er hat uns regelmäßig im EKH besucht und Gespräche geführt: "Als die Beziehungsebene abgearbeitet war, man auf der Sachebene Ordnung schaffen und Leitplanken zur Orientierung entwickeln konnte, hatte das Team die Freiheit, die eigenen Strukturen zu setzen, zu leben und je nach Bedarf nachzujustieren. Was ist in der jeweiligen Rolle wichtig? Auf der Führungsebene geht es darum bewusst zu machen, wo man klammert, und ich versuche, das Loslassen zu erleichtern. Dann kann die Geschäftsleitung den Rahmen schaffen und sich die Leute innerhalb dieses Rahmens entwickeln lassen. Auf der anderen Seite versuche ich, den Schwestern den Mut zu geben, mit Selbstbewusstsein die Verantwortung in dieser Rolle anzunehmen und zu handeln. Es geht auch darum, die Stärken des einzelnen herauszuarbeiten, die er dann auf der Station einsetzen kann."

Frau K.F., Physiotherapeutin, arbeitete als Pflegehilfskraft im EKH und betont die Vorteile einer multiprofessionellen Teamarbeit: „Wir waren zwei Physiotherapeutinnen und eine Sporttherapeutin im EKH. Man hat im Team ein ganz anderes Therapieziel erreicht, weil man Hand in Hand gearbeitet hat, was sonst leider nicht so ist. Das sollte man verbessern – dass man mit den anderen Berufsgruppen dichter zusammenarbeitet. Mir ist im EKH bewusst geworden, dass wir Physiotherapeuten der Pflege durch die Mobilisation der Patienten noch viel mehr Arbeit abnehmen können. Da haben wir einen guten Einblick bekommen. Dieses extreme Im-Team-Arbeiten fand ich super.“

Ich hatte den Eindruck, dass wir uns durch die ungewohnte, krisenhafte Situation untereinander intensiver als sonst wahrnahmen, so dass wir, wenn wir morgens zur Übergabe kamen, sofort wussten, wie es den anderen geht. Es wuchs gegenseitige Fürsorge. Krankenschwester M. bestätigt: "Die Stimmung untereinander war einmalig. Innerhalb weniger Wochen waren wir zusammengeschweißt, und man hat mehr aufeinander aufgepasst. Die Patienten brauchten auch mehr Sensibilität und Fürsorge, weil sie zum Teil lange Zeit keine Menschlichkeit mehr erfahren haben, in dem Sinne des Gefühls, ein gleichwertiger Mensch zu sein. Sie waren hier keine Fallnummer. Es war ein respektvolles Umgehen miteinander, sowohl unter den Kollegen als auch mit den Patienten.“

"Dass wir durchgängig zehn Betten belegt haben, ist eine grandiose Leistung!“, sagt Frau F. rückblickend. Sie war uns mit ihren langjährigen Erfahrungen aus der ambulanten Pflege, ihrer zupackenden Art und ihrem großen Optimismus eine wertvolle Hilfe. „Es ist gelungen, innerhalb kürzester Zeit – innerhalb von vier Wochen – so etwas aufzubauen, zu organisieren, zu strukturieren und das Personal dann so zu beruhigen, dass die Arbeitsabläufe automatisch ablaufen und jeder weiß, was er zu tun hat.“

Miteinander sprechen, einander zuhören - Austausch als Erfolgsrezept

Natürlich waren die Abläufe anfangs unsortiert, und etliche Absprachen fanden unter Zeitdruck zwischen Tür und Angel statt. Ich hatte den Eindruck, dass mein Telefon ununterbrochen klingelte. Probleme nebenbei und kurz zu klären, funktionierte nicht. Im Lauf der Zeit fanden wir gute Wege der Kommunikation. Irgendwann wusste jeder, wer wann wo ist und seine Ansprechzeit hat. Die Zusammenarbeit verbesserte sich spürbar, als wir feste Zeiten für jeweils bestimmte Tätigkeiten und einzelne Berufsgruppen freihielten, um uns auszutauschen und zu informieren. Es wurde zum Ausdruck der Wertschätzung, sich gegenseitig Zeit einzuräumen.

Die Krankenschwestern arbeiteten nah an den Patientinnen und Patienten, wussten Details über deren Gesundheitszustand und gaben oft wichtige Informationen an mich weiter. Häufig tauschten wir intensiv unsere Eindrücke aus. „Bei allen Gesprächen, die wir hier geführt haben, wenn wir Sorgen mit den Patienten und Fragen hatten, waren Sie immer offen für uns, haben uns zugehört, haben uns unsere Möglichkeiten gegeben, unsere Ansichten zu sagen, und welche Ideen wir haben", sagt Krankenschwester S. „Wir waren alle untereinander sehr kreativ und zielorientiert. Man hat jeden ausreden und von jeder Seite etwas einfließen lassen, um dann wirklich an das Ziel zu kommen."

Frau M., Sozialdienstbeauftragte, war in das Entlassungsmanagement des EKH involviert. Für einige Patientinnen und Patienten hatten wir komplizierte Situationen zu klären, was nebenbei und telefonisch so gar nicht möglich war. Mehrmals kam es zu Missverständnissen. Daraufhin führten wir gemeinsam unsere eigene Sozialdienst-Visite ein. Eine Stunde wöchentlich setzten wir uns zu zweit an den Visitenwagen und gingen systematisch alle Akten durch, um uns gegenseitig auf den neuesten Stand zu bringen. Frau M. sagt dazu: „Am Anfang hatten wir in den unterschiedlichen Bereichen nur begrenzte Vorstellungen davon, wer welche Information braucht, um seine Aufgaben erledigen zu können. Da war der Austausch das Erfolgsrezept. Sich hinzusetzen und zu gucken: wo sind die Probleme, wie ist die grobe Planung, wo soll die Reise hingehen? Ohne kontinuierlichen Austausch geht alles an dem eigentlichen Bedarf vorbei. Wenn man miteinander arbeitet und merkt, dass alles gut ineinandergreift, dann motiviert das zum Weitermachen. Das fördert den Zusammenhalt und die Zufriedenheit."

Man kann vieles, von dem man gar nicht wusste, dass man es kann

Krisen stellen uns unfreiwillig vor komplizierte, schwierige Aufgaben. Abwehr, Sorge und Versagensangst blockieren bekanntermaßen jeden Lernprozess. Gelingt es jedoch, im Neuen eine Herausforderung zu sehen und Spaß daran zu finden, erweitert sich der Horizont. Der Reiz des Unbekannten kann auch darin liegen, aus der Routine herauszukommen. Routine hat Vorteile im Alltag, aber sie stumpft uns auch in gewisser Weise ab. Vieles läuft dann ohne Reibung – und Reibung bringt ja auch voran. Das neugierige Sich-Öffnen und Einlassen auf eine fremde Situation kann die Erfahrung mit sich bringen, innerlich aufzuwachen, neu zu denken und zu erfinden, kreativ zu werden, sich weiterzuentwickeln und plötzlich zu wissen: Ich kann vieles, von dem ich gar nicht wusste, dass ich es kann. Diese Entdeckung bringt eine vorantreibende Kraft ins Rollen, die ein großes Potential bei der Krisenbewältigung in sich birgt: die innere Motivation.

Mir persönlich ist es auch so ergangen. Normalerweise arbeite ich als Fachärztin für Frauenheilkunde in der Rehabilitation. Im EKH stand ich vor vielen organisatorisch und fachlich ungewohnten Situationen, insbesondere vor medizinischen Fragestellungen aus dem orthopädischen, traumatologischen und internistischen Bereich. Ich musste mein Wissen mobilisieren, auffrischen und erweitern. Unser orthopädischer Chefarzt unterstützte mich so weit wie möglich, und auch die Fachärztinnen und Fachärzte aus den Akuthäusern waren hilfsbereit. Bevor sie ihre Patientinnen und Patienten zu uns verlegten, machten wir in komplizierten Fällen ausführliche telefonische Übergaben und klärten auch im weiteren Verlauf komplexere Fachfragen. Dieser kollegiale Erfahrungs- und Wissensaustausch war unverzichtbar bei der Bewältigung schwieriger Situationen. Außerdem lernte ich viel Neues durch die enge Zusammenarbeit im Team: Zum Beispiel wiesen mich die Pflegekräfte in die Anwendung neuer Verbandsmaterialien ein. Vom Sozialdienst erfuhr ich Details über Antragstellungen und Behördliches. Von den Patientinnen und Patienten – insbesondere von denen, die mit Wundheilungsstörungen nach Amputationen zu tun hatten – lernte ich ein erweitertes Bewusstsein für Geduld und Ausdauer, und von den Wohnungs- und Mittellosen unter ihnen eine vertiefte Dankbarkeit für meine geordnete Lebenssituation.

„Bei Schwester M. und mir war es so, dass wir unserem Herzen gefolgt sind und nicht diese Angst und Sorge hatten, etwas falsch zu machen. Wir sind jeden Morgen neu in ein Zimmer gegangen und haben diese Situation auf uns wirken lassen", reflektiert Krankenschwester S.: „Ich habe die Erfahrung gemacht, dass ich mich neu orientieren und meine Schwerpunkte anders abfragen konnte und dass viele Dinge, die in mir schlummern, wieder aktiviert worden sind. Sprich: Behandlungspflege. Gelernt habe ich, dass ich einfach ganz fest in mir selbst bleibe. Denn so, wie ich bin, bin ich hier sehr sicher und gut angekommen. Und ich habe für mich mitgenommen, dass man, wenn man jeden Tag neu offen bleibt, immer wieder neu lernt und beschenkt wird."

Krankenschwester M. empfand die Arbeit im EKH als belebend, aktivierend und lehrreich: „Es war eine tolle Herausforderung, wieder über den eigenen Tellerrand hinweg zu gucken und zu sagen, ich bin bereit für ein ganz neues Projekt. Und auch Patienten zu haben mit Diagnosen, die man sonst so im Reha-Alltag hier nicht betreut. Erstmal waren alle bestürzt, mit welchen Fragestellungen man plötzlich konfrontiert war, aber wir haben immer eine Lösung gefunden. Wenn nicht heute, dann spätestens morgen. Für mich persönlich war diese Zeit wie ein Aufwachen aus dem Dornröschenschlaf. Im Reha-Alltag ist alles nett, vieles ist strukturiert und man weiß, was der Tag bringt. Im EKH war es anders. Man kommt morgens zur Arbeit und weiß nicht, was passiert. Der Kopf muss richtig arbeiten. Man denkt komplexer und weitreichender, um das Beste für den Patienten herauszuholen. Wir sind in unseren Fähigkeiten gewachsen."

Herr P., Klinikseelsorger, erinnert sich an eine besondere Situation, die er bei einem seiner Besuche im EKH erlebt hat: „Plötzlich kamen drei Krankenschwestern ins Zimmer. Eine von ihnen erklärte den anderen eine bestimmte Pflegemaßnahme, die bei den beiden anderen in ihrem sonstigen Reha-Krankenschwestern-Alltag sonst nicht vorkam. Sie waren richtig aus dem Häuschen und glücklich, dass sie das, was sie gelernt hatten, anwenden konnten."

Frau M., Sozialdienstbeauftragte, beschreibt ebenfalls eine Erweiterung ihres Blickwinkels: „Ich fand es schön, dass es auch mal andere Themen sind, in die ich mich einarbeiten muss. So habe ich zum Beispiel mit einem Tatortreiniger telefoniert [spezialisierter Gebäudereiniger zur Beseitigung der Spuren von Gewaltverbrechen, Unfällen oder Todesfällen; Anm. A.B.]. Es ging am Ende nicht um die Reinigung eines Tatortes, sondern einer Wohnung, die unter dem Messitum gelitten hatte… Als Sozialarbeiter kennt man schon sehr viel Not. Aber das hier war nochmal etwas ganz anderes. Wenn wir wieder solche Patienten bekommen, dann haben wir jetzt einiges Wissen, das wir brauchen. Am liebsten wäre mir, man käme gar nicht mehr in diese Situation, dass man ein EKH braucht. Wenn man die aktuelle Lage mit den wieder ansteigenden Corona-Fallzahlen anschaut, bin ich mir nicht so sicher, dass mein Wunsch erfüllt wird. Aber wenn es passiert, dann finde ich: Herzlich willkommen!"

Im EKH waren viele, fast alle Beteiligten auch mit fachfremden Aufgaben konfrontiert. Natürlich ist es unerlässlich, die eigenen Verantwortungsgrenzen wahrzunehmen und rechtzeitig zu erkennen, wo fachliche Hilfe nötig ist. Darauf mussten wir uns im Team verlassen können, und es ist uns wunderbar gelungen. Es gab keine Situation, in der jemand seine Kompetenzen überschätzt oder einen groben Fehler gemacht hätte.

Frau F., Physiotherapeutin, antwortete auf meine Frage, ob es Situationen gab, in denen sie als fachfremde Pflegehilfskraft Angst gehabt oder gefährliche Erfahrungsklippen erlebt habe: „Das Duschen war eine Herausforderung – diese Sorge, hoffentlich rutscht der nicht aus. Das Rasieren der Männer, hoppla, kriegen wir auch hin. Am schlimmsten waren in der ersten Zeit die Toilettengänge. Da ist man wirklich an die Grenzen gekommen. Aber jeder hat gesagt, irgendwann gewöhnst du dich dran. Ich habe gesagt, das glaube ich nie. Aber es stimmt. Nachher ist es einfach Routine. Die Schwestern haben uns gezeigt, wie es einfacher geht und worauf wir achten müssen. Man konnte sich selbst ausprobieren. Natürlich haben wir auch manchmal gedacht, um Gottes Willen, was habe ich hier eigentlich getan? Aber wir haben es durchgezogen, und irgendwann hat es wirklich Spaß gemacht. Manchmal muss man sich da durchbeißen. Man merkt ja, wenn es nicht geht und man Hilfe braucht. Man bekam immer Hilfe, wenn es nötig war. Es lohnt sich, einfach auch mal mutig zu sein."

Frau B., Auszubildende, übernahm nach einigen Wochen, als die Abläufe schon eingespielt waren, spontan als Urlaubsvertretung Aufgaben in der EKH-Verwaltung und wuchs souverän in die neuen Verantwortungsbereiche hinein: „Ich habe eigentlich erst nur das Telefon übernommen – also die Gespräche und Formalitäten mit den Krankenhäusern. Später habe ich auch die Aufnahme- und Verlängerungsanzeigen ausgefüllt und an die Krankenkassen weitergeleitet. Das war eine der zahlreichen zusätzlichen Aufgaben, die mich auf jeden Fall in meinem Erfahrungsschatz weitergebracht haben. Die Schwestern haben mir auch immer wieder ein Feedback gegeben. Und man hat einfach durch den Bezug zu den Patienten einen anderen Blickwinkel bekommen. Es ist zu einem Erfahrungsaustausch gekommen. Dass wir diese Chance bekommen haben, war sehr gut für alle. Wir waren übergreifend unterstützend, für andere Kliniken, in denen Betten frei wurden, und wir konnten uns um die Patienten auch wirklich kümmern. Der Mehrwert, der dadurch entstanden ist, ist etwas ganz Großartiges."

Mitten in der Krise gelingt wirksame Hilfe für schwerst Verzweifelte

In der ersten Aufbauphase des EKH fuhr ich mit Frau F., Leiterin des ambulanten Pflegedienstes, und dem Geschäftsführer Herrn M. in Akutkliniken, um den Kolleginnen und Kollegen dort unser Konzept und die Aufnahmekriterien zu erläutern. Wir erfuhren, dass das Entlassungsmanagement der Akutkliniken vollkommen überlastet war, so dass insbesondere die Patienten auf den Stationen hängen blieben, die sonst auf der Straße leben, keine eigene Wohnung haben oder deren Wohnung verwahrlost und unbewohnbar ist. Ich lernte einen neuen Fachbegriff: Wohnungsnotfälle.

Es ist unglaublich und beschämend, dass in unserer wohlhabenden Gesellschaft – in Deutschland gibt es zurzeit 151 Milliardäre (Vermögen Magazin, 2021) – ein Sechstel der Bevölkerung armutsgefährdet ist (Statista, 2020). Die Bundesarbeitsgemeinschaft Wohnungslosenhilfe schätzt, dass mehr als 650.000 Menschen in Deutschland keine eigene Wohnung haben (Statista, 2019) und 48.000 Menschen obdachlos sind (Süddeutsche Zeitung, 2019). Zahlreiche Sozialwohnungen wurden aufgegeben und an private Investoren verkauft, in der Folge stiegen die Mietpreise (Öchsner, 2017). Exklusives, luxuriöses Wohnen in zentraler Lage ist in Mode. Das Ziel „Weniger Ungleichheiten" – und ich verstehe darunter nicht nur eine tendenzielle, sondern eine grundlegende, gerechte Umverteilung des Wohlstands – hat neben den Maßnahmen zum Klimaschutz meines Erachtens die höchste Priorität unter den 17 globalen Zielen für nachhaltige Entwicklung (Sustainable Development Goals) der Agenda 2030 (Bundesregierung, 2021).

Es kamen also etliche Patienten zu uns, weil sie nicht zurück in geordnete Verhältnisse entlassen werden konnten. Ich denke besonders an einen obdachlosen, nicht Deutsch sprechenden und nicht krankenversicherten Patienten, dem bei einer Übernachtung unter der Brücke beide Vorfüße erfroren waren, die dann im Krankenhaus amputiert werden mussten. Er kam mittellos zu uns. Mehrfach konnte ich für Patienten

Kleidungsstücke im „Kostnix" abholen, einem Umsonstladen im Solidaritätszentrum Lübeck, in dem alles nichts kostet – ein Sinnbild dafür, dass es eine solidarische, gerechte, mitfühlende Gesellschaft geben kann.

„Wir haben Geschichten gehört von Menschen, die einsam auf der Straße leben. Viele hatten wirklich nichts. Hier gab es Frühstück, Mittagessen, Abendbrot, ein warmes Bett und Zuneigung. Man sollte nicht mit einer Selbstverständlichkeit durchs Leben gehen, dass man alles hat, sondern dass man immer wieder neu lernt, die Dinge zu schätzen. Viele der Patienten sind hier aufgeblüht", berichtet Krankenschwester S. An einem Morgen stand sie, als ich zur Visite ins Zimmer kam, mit einer Schere in der Hand hinter einem sehr verwahrlosten Patienten im Bad. Sie schnitt ihm die Haare, und die beiden lachten sich im Spiegelbild an. Sie erinnert sich an diese Szene: „Die Patienten haben uns mit viel Glückseligkeit, Lächeln, Fröhlichkeit und Dankbarkeit spüren lassen, dass wir auf dem richtigen Weg sind."

Das höchste Lob für uns waren die Patientinnen und Patienten, die gesagt haben: „Darf ich wiederkommen?" oder „Darf ich hier einziehen?" Krankenschwester S.: „Das hat uns stark gemacht und jeden Tag neu unterstützt."

Was Krankenschwester S. berichtet, findet auch aus der Sicht von Patientinnen und Patienten eine eindrucksvolle Bestätigung:

Herrn Z., obdachlos, musste nach einem langen, schmerzhaften Leidensweg aufgrund einer Gefäßerkrankung das rechte Bein am Oberschenkel amputiert werden. Er blickt auf etliche Wochen im EKH zurück: „Mir wurde die Möglichkeit eröffnet, dass meine Wunde gut verheilt und dass ich hier gut versorgt werde, bevor die Reha richtig anfangen kann und mein Stumpf belastbar ist. Meine Situation wäre zuhause sowieso nicht so gut gewesen, darum fand ich das richtig gut hier. Ich bin an den Punkt gekommen, dass ich rehafähig bin. Ich habe vorbereitende Übungen gehabt, um mich für die Reha fitter zu machen." Auf meine Frage, ob er gespürt habe, dass es für uns alle eine ungewohnte Situation war und wir eigentlich in der Krise steckten, antwortet er: „Nein, eigentlich überhaupt nicht. Die Arbeit ist richtig gut gemacht worden." Befragt nach der Atmosphäre auf der Station, meint er: „Mit den Leuten, die ich am Anfang kennengelernt habe, war das eine ganz gute Gruppe. Das hat sich natürlich auch irgendwann aufgelöst, nachdem einer nach dem anderen entlassen wurde. Ich fand die Schwestern und Pfleger alle richtig nett. Die hatten wirklich viel Zeit, und es war schön, dass die pflegerischen Dinge direkt auf dem Zimmer stattgefunden haben. Ich kann überhaupt nichts Negatives sagen über die Zeit im Entlastungskrankenhaus. Ich kriege von allen Seiten Unterstützung."

Frau K. hatte während des Lockdowns wochenlang einsam und schwerstkrank, umgeben von ihren zwei zunehmend aggressiven Katzen, in ihrer Wohnung gelegen, wurde schließlich von der Feuerwehr aus verwahrlosten Verhältnissen geborgen und musste sich dann einer komplizierten Fußamputation unterziehen. In ihrem EKH-Zimmer hatte sie sich ihr Bett schräg in den Raum vor das bodentiefe große Fenster schieben lassen, so dass sie von dort aus direkt in die Krone einer großen blühenden Kastanie schauen konnte. „Weil ich ja aus einem anderen Krankenhaus kam, war das für mich ein ganz großer Unterschied – dort waren zwar alle nett zu mir, hatten aber wenig Zeit. Hier hatte man mehr Zeit. Man konnte besser auf mich eingehen, und ich habe mich sehr wohlgefühlt insgesamt, rundum gut betreut. Mir ist sofort psychologische Hilfe angeboten worden, und es gab die medizinische Betreuung. Das war das Tolle, dass hier alles in einer Hand war. Dadurch war alles viel leichter für mich. Ich war vorher ziemlich am Boden zerstört. Das hat sich hier relativ schnell geändert. Das lag unter anderem an den unheimlich netten Mitarbeiterinnen der Pflege. Ich fühle mich hier zuhause, das ist toll, ein einmaliges Erlebnis. Ich weiß gar nicht, wie ich mich sonst durchgeschlagen hätte. Ich kann einfach nur sagen: vielen Dank!"

Herr V., dem in mehreren Operationen ein Unterschenkel amputiert worden war und der übergewichtig, vollständig immobil mit Wundheilungsstörungen zu uns kam: „Ich habe neue Motivation gefunden und konnte mich mobilisieren. Sie, Frau Doktor, und die Physiotherapeuten, alle haben mir Mut gemacht. Als es in dem vorigen Krankenhaus hieß, das Bein muss ab, wollte ich das eigentlich erst gar nicht. Ich wäre am liebsten gestorben. Ich habe keine Perspektive mehr gesehen (weint)… Und die habe ich hier wiedergekriegt. Deshalb bin ich jetzt so weit. Ich habe so viel Kraft aufgebaut, ich kann alleine auf Toilette gehen, wunderbar, ohne Probleme. Ich habe so viel trainiert, ich habe Muskelkater ohne Ende. Ehrlich. Ich fahre fünfzig Mal am Tag mit dem Rollstuhl runter. Ich habe ja Zeit. Ich will hier eigentlich gar nicht wieder weg (lacht). Aber irgendwann ist es soweit. Wenn meine Prothese da ist und alles in Ordnung ist und die Wunde verheilt ist. Ich habe hier jemanden gesehen, der ist am Oberschenkel amputiert worden, und jetzt läuft er mit der Prothese. Das motiviert einen, wenn man sieht, wie es nach und nach aufwärtsgeht. Wenn man das will, schafft man das. Und das will ich auch. Da steuern wir hin. Gott sei Dank."

Supervision und Seelsorge – eine wichtige Stütze in der Krise

In Krisensituationen ist es hilfreich zu wissen, dass es einen Ankerplatz gibt, eine Anlaufstelle zum Durchatmen, selbst, wenn man sie gar nicht in Anspruch nehmen muss. Das schafft ein Sicherheitsgefühl. Wie insbesondere die Medizinsoziologin Elaine Wethington und der Gesundheitssoziologe Ronald Kessler bereits in einer klassischen Studie überzeugend vermitteln konnten, hat der „perceived social support", die wahrgenommene, potenziell verfügbare soziale Unterstützung, im Allgemeinen größeres praktisches Gewicht als der „received social support", die tatsächlich in Anspruch genommene Unterstützung (Wethington u. Kessler, 1986). Das Team im EKH erhielt wichtigen Beistand durch Herrn W., Gesundheitsmanager, und Herrn P., Klinikseelsorger. Wir wussten, dass wir wahrgenommen werden. Wir standen nicht am Rande, weit ab vom Alltagsgeschehen. Manche Entscheidungen fielen nach intensiven Gesprächen leichter.

Krankenschwester S: „Ich fand gut, dass wir als EKH nie vergessen worden sind. Der Gesundheitsmanager kam fast regelmäßig und hat gefragt, wie es läuft, besonders in der Zeit, in der alles noch unsicher war. Später hat er festgestellt, okay, ich komm nur noch her und hole mir mein Lächeln ab – weil wir wirklich gut waren. Ich fand schön, dass auch unser Seelsorger hier war, der immer ein offenes Ohr hatte und fragte: 'Wie sieht's bei Euch aus, was braucht Ihr, was kann ich tun?' Wir sind immer von allen gesehen und wahrgenommen worden."

Herr W. wirft in seiner Funktion als Gesundheitsmanager einen Blick auf die Situation: „Aus meiner Sicht war das eine gesellschaftliche Krise. Wir Menschen besinnen uns in der Krise immer auf das zurück, was wir kennen und womit wir gute Erfahrungen gemacht haben, ohne zu reflektieren, ob das in dieser Situation angemessen ist. Auch ich habe mich letztlich auf meine Ressourcen zurückgezogen, die ich gut kannte und die sich etabliert haben. Aber es ist wichtig, auch die zu hinterfragen und das auch vorzuleben, sowohl bei der Geschäftsleitung als auch bei den Schwestern. Man darf immer wieder darauf hinweisen, dass wir alle ein hohes Stresslevel, Angst und Unsicherheit haben, und dazu dürfen wir erst einmal ja sagen, um dann irgendetwas ändern zu können." Ich frage konkret nach den wirksamen Ressourcen, auf die er in Krisensituationen zurückgreift. „Ich versuche immer, meinen inneren Beobachter zu schulen und auch mit mir selbst in Resonanz zu sein. Arbeite, handele ich im Automechanismus, oder fühlt sich das, was ich tue, gut an und ist für diese Situation angebracht? Und das fühle ich in mir, bin ständig mit mir im Kontakt und beobachte mich mit meinem 'sechsten Sinn'. Was machen mir meine Gedanken für Gefühle und Körperempfindungen? Das versuche ich positiv zu halten. Aus meiner Sicht ist das im Leben die eigentliche Aufgabe."

Herr P.: „Ich verstehe meine Arbeit als Klinikseelsorger ausdrücklich so, dass ich nicht nur Kranke besuche, sondern für alle da bin. Dazu gehört auch, dass ich nicht mit einer bestimmten Absicht komme. Ich muss gar nicht viel sagen, sondern es wird wahrgenommen, dass ich zuhöre. Mich interessiert, wie Menschen mit bestimmten Situationen klarkommen, besonders mit denen, die neu, ungewohnt und belastend sind. Das finde ich faszinierend, denn letztendlich kriegen die meisten das ja irgendwie hin." Und dann vertraut er mir etwas an, dessen Wirksamkeit ich meine, im Alltagsgeschehen des EKH gespürt zu haben: „Ich will noch etwas sagen, was vielleicht gar keiner weiß. Ich bin nicht streng fromm, aber in dieser Coronazeit habe ich mir Zeit genommen, etwas länger zu meditieren. Ich habe die Meditation immer mit einer Zeit abgeschlossen, in der ich für andere gebetet habe – für eine ganze Reihe von konkreten Menschen, aber auch für Menschengruppen. Und ich habe auch für die Klinik gebetet und gewünscht, dass irgendwie alles gut wird (lacht)." Die Art der heilsamen spirituellen Haltung, die Beruhigung und das Gefühl der Geborgenheit schafft, geht für mein Empfinden aus den Worten sehr deutlich hervor. „Ich habe nicht konkret gesagt, ich bitte, dass dies und das passiert, sondern habe nur ausgesprochen, dass ich für die Menschen in der Asklepios-Klinik bitte. Das weiß ja keiner, aber ich glaube doch, dass so etwas vielleicht irgendeine Wirkung hat. Nicht in dem Sinne, dass irgendwas Dramatisches passiert, aber vielleicht der

Boden an manchen Stellen etwas fester wird und man einen sicheren Schritt machen kann. Und für mich war es schön, konkret etwas tun zu können. Obwohl das ja kein Tun ist, sondern mehr eine Bitte um Segen und Kraft oder Durchhalten. Und das ist das Gute für mich: Das gebe ich dann aus der Hand." Die Theologin Cornelia Richter, Leiterin der Forschungsgruppe „Resilienz in Religion und Spiritualität", spricht von einem „mediopassiven Vorgang", wenn in einer Krise der aktive Schritt vollzogen wird, um Hilfe zu bitten, um sie dann passiv anzunehmen (Richter, 2019).

Beim Schreiben wird mir die Intensität der Gespräche mit den Interviewpartnerinnen und -partnern nochmals bewusst – und ich sehe darin eine „Zugabe", ein kostbares Geschenk, das die Zeit im EKH mit sich gebracht hat.

Das deutsche Gesundheitssystem in der Krise

„Der wachsende Stellenwert ökonomischer Zielsetzungen im Gesundheitswesen wird derzeit sowohl in den Fachmedien als auch in der Laienpresse kritisch diskutiert. Hingewiesen wird dabei insbesondere auf den Interessenkonflikt zwischen originären ärztlichen Aufgaben für das Patientenwohl und den Vorgaben zur Gewinnmaximierung", heißt es im Deutschen Ärzteblatt (Siewert, Wehkamp, Krones, Vogd u. Allemeyer, 2021, S. A180). Im deutschen Gesundheitssystem haben sich Probleme entwickelt, die besonders in der Corona-Krise an die Oberfläche treten. Trotz steigender Kranken-Fallzahlen wurden in den letzten 18 Jahren zahlreiche vorwiegend öffentliche Krankenhäuser geschlossen: Im Jahr 2000 gab es 2242 Krankenhäuser, 2018 waren es nur noch 1925. Der Privatsektor wächst. Die Bettenzahl und die Verweildauer der Patientinnen und Patienten in den Krankenhäusern wurden gekürzt (Radtke, 2020). Es bestehen Medikamenten- und Material-Lieferengpässe, weil Produktionsschritte in Niedriglohnländer wie Indien, China oder Vietnam ausgelagert wurden. Die Kliniken rechnen die gewinnbringendsten Fallpauschalen ab und sind mit lukrativen Elektiveingriffen ausgelastet, während in kostenaufwändigen Bereichen gespart wird. Auch der Pflegesektor wird als Kostenfaktor betrachtet und maximal gekürzt, so dass in Deutschland jede Pflegefachkraft für 13 Patientinnen und Patienten zuständig ist – in den USA für 5,3. Allerdings macht sich zurzeit positiv bemerkbar, dass in Deutschland aufgrund hoher Investitionen in die gewinnmaximale Intensivmedizin 34 Intensivbetten pro 100.000 Einwohner bereitstehen. Zum Vergleich: In Frankreich sind es nur 16, in Italien acht, in Irland fünf (Augustin, 2020). Für Bolivien, wo ich einige Jahre ärztlich tätig war, habe ich 0,28 errechnet.

Wir können in Deutschland jedoch nicht mit der Verfügbarkeit aller vorhandenen Intensivbetten rechnen. Der führende Intensivmediziner Stefan Kluge weist darauf hin, dass der Pflegemangel – auch schon vor der Corona-Pandemie – das Hauptproblem in der Intensivmedizin sei. Einer Umfrage zufolge sind 20 bis 30 Prozent der Intensivbetten aufgrund des Personalmangels nicht bepflegbar (EU-Schwerbehinderung, 2020). Auch der Vorstand des Weltärztebundes und Ehrenpräsident der Bundesärztekammer Frank Ulrich Montgomery mahnt an, „dass wir zu wenig hoch qualifiziertes Personal haben, und zwar nicht nur auf Seiten der Ärzte, sondern genauso in anderen Berufen, die uns im Gesundheitswesen helfen" (zitiert nach Scherer, 2020, S. 311).

Solange die Gesundheitsversorgung nicht als öffentlich gemeinnützige Aufgabe verstanden wird, werden diese Probleme fortbestehen.

Auch unsere Rehaklinik ist Teil eines großen Wirtschaftskonzerns. Dennoch konnten wir uns angesichts des hohen pflegerisch-medizinischen Versorgungsaufwands unserer Patientinnen und Patienten darauf verständigen, im EKH mit dem vorhandenen Personal nicht mehr als zehn Patientinnen und Patienten gleichzeitig zu behandeln – wären es 15 oder 20 oder sogar wie anfangs vorgesehen 35 gewesen, wäre die Behandlungsqualität, die wir erreicht haben, nicht möglich gewesen.

In den Kliniken herrscht ein hoher Zeitdruck aufgrund von Personalmangel, Fallpauschalen mit kurzen Liegedauern und Abfließen von Finanzmitteln aus dem Gesundheitssystem (Osterloh, 2020). Angesichts des Beschleunigungsdrucks in den Kliniken äußert Montgomery: „Nicht umsonst haben wir in der letzten Neufassung der Deklaration von Genf, also der modernen Fassung des Hippokratischen Eides, auch einen Passus über die Resilienz von Ärzten mit aufgenommen, weil wir glauben, dass wir darauf achten müssen, dass wir uns nicht als ganzer Berufsstand verbrennen in dem, was wir tun, sondern auch auf uns selbst achtgeben müssen" (zitiert nach Scherer, 2020, S. 313).

Eine gute, heilsame Patientenversorgung und die notwendigen Hygienemaßnahmen (Odysso, 2017) insbesondere in der Corona-Krise erfordern also das notwendige Personal – und Zeit. Rückblickend kann ich sagen, dass wir nach den anfänglichen organisatorischen Schwierigkeiten im EKH genug Zeit hatten, um unsere Patientinnen und Patienten umfassend, individuell und würdevoll zu behandeln. Wir konnten uns mit der ganzen Aufmerksamkeit auf das Hier und Jetzt konzentrieren. Krankenschwester M.: „Die Betreuung, die wir den Patienten im EKH geben konnten, wäre so in einer Akutklinik niemals machbar gewesen. Wenn man überlegt, wie viele Personen dort gearbeitet haben für 'nur' zehn Patienten, das war schon Luxus – für beide Seiten."

Herr P., Klinikseelsorger: „Im EKH herrschte eine ruhige Atmosphäre. Es standen nicht andauernd Leute draußen oder rannten vorbei, sondern man konnte dort gut arbeiten. Es kam nicht ständig etwas dazwischen. Das ist eine Atmosphäre, die ich mir für ein Krankenhaus wünsche – für die Mitarbeitenden und für die Patienten. Ich glaube, dass die Atmosphäre ganz viel dazu beiträgt, ob und wie schnell jemand gesund wird."

Frau K.F., Physiotherapeutin, betont, wie befreiend es für sie war, sich ihre Zeit selbständig und dem Bedarf der einzelnen Patientinnen und Patienten entsprechend einzuteilen: „Man hat selbständig geguckt, was anliegt. Wir haben uns selbst organisiert, ohne feste Zeitvorgaben. Es waren Gestaltungsmöglichkeiten da. Man war total frei. Es gab nicht diesen 30-Minuten-Plan, zack-zack-zack, immer los-los-los. Man konnte sich einfach mal Zeit nehmen."

Herr M., Geschäftsführer, bewertet neben der hohen medizinisch-pflegerisch-therapeutischen Qualität auch die ökonomischen Aspekte: „Wir haben wirtschaftlich davon profitiert, das EKH zu betreiben. Das Ministerium hat schon ganz früh klargemacht, dass alle Anschaffungen für das EKH erstattet werden. Auf einmal waren wir ein förderfähiger Bereich, was uns in Summe knapp 20.000 Euro Mittel eingebracht hat, zugegebenermaßen für Dinge, die wir ohne das EKH wahrscheinlich nicht hätten kaufen müssen. Als dann der Tagespflegesatz von ca. 420 Euro pro Tag feststand, war auch rechnerisch klar, dass wir ein paar Dinge mit dem EKH besser angehen würden. Wirtschaftlich hatte ein Patient im EKH das Gewicht von drei Rehapatienten. Wir haben einen guten Eindruck hinterlassen in der Landschaft, insbesondere beim Sozialministerium. Für die zukünftige Ausrichtung der Klinik müssen wir ja auch immer gucken: Wer sind unsere Stakeholder? Da halte ich es für gut, dass man, wenn man so eine Zusage macht, sie auch in einer entsprechenden Qualität erfüllt. Insgesamt, finde ich, haben wir alle Rollen, die wir uns vorgenommen haben, wunderbar bekleidet. Wir haben Mitarbeitern wirtschaftliche Sicherheit geboten und für das Haus ein positiv verstärktes Image erreichen können."

„Für mich als Arzt und Mitglied der Klinikleitung war es eine Herausforderung, die wirtschaftlichen Interessen, die medizinischen Notwendigkeiten und meinen moralischen Kompass in Einklang zu bringen", sagt Herr Dr. M., orthopädischer Chefarzt und ärztlicher Direktor unserer Klinik. „Zum einen galt es, Arbeit für unsere Mitarbeiter zu gewährleisten, das bedurfte neuer Ideen, wie zum Beispiel das Entlastungskrankenhaus. Nicht alle Mitarbeiter fühlten sich mit den dortigen Tätigkeiten jedoch wohl, das galt es für mich zu lernen und zu beachten. Neue Ideen holten Mitarbeiter aus ihrer gewohnten 'Komfortzone', darauf durften wir mit vielen Gesprächen reagieren. Wirtschaftlich hätten wir den Gedanken Entlastungskrankenhaus mit viel mehr Patienten denken müssen, dann wären wir aber weder den betroffenen Patienten noch den Bedürfnissen unserer Mitarbeiter gerecht geworden. Also haben wir entschieden, lieber gute Strukturen für wenige zu schaffen und mit motivierten Mitarbeitern dann das medizinisch und moralisch Sinnvolle mit allem Engagement umzusetzen. Am Ende eine Lösung, die die beteiligten Kollegen, Patienten und mich sehr befriedigt hat."

Was ist denn nun überhaupt eine Krise?

In den Medien und in der Klinik war natürlich ununterbrochen von der Krise die Rede, und zweimal pro Woche fand die Krisensitzung auf Leitungsebene statt. Definitionsgemäß ist eine Krise „der entscheidende bzw. problematische Punkt oder auch Abschnitt im Verlauf einer Entwicklung, Krankheit, Interaktion. Im weitesten Sinne jede Auseinandersetzung" (Wirtz, 2020). Krisen werden von jedem Menschen anders interpretiert, je nach seiner individuellen Einstellung und Haltung. Der eine nimmt die Krise als herausfordernd, der andere als zerstörend, verunsichernd wahr. Sicherlich, es gab im EKH eine Menge Glatteis, auf das wir uns begeben mussten. Aber mir persönlich wurde bald klar: Es befinden sich jetzt viele Menschen wirklich in der Krise, ich selber aber eher nicht. Für mich war das EKH ein sicherer Ort.

Krankenschwester M. sieht es ähnlich: „Dass außen um uns herum durch die Coronazeit viel Unsicherheit herrschte, habe ich natürlich auch so wahrgenommen. Trotzdem haben wir das im EKH gar nicht so an uns herangelassen. Diese Krisen-Feedbacks haben stattgefunden, aber wir haben das eher als Informationsaustausch gesehen (lacht). Ich habe es als Krise in dem Sinne nicht empfunden, obwohl ich auch gemerkt habe, dass von der Leitungsebene her viel Druck in Bezug auf das EKH geherrscht hat."

Von diesem Standpunkt unterscheidet sich grundlegend der von Herrn M.. Er empfindet in seiner Funktion als Geschäftsführer mit Blick auf die Klinik eine gravierende Krise: „Für mich persönlich ist es fürchterlich zu sehen, dass alles das, was wir uns über Jahre aufgebaut haben und worin wir gut sind, im Moment kaum mehr eine Bedeutung hat. Ich begleite die Klinik seit über zwanzig Jahren, und wir haben immer versucht, uns Sicherheit dadurch zu erarbeiten, dass wir wie eine Spinne ganz viele Beine auf die Erde kriegen. Und im Moment sehen wir, dass alle die Beine, die wir glaubten auf der Erde zu haben, massiv von dieser Krise bedroht sind. Ich erlebe eine Zeit, in der man häufig am Nachmittag ein ganzes Tagwerk an Arbeit wegschmeißt, weil das, was morgens noch aktuell war, nachmittags keine Gültigkeit mehr hat. Das ist maximal unbefriedigend. Ich merke, dass ich an Grenzen meiner Toleranz komme, wenn ich sehe, wie veränderungsstarr manche Systeme und auch Personen sind. Es ist enorm klar, wo die Schwerpunkte unserer Tätigkeit liegen müssen. Diese Klarheit hilft mir, jeden Tag wieder motiviert an die Arbeit zu gehen, und sie beschert mir einen guten Überblick darüber, mit wem man in dieser Zeit gut zusammenarbeiten kann und mit wem nicht. Ich bin froh, dass hier keiner die Nerven verliert, gerade auch unter meinen Vorgesetzten. Ich selbst habe nicht das Gefühl, in dieser Situation beruflich bedroht zu sein, weil irgendjemand sagen würde: 'So wie Sie das da machen, ist das schlecht, da finden wir irgendjemanden, der das viel besser kann'. Und dann kommen am Ende ein paar tausend Euro mehr am Jahresende an. Das Gefühl wird mir zumindest auch von meinen Vorgesetzten nicht gegeben." Auf meine Frage, wie er persönlich die Corona-Krise bewältigen kann, antwortet er: „Ich habe wenig Sorge um die eigene Gesundheit. Damit geht es mir ganz gut. Wenn ich selbst erkranke, dann erkranke ich halt. Ich spüre einen großen Rückhalt in der Familie, das ist mir wichtig, sie schafft mir genug Ausgleich zur Arbeit. Ich vermisse jetzt im Moment kein Kino, kein Theater, ich kann es gut akzeptieren, dass es das im Moment nicht geben darf. Gleichzeitig freue ich mich darauf, dass es irgendwann vielleicht wieder möglich sein wird. Ich blicke ganz pragmatisch in die Zukunft und erledige eines nach dem anderen – das Wichtigste immer zuerst.“

Herr P., Seelsorger, schildert zunächst sein persönliches Empfinden: „Ich kann die Situation und diese allgemeine Rede von Corona-Krise verstehen, aber mir selbst geht es nicht so, dass ich das für eine schlimme, persönliche Krise halte. Ich fühle mich nicht bedroht durch den Virus. Natürlich kann ich ihn kriegen, aber ich habe keine Angst davor, auch nicht vorm Sterben. Viele Menschen haben das aber, und von daher ist die Rede von der Krise für viele vielleicht passend, für mich aber nicht.“ Dann beschreibt er, wie er die Lage der ca. 50-60 Patientinnen und Patienten wahrnahm, die in der Frühphase des ersten Lockdowns ihre Rehabilitation bei uns absolvierten: „Das Haus war auf einmal fast leer. Dazu kamen dann die Ausgangsbeschränkungen und das Besuchsverbot. Die wenigen Patienten, die hier waren, hatten echt eine Krise. Ich habe es so erlebt, dass diese Krise mit Kontaktverlust zu tun hatte. Ich glaube, das war das Schlimmste für viele Menschen, auf einmal so etwas wie Einsamkeit zu spüren. Ich hatte noch nie so viele Anrufe aus dem Stationszimmer wie in dieser Zeit. Ich habe mit Patienten gesprochen, das hat vielleicht ein bisschen geholfen. Aber die Krise bewältigt hat das natürlich auch nicht.“

Abschied und Evaluierung

Nachdem wir in den ersten Wochen die größten Schwierigkeiten überwunden, notwendige Strukturen entwickelt und den Weg zu einer konstruktiven Arbeit gebahnt hatten, wuchs Enthusiasmus, und plötzlich stand der Wunsch im Raum, längerfristig gemeinsam in dieser Form weiterzuarbeiten. Wir malten uns ein Modellprojekt für die Versorgung von Patientinnen und Patienten auf einer Übergangstation als Brückenschlag zwischen Akut- und Rehaklinik aus und trugen die Idee der Geschäftsleitung vor. Dort wurde sie positiv aufgegriffen und als Wunsch an das Sozialministerium herangetragen, bisher jedoch nicht konkretisiert.

Als die „Bestimmung zur Erbringung von stationären Krankenhausleistungen gemäß Artikel 11 Absatz 4 des Gesetzes zum Ausgleich COVID-19 bedingter finanzieller Belastungen der Krankenhäuser und weiterer Gesundheitseinrichtungen" widerrufen wurde, war klar, dass wir ab dem 30. Juni 2020 keine weiteren Aufnahmen im EKH haben und alle noch in unserer Behandlung befindlichen Patientinnen und Patienten nach und nach entlassen würden. Wir sahen diesem Zeitpunkt mit einem lachenden und einem weinenden Auge entgegen – einerseits zufrieden und erfüllt, weil wir mit dem Aufbau des EKH eine sinn- und anspruchsvolle Aufgabe gemeistert hatten, andererseits traurig, weil wir das gemeinsam Erschaffene auflösen mussten.

Nach dem Modell des Sozialpsychologen und Gruppendynamikers Wolfgang Rechtien durchlaufen die Beziehungen zwischen den Mitgliedern im Prozess einer Gruppenentwicklung fünf Phasen: Fremdheit, Orientierung, Vertrautheit, Konformität und schließlich – Auflösung: „Abschied; bei aufgabenorientierten Gruppen Erfolgs- und Misserfolgserlebnisse, Trauer vor allem bei identitätsorientierten Gruppen; Krisen und Krisenbewältigung" (Wirtz, 2020, S. 728 f.). Rückblickend stelle ich fest, dass wir im EKH-Team sämtliche Phasen intensiv durchlebt haben, und dass die letzte tatsächlich wie eine kleine Krise bewältigt werden musste.

Wir gestalteten den Abschied zunächst mit einem bewegenden Treffen aller direkt Beteiligten, bei dem große Wertschätzung und gegenseitiger Dank zum Ausdruck kamen.

Später fand eine offizielle Evaluierungsveranstaltung mit der Geschäftsleitung statt, bei der die Prozesse analysiert und kritisch betrachtet wurden.

Auf die Frage „Was war gut?" gab es zahlreiche Antworten auf bunten Karten. Besonders hervorgehoben wurden die zügige Klarheit darüber, wer grundsätzlich zur Mitarbeit im EKH bereit wäre, die Offenheit der Beteiligten für ein ganz neues Projekt, die gute Kommunikation und Einarbeitung in die Abläufe, die rasche Überwindung von Anfangsschwierigkeiten, die interdisziplinäre Zusammenarbeit, Kreativität, Flexibilität, Wertschätzung, Rücksichtnahme, Improvisation, Spontaneität und Respekt im Team, zudem Eigenregie, persönliche Weiterentwicklung und Lernprozesse, die Stärkung des abteilungsübergreifenden Verständnisses und das eindeutige gemeinsame Ziel des Patientenwohls an oberster Stelle.

Auf die Frage „Was ging gar nicht, darf sich verbessern?" gab es einige rote Karten. Problematisch wurde empfunden, dass es anfangs keine Klarheit über mitarbeitendes Personal, vorhandenes bzw. anzuschaffendes Equipment und die Patientenzahl gab, dass die Pflegehilfskräfte nur erschwert und erst im späteren Verlauf ihre Arbeit im EKH aufnehmen konnten, dass Dokumentation, Digitalisierung, Telefonnummern und Kontakte mühsam und zeitaufwändig implementiert werden mussten und die Pflegekräfte des EKH den in diesem Bereich erfahreneren ambulanten Pflegedienst bei pflegerischen Problemen nur zögerlich zu Rate zogen.

In der resümierenden Gesamtschau wurde uns allen deutlich, wie das EKH zu einem Erfolg werden konnte. Die Freiwilligkeit der Mitarbeit führte dazu, dass sich im Team motivierte Personen zusammenfanden, die den neuen Inhalten und Aufgaben mit Neugier und Offenheit begegneten. Es entwickelte sich eine geschützte, vertrauensvolle Atmosphäre, in der Fragen und Unsicherheiten offen angesprochen werden konnten und dadurch Raum für persönliche Entfaltung entstand. Das Zusammengehörigkeitsgefühl und die Achtsamkeit füreinander bildeten eine stabile Basis für Kommunikation und Kooperation. Die Geschäftsführung ermöglichte durch die auf zehn begrenzte Patientenzahl einen angemessenen Zeitrahmen, der eine effiziente, sinn- und würdevolle Arbeit zuließ. Zudem setzte sie weniger auf Kontrolle und Vorgaben als auf Vertrauen in die Kompetenz und Eigenverantwortung der Mitarbeitenden im EKH, so dass die innere Motivation der Teammitglieder wachsen und wirksam werden konnte. Durch die Eigenverantwortlichkeit wurden Gestaltungsfreiräume kreativ ausgeschöpft. Selbstwirksamkeit, Selbstverwirklichung und Selbstvertrauen potenzierten sich und führten zur erfüllenden, effizienten Zusammenarbeit.

Abschließend fassten wir alle Erkenntnisse in einem schriftlichen Konzept zusammen, für den Fall, dass wir irgendwann erneut ein EKH aufbauen müssten – oder unseren Traum vom Modellprojekt einer Übergangsstation zwischen Akut- und Rehaklinik verwirklichen könnten.

Angesichts der Tatsache, dass in überschaubarem Rahmen eine so vielfältig umwälzende, mobilisierende Aktion möglich war, geht der

Traum für mich weit darüber hinaus. Es besteht die Hoffnung auf ungeahnte Lern- und Entwicklungsprozesse, die es den Menschen ermöglichen, sich über politische, geographische, kulturelle und religiöse Grenzen hinweg zu solidarisieren und damit die Grundlage für ein breites Spektrum an Möglichkeiten der Krisenbewältigung zu erschaffen.

Fazit: Welche Kompetenzen, Kräfte und Ressourcen führen heraus aus der Krise?

Solidarität, Vertrauen, Offenheit, Toleranz, gegenseitige Hilfe, Wertschätzung und Fürsorge machen stark und handlungsfähig.

In einer Krise ist es hilfreich, einen sicheren Ort in einem überschaubaren Rahmen zu schaffen - bestenfalls in sich selbst.

Selbstbestimmung, Entscheidungs- und Gestaltungsfreiräume lassen Einfallsreichtum und Kreativität entstehen, geben Sicherheit und ermöglichen Kontrolle über die Situation.

Flexibilität erleichtert den Umgang mit Unwägbarkeiten.

Problemen mit Offenheit, Neugierde, Lern- und Experimentierfreude zu begegnen, eröffnet neue Lösungsstrategien.

Es macht Mut, auf gut erreichbare Ziele zuzusteuern.

Durch die Konzentration auf das Hier und Jetzt und mit der für jeden Schritt notwendigen Zeit lassen sich die Kräfte bündeln, die für die Bewältigung schwieriger Situationen notwendig sind.

Wenn alle gemeinsam ihre individuellen Fähigkeiten und Stärken kennen, schätzen und bewusst einsetzen, entsteht ein vielfältiger Werkzeugkasten für die Krisenbewältigung.

Literatur

Augustin, B. (2020). Corona: Erkenntnisse einer Krise. Lehren für Medizin und Pflege in Deutschland. Deutschlandfunk 02.06.2020. www.deutschlandfunk.de/corona-erkenntnisse-einer-krise-lehren-fuer-medizin-und.724.de.html?dram:article_id=477853

Bengel, J., Strittmatter, R., Willmann, H. (2001). Was erhält Menschen gesund? Antonovskys Modell der Salutogenese – Diskussionsstand und Stellenwert (erweit. Neuaufl.). Forschung und Praxis der Gesundheitsförderung, Bd. 6. Köln: Bundeszentrale für gesundheitliche Aufklärung. www.bzga.de/infomaterialien/fachpublikationen/forschung-und-praxis-der-gesundheitsfoerderung/band-06-was-erhaelt-menschen-gesund-antonovskys-modell-der-salutogenese/

Bundesregierung (2021). Globale Nachhaltigkeitsstrategie. Nachhaltigkeitsziele verständlich erklärt. www.bundesregierung.de/breg-de/themen/nachhaltigkeitspolitik/nachhaltigkeitsziele-verstaendlich-erklaert-232174

EU-Schwerbehinderung (2020). Corona-Krise: Der Pflegemangel ist unser Hauptproblem. 25.10.2020. https://eu-schwerbehinderung.eu/index.php/pflege/4683-corona-krise-der-pflegemangel-ist-unser-hauptproblem

Duden (2021). Das Synonym-Wörterbuch (online). www.duden.de/synonyme/Entlastung

Odysso (2017). Zeitdruck in Krankenhäusern: Hundertprozentige Hygiene kaum möglich. SWR Wissen, 29.05.2017. www.swr.de/wissen/odysso/aexavarticle-swr-80738.html

Öchsner, T. (2017). Zahl der Wohnungslosen steigt rasant. Süddeutsche Zeitung, 14.11.2017. www.sueddeutsche.de/wirtschaft/obdachlosigkeit-zahl-der-wohnungslosen-steigt-rasant-1.3748860

Osterloh, F. (2020). Zeitdruck im Krankenhaus entsteht durch falsch eingesetzte Mittel. aerzteblatt.de, 06.10.2020. www.aerzteblatt.de/nachrichten/117136/Zeitdruck-im-Krankenhaus-entsteht-durch-falsch-eingesetzte-Mittel

Radtke, R. (2020). Statistiken zum Thema Krankenhaus. 30.09.2020. https://de.statista.com/themen/268/krankenhaus/

RehaNews24 (2020). Schleswig-Holstein lässt Rehakliniken im Stich. 29.03.2020. https://rehanews24.de/schleswig-holstein-laesst-rehakliniken-im-stich/

Richter, C. (2019). Resilienz. Ob Religion krisenfest macht. Deutschlandfunk Nova, 21.12.2019. www.deutschlandfunknova.de/beitrag/resilienz-ob-religion-krisenfest-macht

Scherer, M. (2020). Experteninterviews mit Repräsentanten des Gesundheitssystems. In M. Scherer, J. Berghold, H. Hierdeis (Hrsg.), Medizinische Versorgung zwischen Fortschritt und Zeitdruck. Auswirkungen gesellschaftlicher Beschleunigungsprozesse auf das Gesundheitswesen (S. 257–344). Göttingen: Vandenhoeck & Ruprecht.

Siewert, A.C., Wehkamp, K.H., Krones, C.J., Vogd, W., Allemeyer, E. (2021). Bewerbungsgespräche von Chefärzten. Ökonomie hat hohen Stellenwert. Deutsches Ärzteblatt, 118 (4), A180–A184.

www.aerzteblatt.de/archiv/217520/Bewerbungsgespraeche-von-Chefaerzten-Oekonomie-hat-hohen-Stellenwert

Statista (2019). Schätzung zur Anzahl der Wohnungslosen in Deutschland von 1995 bis 2018. 26.11.2019. https://de.statista.com/statistik/daten/studie/36350/umfrage/anzahl-der-wohnungslosen-in-deutschland-seit-1995/

Statista (2020). Armutsgefährdungsquote in Deutschland von 2005 bis 2019. 13.08.2020. https://de.statista.com/statistik/daten/studie/72188/umfrage/entwicklung-der-armutsgefaehrdungsquote-in-deutschland/#professional

Süddeutsche Zeitung (2019). 650.000 Menschen in Deutschland haben keine Wohnung. 30.07.2019. www.sueddeutsche.de/panorama/wohnungslose-obdachlose-1.4545815

Vermögen Magazin (2021). Liste: Die reichsten Deutschen 2021. 03.01.2021. www.vermoegenmagazin.de/die-reichsten-deutschen

Wethington, E., Kessler, R.C. (1986). Perceived support, received support, and adjustment to stressful life events. Journal of Health and Social Behavior, 27 (1), 78–89. www.jstor.org/stable/2136504?seq=1

Wirtz, M.A. (Hrsg.) (2020). Dorsch – Lexikon der Psychologie (19., überarb. Aufl.). Bern: Hogrefe.

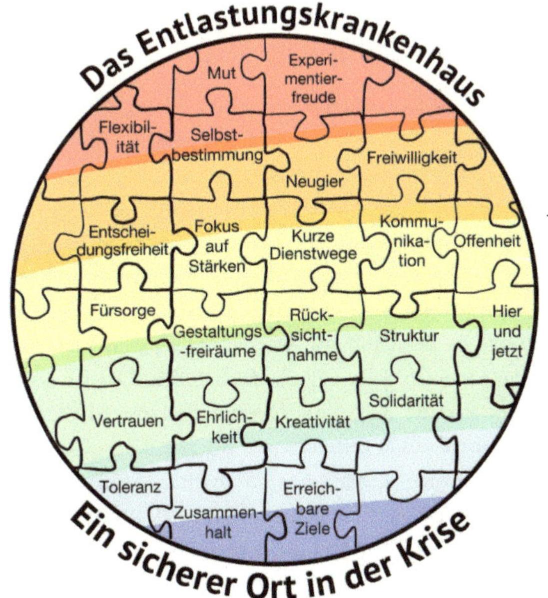

Gundula Buitkamp-Nagel

Parkbänke für China

2010: Jeden zweiten Dienstagmorgen stellen alle in unserer Straße ihren Plastikmüll raus. Man hängt ihn in dünnen gelben Tüten an die Zäune, lehnt ihn an die Gartenmauer oder legt ihn einfach auf den Bürgersteig. In der Regel sieht das ganz ordentlich aus. Die Säcke sind mit appetitlichen Schleifchen verschlossen. Die Leute von der Müllabfuhr machen sich nicht schmutzig, wenn sie danach greifen, und wir machen uns auch nicht schmutzig. Wenn man vom Einkaufen oder von der Arbeit nach Hause kommt, ist der Müll wie weggezaubert, und man kann sofort anfangen, die nächsten gelben Säcke zu befüllen. Das ist doch ein sehr befriedigendes System. Wo funktioniert schon die Müllabfuhr so gut geregelt wie hier bei uns in Deutschland? Man denke bloß einmal an Rom! Da ersticken die armen Menschen ja fast in ihrem Müll!

Aus unserem Müll wird sogar noch etwas tolles Neues hergestellt: Er wird nach China verschifft, und dann machen die Chinesen Parkbänke daraus. Da es sehr viele Chinesen gibt, braucht man dort enorm viele Parkbänke. Wenn man mal davon ausgeht, dass die durchschnittliche chinesische Familie systembedingt dreiköpfig ist und drei Personen auf eine Bank passen, kann man pro Familie eine Bank rechnen – oder auch zwei bis drei, falls man sich hinlegen möchte. Die Chinesen sind uns sehr dankbar für unser Plastik, zumal sie ja sonst nicht viel haben, woraus man Sitzgelegenheiten herstellen kann.

2018: „China hat genug von Europas Müll"; „Müllexporte nach China: Die Weltmüllkippe schließt"; „Das Geschäft mit dem Müll: China macht die Grenzen dicht"; „China stoppt die Abfallimporte: Wohin jetzt mit unserem Müll?" So oder ähnlich lauten die Titel zu Beginn des Jahres in vielen deutschen Tageszeitungen.

2020 startet China ein umfassendes Plastikverbot.

„Export von Plastikmüll stoppen – Umweltverschmutzung aufhalten" – Campact klärt auf und startet eine Petition. Über eine Million Tonnen Plastikmüll exportiere Deutschland jedes Jahr ins Ausland. Deutscher Müll lande am anderen Ende der Welt auf illegalen Deponien oder werde umweltschädlich verbrannt. So schade er der Gesundheit von Menschen und ganzen Ökosystemen. Das nenne sich von deutscher Seite her dann „Recycling".

Ich kann meine Augen nicht länger verschließen. Parkbänke, ha! Bilder aus China und Malaysia von gigantischen Mülldeponien verfolgen mich bis in den Schlaf. Teilweise wird der Müll zu riesigen Würfeln gepresst und so gelagert, dass man das Ergebnis aus der Luft gefilmt für modernen Kubismus auf etlichen Quadratkilometern halten könnte. Anderswo stapfen Kinder in grauer Müllpampe herum und sammeln Elektroteile, die sie noch verkaufen sollen, wobei sie sich lebensgefährlich vergiften, z.B. mit Blei.

„How dare you?!", stößt die 16-jährige Greta Thunberg auf dem UN-Klimagipfel im September 2019 hervor und richtet sich an alle Staats- und Regierungschefs der Welt. Sie bezieht dies hauptsächlich auf umwelt-schädigende Emissionen, aber letztlich gelten ihre Mahnungen jeder Art von Verseuchung. „Wie könnt ihr uns Kindern eine solche Welt hinter-lassen? Ihr stehlt uns die Zukunft!" Ja: Wie können wir es wagen?!

Ein neuer Ehrgeiz hat mich seit 2018 gepackt. Ich will nicht mehr alle 14 Tage zwei gelbe Säcke rausstellen, nein, keinen einzigen am liebsten, denn der Mythos von den Parkbänken war reine Augenwischerei, und lang genug war ich so naiv, daran zu glauben, obwohl ich natürlich genau wusste, dass es nicht wahr sein konnte. Hoffentlich sieht mich keiner, denke ich jedesmal, wenn ich meinen Schamsack hinaustrage. Immerhin ist es jetzt nur noch einer, weil ich seit einiger Zeit bewusster und anders einkaufe als früher und versuche, einige Nahrungsmittel und Kosmetika selber herzustellen. Dieser vermeintliche Fortschritt täuscht jedoch darüber hinweg, dass in unserer Familie jemand weggezogen ist und seinen Müll jetzt anderswo sortiert und abholen lässt. Pfui über uns! Steht nicht die Menge unserer Säcke genau im Verhältnis zur Scham, die wir empfinden müssen, wenn wir sie am Gartenzaun zur Schau stellen? Allerdings habe ich nicht den Eindruck, dass meine vielen Nachbarn und Nachbarinnen diesbezüglich überhaupt irgendetwas empfinden. Wissen kann ich es natürlich nicht. Aber ich glaube, sie tun, was sie immer tun, damit alles seine hübsche Ordnung hat und es genauso weitergehen kann. Es ist natürlich gut möglich, dass sie über mich genauso denken, denn ich mache es ja nicht anders als sie, und man sieht meinem Müll nicht an, dass ich mich für ihn schäme. Selbstgefällig ruht mein Sack am Mäuerchen. Ich schlendere durch die Straße und zähle: 114 Schamsäcke, fein anzuschauen wie Visitenkarten. In der Nummer 29 wird dieses konsumiert, in der 32 jenes. Hier wird bio eingekauft, zwar nur im Discounter, aber immerhin; dort wird nicht gegeizt mit aggressiven Putzmitteln … Der Inhalt bleibt mir nicht verborgen. Durchsichtige Säcke, undurchsichtige Geschäfte. Morgen wird unsere gesammelte Scham abgeholt.

Und dann?

Andreas Fraesdorff

Krisenerleben im Krankenhaus

Mensch und Organisation im Spannungsfeld von Grenze und Chance[1]

Krisen sind Zeiten, in denen sich das menschliche Leben in seiner ganzen Verletzlichkeit zeigt und in denen Organisationen eine Anfälligkeit für Störungen ihrer Strukturen und Kultur offenbaren. Das bisher perspektivisch Geplante ist massiv in Frage gestellt oder kommt gar an ein Ende. Statt Sicherheit herrscht vorrangig Ungewissheit vor. Somit zeigen Krisen Grenzen auf oder führen zumindest nah an diese heran. Aber eine Krise muss kein absolutes Ende darstellen. Mittels Umdenken und einer anderen Sicht auf die Gegebenheiten deuten sich Chancen an, die ergriffen und gestaltet werden können.

Das Krankenhaus ist im Erleben von Menschen ein Ort der Krisen. Kranke betreten es oder werden eingeliefert, um die Krise ihrer Gesundheit zu überwinden. Die An- und Zugehörigen sind mittelbar vom Leid betroffen. Beschäftigte in den Kliniken sind ständig konfrontiert mit den Krisen der Patient:innen, aber auch mit Überforderungs- und Überlastungssituationen, die sie selber betreffen. Auch als Organisation ist das Krankenhaus von krisenhaften Umständen bedroht. Es kämpft mit den ökonomischen und politischen Herausforderungen, sieht sich immer wieder einem Mangel in verschiedenen Bereichen gegenüber.

Das Krankenhaus ist aber auch ein Ort der Chancen. Beides gilt unabhängig davon, ob Patient:innen, deren An- und Zugehörige oder in der Klinik Beschäftigte darauf blicken. Allerdings nehmen sie verschiedene Krisen, Grenzen und Chancen wahr und erleben diese als unterschiedlich bedrohlich oder befreiend. In diesem Zusammenhang stellen sich dann auch ethische Fragen nach der Vertretbarkeit sich aufzeigender Möglichkeiten. Dies erzeugt ein Spannungsfeld, in dem sich der Mensch, aber auch das Krankenhaus als Organisation wiederfindet. Das gilt es nicht nur auszuhalten, sondern wenn es gegenwärtig – vor allem aber auch in Zukunft gut gehen soll – zu gestalten.

Ich verstehe den vorliegenden Aufsatz als eine Gedankensammlung, basierend auf meinen Erfahrungen als Krankenhausseelsorger in einem

Akut-Krankenhaus der Maximalversorgung. Zur Veranschaulichung füge ich einige anonymisierte Beispiele aus meiner Berufspraxis ein.

Grenzen und ihre Bedeutung für Mensch und Organisation

Grenzen gibt es allerorten. Wir leben mit ihnen – ob wir wollen oder nicht. Nicht einmal das Paradies, von dem die Bibel an ihrem Anfang spricht, ist davon frei bzw. ohne sie zu denken. Die Symbolik der Bibel drückt damit unter anderem die grundlegend zum menschlichen Dasein gehörende Grenzerfahrung und damit deren potentiell krisenhaftes Geschehen aus. Adam und Eva müssen das Paradies verlassen, nachdem sie sich Gott gegenüber eine Grenzüberschreitung erlaubt haben, indem sie verbotenerweise einen Apfel vom Baum der Erkenntnis aßen. Und schon sind wir mitten im Thema: Mensch – Adam und Eva – und „Organisation"– Paradies – im Spannungsfeld von Grenze und Chance bzw. konfrontiert mit einem krisenhaften Geschehen. Um Teil einer Organisation zu sein, muss man bestimmte Voraussetzungen erfüllen, bewusste wie unbewusste Regeln einhalten und Grenzen wahren. Tut man dies, so genießt man die Freiheit der Organisation und ihren Schutz; tut man es nicht, entsteht eine Krise. Durch sie veranlasst erfolgt ziemlich schnell die innere wie äußere Ausgrenzung. Freiheit und Schutz sind dahin.

Organisationen entstehen durch Grenzen. Grenzen sind hier weniger als äußere Markierungen zu verstehen, sondern durch die Zugehörigkeit von bestimmten Menschen, durch Ziele, Aufgaben, Visionen, Leitbilder, Regeln und Strukturen. Grenzen begrenzen, schließen aus. Andererseits schaffen sie einen Raum, innerhalb dessen Bewegung möglich ist. Das schafft wiederum Entlastung. Arbeite ich im Krankenhaus, muss ich mich nicht um die Belange des Wasserwerkes kümmern – dafür gibt es andere Fachleute.

Auch das Individuum mit seiner Persönlichkeit entsteht unter anderem durch Abgrenzung von äußeren Dingen. Hier bieten Grenzen ebenfalls Entlastung. Gesellschaftliche und persönliche Grenzsetzungen und -erfahrungen, sofern sie nicht willkürlich, repressiv oder pathologischer Natur sind, schaffen für den einzelnen einen Bewegungsraum, der Freiraum und Schutz bietet. Als Hinweis darauf ist das Gefühl der Angst zu interpretieren. Sie signalisiert intuitiv: Achtung, hier beginnt etwas Unbekanntes, dessen möglicherweise gefährdende Auswirkungen ich nicht einschätzen kann. Angst ohne irrationale Überhöhung ist somit zunächst eine positive Absicherung, die uns die Chance bietet, nicht blindlings, sondern überlegt zu handeln. Der Freiraum bietet die Chance, Ausflüge auf unbekanntes Terrain zu machen, aber immer wieder auch zurückzukehren. So lassen sich durch Erfahrungen die Grenzen weiten, der eigene innere wie äußere Lebens-Raum kann erweitert werden.

Das Krankenhaus als Organisation im Spannungsfeld von primärer Aufgabe und primärem Risiko

Die primäre Aufgabe der Organisation Krankenhaus besteht darin, sich um die Gesundheit, die Heilung von Menschen zu kümmern. Dem gegenüber besteht das primäre Risiko, dieses Ziel nicht zu erreichen, also einen Menschen nicht als genesen oder mit der Perspektive auf eine bessere Lebensqualität entlassen zu können oder gar sein Sterben und seinen Tod zu erleben. Diese scheinbar nüchterne Beschreibung hat gravierende Auswirkungen. Das Krankenhaus strebt mit der Heilung ein hohes Gut an. Die Erwartungshaltung ist groß, entsprechend massiv kann die Enttäuschung beim Verfehlen der Genesung sein – und dies bei allen Beteiligten, allen voran natürlich bei den Patient:innen, die sich ihre alte Lebensqualität erhoffen.

Je nach Verständnis des Berufsethos und individueller innerer Disposition der behandelnden und pflegenden Fachkräfte lösen Sterben und Tod von Patient:innen eine starke Unzufriedenheit oder gar eine innere Krise aus. Dies ist nur allzu verständlich, denn schließlich bringen die Menschen vollen persönlichen Einsatz und ihr ganzes Wissen und Können ein, um das Schlimmste zu verhindern. Doch dies reicht nicht immer. Es zeigt sich eine unüberwindbare Grenze. Enttäuschung, Kränkung und Gefühle des Versagens mögen sich bei einzelnen und in unterschiedlicher Intensität einstellen. Ich erinnere mich in diesem Zusammenhang an folgende Szene, die mir eine Ärztin schilderte: „Auf meiner Intensivstation sehe ich im energischen Schritt einen Chirurgen den Flur heraufkommen. Als er den Oberarzt erreicht, sagt er: »Ich habe Herrn M. operiert. Da ist alles bestens verlaufen. Warum stirbt der jetzt?«" Neben der persönlichen Betroffenheit mag hier auch eine Vorwurfshaltung eine Rolle spielen: „Nachdem ich alles getan habe, sollen doch bitte auch die Kolleg:innen ihr Möglichstes geben". Wie dem auch sein mag, Sterben und Tod lösen in einem System, in dem Mensch und Struktur mit primärer Aufgabe auf Lebenserhaltung und Heilung ausgerichtet sind, zwangsläufig Zweifel an Können, Leistung, Organisation usw. aus. Dies kann zuweilen krisenhafte Situationen hervorrufen.

Krankheit und körperliche Versehrtheit als Krise

Krankheiten sowie körperliche und seelische Verletzungen selbst stellen Grenzerfahrungen dar. Sie sind Auslöser und Ausgangspunkt für die Erfahrung von individuellen und auch familiären Krisen: Sie bringen vorübergehend oder im schlimmsten Fall auf Dauer einen Verlust an Selbständigkeit und Autonomie mit sich. Das bisherige Leben ändert sich ganz konkret oder „nur" in der realisierten Wahrnehmung: „Ich bin verletzlich, es geht nicht immer alles so weiter, wie ich mir das vorstelle und plane. Angesichts meiner Krankheit muss ich bei den Selbstverständlichkeiten meines Alltags Abstriche machen, mein Leben, meine Arbeit, meine Familie neu in den Blick nehmen".

Als Seelsorger werde ich zu einem Patienten gerufen, der einen nicht selbst verschuldeten Unfall erlitten hat. Er zog sich neben Bein- und Armfrakturen Brüche in der linken Hand und dem linken Fuß zu. Er muss mehrfach operiert werden. Letztlich blieb es fraglich, inwieweit Fuß und Hand nicht nur wieder belastbar, sondern eventuell sogar in ihrer Funktion eingeschränkt sein würden. Der 55 jährige Mann ist verheiratet und hat zwei studierende Kinder. Er führt hoch spezialisierte feinmechanische Montagen und Reparaturen von Geräten im Innen- wie im Außendienst aus. Besonders im letzteren Fall arbeitet er häufig im Stehen. Er ist somit auf die Belastbarkeit und Funktionsfähigkeit von Händen und Füßen angewiesen. Von einem auf den anderen Moment sieht er seine berufliche Existenz und damit die Versorgung seiner Familie infrage gestellt. Seelsorglich geht es vor allem darum, dem Mann die Möglichkeit zu geben, über seine Ängste, Nöte, Gedanken zu sprechen, seiner Verzweiflung Ausdruck zu verleihen, seinen Ärger, seine Wut über den Unfall, seine Vorwürfe an den letztlich Verantwortlichen, aber auch die Vorhaltungen gegenüber sich selber auszudrücken. Psychodynamisch ist angestrebt, dass das Aushalten des Seelsorgers dem

Klienten selber das Aushalten ermöglicht. Analog zu dem Möglichkeitsraum (D. Winnicott) zwischen Klient und Seelsorger soll im Patienten selbst ein Raum entstehen, in dem ein Anknüpfen an seine Resilienz möglich ist. Das durch die Macht der erfahrenen Krise hervorgerufene Chaos kann auf diese Weise nach und nach geordnet werden und sich dadurch ein Blick auf mögliche positive Entwicklungsperspektiven langsam öffnen.

Der Mann konnte letztlich seine Tätigkeit weiter ausüben, allerdings in eingeschränktem Umfang. Seine Frau nahm zusätzlich eine Tätigkeit auf. Im letzten von zwei später vom Klienten gesuchten telefonischen Kontakten erfuhr ich, dass ihm seine geminderte Leistungsfähigkeit gepaart mit einem hohen perfektionistischen Anspruch seelisch immer wieder zu schaffen machte und insbesondere zu Spannungen in der Ehe führte. Für ihn stand die Frage im Raum, ob er sich, wie ihm ein Freund riet, einer Beratung zuwenden solle.

Patient:innen stehen vor der Herausforderung, ihre Erfahrung von Krankheit oder Verletzlichkeit verarbeiten bzw. mit deren Folgen leben zu müssen. Die behandelnden Mediziner:innen, die Pfleger:innen, die beratenden Sozialarbeiter:innen, Psycholog:innen und Seelsorger:innen sind täglich nicht minder konfrontiert mit Leiden, die vielleicht eines Tages auch ihre sein könnten und die nicht immer völlig losgelöst vom eigenen Leben betrachtet werden. So ertappte ich mich einmal bei dem Gedanken: „Könnte der Schmerz in meinem Bein, den ich gerade empfinde, nicht auch hervorgerufen sein durch …". Ein kleines Beispiel, aber es macht die emotionale wie psychische Belastung durch die Arbeit im Krankenhaus deutlich. Einzelne Krankengeschichten lassen deutlich werden, dass es zuweilen Kleinigkeiten oder eine kurze Unaufmerksamkeit sein können, die schwerwiegende gesundheitliche Folgen nach sich ziehen. Neben aller notwendigen und wünschenswerten Nähe zu den Patient:innen braucht es deshalb innerliche wie äußerliche Distanz zum Geschehen im Krankenhaus, um bei sich selber bleiben zu können. Dieser Spagat, dieses Ausbalancieren kostet Kraft. Und – glücklicherweise – hatte der Schmerz in meinem Bein einen ganz einfachen Grund: viel Sitzen in ungünstiger Haltung an Krankenbetten.[2]

Apparatemedizin in der Krise

Weiterhin geht es um die Grenzen der medizinischen Behandlungen, besonders der durch Apparate gestützten Hochleistungsmedizin. Mit deren Hilfe ist vieles möglich. Zuweilen ereignen sich „Wunder" auf den Intensivstationen. Menschen überleben dank der Hochleistungsmedizin nicht nur schwerste Erkrankungen oder Verletzungen, sondern können durch sie mittelbar auch wieder zu einer hohen Lebensqualität zurückfinden. Festzuhalten ist, dass letztlich nicht die Apparate und Geräte es sind, die dies bewirken. Es sind die Menschen, die diese einzusetzen und zu bedienen wissen, also einerseits das technische Knowhow besitzen, aber andererseits darüber nicht selbst zu seelenlosen Funktionsträgern werden. Das Leben der Patient:innen ist zuweilen abhängig von medizinischen Geräten. Abhängigkeit von Geräten drückt sich auch in der Notwendigkeit der Amortisierung aus. Die kostspieligen Anschaffungen wollen eingesetzt werden, jedenfalls aus wirtschaftlicher Sicht der Organisation. Und so entsteht die Gefahr eines institutionellen Druckes. Das menschliche Wohl demgegenüber an die erste Stelle zu setzen, muss Ausgangspunkt und Ziel zugleich bleiben.

In manch einer Situation hilft auch das modernste Gerät nicht, keine noch so innovative Therapie. Andererseits ist nicht alles, was möglich wäre, auch sinnvoll und entspricht den vier ethischen Prinzipien „Autonomie, Nicht-Schaden, Wohl des Patienten und Gerechtigkeit".[3] M.E. sollten diese Maximen um das Prinzip der Würde der Erkrankten und der Behandelnden ergänzt werden. Dies lässt sich mit der dem Menschen individuelle Würde verleihenden Autonomie begründen.[4] Aus theologischer Sicht ist eine besondere Würde des Menschen durch seine Gottebenbildlichkeit gegeben. Im Sinne der Ethik und ihres Diskurses gibt es somit Grenzen, die zu wahren sind. Es geht im äußersten Fall um das Akzeptieren der Grenzen des Lebens und somit die Anerkennung von Sterben und Tod.

Die Ethik eröffnet ihrerseits Chancen – hier seien für die Kliniken institutionalisierte ethische Fallmoderationen genannt. Sie bieten mit ihrer Struktur den Rahmen und den Raum, im fachübergreifenden Dialog Grenzen und Chancen auszuloten. Angestrebt wird, für Patient:innen einen angemessenen Umgang mit medizinischen Behandlungen oder deren Beendigung zu entwickeln und vorzuschlagen. Aus je unterschiedlicher Sichtweise der Beteiligten dient sie damit letztlich der Krisenbewältigung. Ein behutsames Herunterfahren der Geräte oder eine Verringerung lebenserhaltender Medikamentengaben mit dem Ziel der letztlichen Einstellung der Behandlung bedeutet einen zwar tief traurigen und schmerzlichen Akt, aber auch unter Berücksichtigung des mutmaßlichen Willens der erkrankten Person im Sinne der Bewahrung ihrer Würde die Beendigung eines belastenden und so nicht gewollten Zustandes. Auch für die Angehörigen gilt dies; sie werden herausgenommen aus einer schier endlos erscheinenden Schleife von Hoffen, Bangen und seelischem Leiden. Und auch für die Pflegenden und Behandelnden bedeutet dies die Beendigung eines an die Grenzen der psychischen Belastbarkeit gehenden Zustandes.

Auf der Intensivstation liegt ein 35 jähriger Mann. Er ist verheiratet und hat zwei Kinder (4 und 6 Jahre). Er wird als aktiver und lebensfroher Mensch beschrieben. Bei der Gartenarbeit stürzte er und verletzte sich leicht am Arm. Die Wunde blutete, sah aber für ihn nicht bedrohlich aus. Zwei Tage später stellte sich eine intensive Rötung ein, die Wunde schmerzte. Der Hausarzt reinigte die Wunde und legte einen Verband an. Die Schmerzen nahmen aber weiter zu, der Patient bekam Fieber. Er zögerte einen weiteren Arztbesuch hinaus. Schließlich erlitt er einen Schwächeanfall. Die Ehefrau wies ihn in die Klinik ein. Trotz sofortiger umfangreicher Versorgung verschlechtert sich der Zustand des Patienten zusehends. Eine Sepsis wird diagnostiziert. Der Patient verliert das Bewusstsein und wird in ein künstliches Koma gelegt. Trotz allen Bemühens schreitet die Sepsis fort. Die Amputation des rechten Armes ist unausweichlich. Als innere Organe betroffen sind, wird der Patient schließlich nur noch durch umfangreiche intensivmedizinische Behandlung am Leben erhalten. Die Ehefrau gerät immer mehr in die Überforderung, einerseits mit ihren eigenen Empfindungen zurechtkommen, andererseits für die Kinder da sein zu müssen. Psychisch wie körperlich stößt sie schließlich an ihre Grenzen. Die Krankenschwestern leiden unter der Versorgung des immer weiter verfallenden und absterbenden Körpers des Mannes. Unerträglich wird für sie die

Vorstellung, nur noch eine körperliche Hülle zu pflegen. Nach eingehender Beratung mit der Ehefrau zum mutmaßlichen Willen des Patienten entschließt man sich, die Apparate abzuschalten. Nach zwei Stunden verstirbt der Mann.

Wirtschaftlichkeit als Ausgangspunkt für Grenzerfahrungen

Die Auflagen zur Wirtschaftlichkeit des Krankenhauses, sei es durch den Gesetzgeber oder die Interessen des jeweiligen Klinikbetreibers, setzen Grenzen.[5] Ressourcen sind begrenzt. Eine Grenze bildet aber auch der zunehmend wachsende Mangel an Fachpersonal, und zwar in allen Bereichen der Klinik – auch in den weniger offensichtlichen. Hinzu kommen gelegentlicher Mangel angesichts nicht ausreichenden oder ungenügenden Materials (Handschuhe, Kanülen etc.), zu wenig Räume für Gespräche oder zur Erholung in der Pause, Unterbezahlung in bestimmten Bereichen usw.

Die Betroffenen mit ihren jeweiligen Interessensverbänden schauen unterschiedlich auf die Situation, malen die Grenzen verschieden dramatisch aus: Patientenverbände, Krankenkassen, der Marburger Bund, Betriebsrat, Gewerkschaften, Klinikleitung, Konzernführung, Politik, Pharmaunternehmen. Die Aufzählung verdeutlicht: Von Grenzen betroffen ist der einzelne Mensch, aber auch die Institution Krankenhaus. Verlässt eine Klinik den vom Gesetzgeber vorgeschriebenen Rahmen, kann sie sich entweder wirtschaftlich nicht halten oder wird geschlossen.

Auf einer Station nehme ich eine gesteigerte Unruhe und schlechte Stimmung unter den dort Arbeitenden wahr. Auf meine Frage nach einem Patienten bricht es aus einer jungen Schwester heraus: „Und wer kümmert sich um uns?“ Sie stockt und sagt entschuldigend: „Wir sind zu wenige. Wir – ich schaff das nicht mehr. Jetzt soll eine Zeitarbeitskraft kommen, aber die kennt sich hier doch nicht aus. Der muss ich alles erstmal erklären. Das ist doch nur eine zusätzliche Belastung! Die von der Klinikleitung kommen nicht her und stellen sich dem Ärger der Patienten, weil es wieder und wieder länger dauert, bis man sich um sie kümmert. Mir geht es schlecht damit!“ Ich entgegne: „Fühlen Sie sich schuldig?“ Daraufhin die Schwester: „Für die Patienten bin ich die Schuldige.“ „Nur weil Sie greifbar sind.

Die Reaktion auf Belastung durch Grenzerfahrungen und damit Krisen sind je nach Grad vorhandener Resilienz unterschiedlich stark ausgeprägte erlebte Hilflosigkeit, Machtlosigkeit und Orientierungslosigkeit. Dieses Erleben wird ganz unterschiedlich ausagiert. Vielfach gibt es den inneren Rückzug mit einem depressiven Charakter. Manchmal trägt er auch die Züge des „Dienstes nach Vorschrift" (innere Kündigung). Sicherlich gehört auch das Festhalten an Verfahrensregeln, Strukturen und Hierarchie dazu – auch als Schutzhaltung vor sich selbst und anderen: Niemandem ist man etwas schuldig geblieben, alles hat man richtig gemacht. Selbstverständlich kommt es immer wieder auch zu Verschiebungen von Konflikten und den damit verbundenen Affekten, d.h. unterschiedliche Ansichten werden nicht über die eigentlichen Themen und betroffenen Personen ausgehandelt, sondern über andere Aspekte und Personen. Zudem werden immer wieder die mit der Arbeit verbundenen Risiken ausgeblendet, denn die stets gegenwärtige Angst vor Gefährdungen lähmt und erschöpft und macht schließlich das Arbeiten unmöglich.[6] Äußere Erfahrungen werden unter wachsender Belastung zunehmend auch individualisiert und ins Innere verlagert. Die Unterscheidung zwischen dem, was strukturell bedingter Mangel ist, und dem, was als persönliches Unvermögen wahrgenommen wird, droht zu verschwimmen. Der institutionell wie individuell erfahrene Druck wächst. Damit wird der Ruf nach Hilfe drängender. Das Wahrnehmen von Chancen ist unter diesen Umständen schwierig, vieles wird als krisenhaft im negativen Sinne erlebt.

Zum Verhältnis von Grenze und Chance

Chancen sind ohne Grenzen nicht zu haben. Das hört sich paradox an.

Die Chance per se ist die Option auf etwas Anderes als das schon Bestehende und Bekannte. Die Chance stellt etwas Neues in Aussicht. Es entsteht also eine Grenze zwischen alt und neu. Chance heißt: Es gibt einen Anknüpfungspunkt, da ist etwas machbar, gestaltbar und weiter zu entwickeln.

Im Jahre 1823 wurde das „Allgemeine Krankenhaus St. Georg in Hamburg" gegründet. Es stellte eine der damals modernsten Kliniken auf dem Gebiet des heutigen Deutschlands, wenn nicht gar Europas dar. In der Form hätte es das Krankenhaus vielleicht nie gegeben, wenn zuvor nicht die französischen Besatzer im Jahre 1814 den 200 Jahre alten „Krankenhof" kurzerhand niedergebrannt hätten, um freies Schussfeld für die Verteidigung Hamburgs zu haben. Damit gab es über Jahre keine ausreichende Zahl an Einrichtungen zur Versorgung von Kranken. Das Elend vor allem in den ärmeren Schichten muss teilweise furchtbar gewesen sein. Visionär plante man den Bau der Klinik vor den Toren der Stadt – ließ Altes hinter sich und nutzte sich bietende neue Chancen.

Chancen ergeben sich aus dem Umstand, dass das Krankenhaus als Organisation Grenzen setzt. Als Patient habe ich mich zwar in bestimmter Art und Weise zu verhalten, vor allem auf die Kenntnisse des Fachpersonals zu vertrauen. Damit gebe ich ein großes Stück an Autonomie und Selbständigkeit ab. Entsprechend groß ist die Gefahr, dass ich mich in dieser Situation als ausgeliefert und hilflos erlebe. Zugleich stellt das Krankenhaus aber auch den Sicherheitsrahmen dar. Es ist der Ort für Menschen mit körperlichen oder psychischen Leiden – anders als in früheren Jahrhunderten sind wir nicht ausschließlich auf die Hilfe der Familie oder unzureichend ausgebildeter Personen angewiesen. Wir haben als Kranke einen Ort, wo wir hinkönnen: Wir müssen nicht wie beispielsweise die Menschen in Hamburg vor 1823 durch die Stadt irren und in Hinterhöfen einsam leiden oder gar auf den Straßen sterben. Die Gesellschaft hat mit der Schaffung der Institution Krankenhaus im Sinne der Ethik nicht zuletzt im Blick auf die Würde des Menschen gehandelt. Sie hat damit eine Einrichtung geschaffen, die zur individuellen wie gesellschaftlichen Krisenbewältigung dient – was wir nicht zuletzt in der

Corona-Pandemie erleben, die allerdings zugleich auch die Schwachpunkte unseres Gesundheitssystems aufdeckt.

Das Krankenhaus als Organisation schafft mit seinen Verfahren durch klare Grenzen erst den Rahmen für eine oftmals tiefgreifende Behandlung. Schneide ich außerhalb der Klinik einem Menschen mit einem Messer den Bauch auf, ist das rechtlich wie ethisch eine fragwürdige Angelegenheit. In der Klinik ist es dies bei Einhaltung der hygienischen und gesetzlichen Bestimmungen durch einen Chirurgen nicht. Die Klinik ist der Ort für einschneidende Behandlungen im rechtlichen wie im ethischen Sinne. Dies gilt auch im Hinblick auf die Umsetzung von Patientenverfügung, Vorsorgevollmacht und Betreuungsvollmacht. Sie bieten die Chance für den Schutz der Patient:innen wie auch des medizinischen und pflegerischen Personals vor einer nicht gewollten Behandlung.

Chancen im Miteinander unterschiedlicher Fachrichtungen

Neben der rein medizinischen Versorgung bietet das Krankenhaus auch eine Begleitung durch flankierende Maßnahmen wie u.a. die Physiotherapie mit der Aufgabe, die Mobilität der Patient:innen wieder herzustellen bzw. aufrecht zu erhalten, durch Logopädie, durch Psycholog:innen mit beispielsweise neurologischer oder onkologischer Zusatzqualifikation, durch einen Sozialdienst, der sich um Anschlussheilbehandlungen bzw. die Sicherstellung der Versorgung der Patient:innen nach der Entlassung kümmert. Hierzu gehört ebenso die Seelsorge (s.u. ausführlicher). Alle diese Berufsfelder stellen Qualifikationen zur Verfügung, die eine umfassendere Begleitung der Patient:innen ermöglichen und ihnen darüber Anregungen bieten, sich mit ihrer Situation konstruktiv auseinanderzusetzen. Die positive Wirkung auf Patient:innen, die in dieser erfahrenen Zuwendung und Würdigung liegt, kann nicht hoch genug eingeschätzt werden. Es entsteht für die Patient:innen daneben die Chance, unterstützende Maßnahmen kennenzulernen, auf die sie so in ihrem Alltag vielleicht nicht gestoßen wären. Die Möglichkeiten wären noch größer, wenn mehr Fachpersonal zur Verfügung stünde. Alles, was hier investiert wird, verringert belastende Erlebnisse und Empfindungen bei Patient:innen. Der Heilungsprozess wird dadurch unterstützt, Liegezeiten in der Klinik werden verkürzt und Gesundheitskosten insgesamt verringert. Die räumliche Nähe unterschiedlicher Professionen und die damit verbundene

Kenntnis der Situation Klinik stellen eine individuelle wie auch eine institutionelle Chance der Entlastung dar, sofern sie gewollt und institutionalisiert ist. Daran gilt es aus meiner Sicht zu arbeiten, und zwar zum Wohle von Patient:innen wie Mitarbeiter:innen. Sowohl in ethischem Sinne als auch in wirtschaftlicher Hinsicht wäre dies nicht nur vertretbar, sondern geboten.

> Eine Ärztin der Inneren Station bittet mich zu kommen. Auf der Station läge eine junge Frau Ende 20. Sie habe eine notfallmäßige Blinddarmoperation erhalten. Diese habe sie gut überstanden, medizinisch sähe alles gut aus. Doch die Frau sei völlig verzweifelt und sehr unruhig. Die Operationswunde könne durch ihre viel zu frühe und viel zu starke körperliche Bewegung nicht heilen. Ob ihr vielleicht ein Gespräch gut tun könnte. Ich suche die Patientin auf. Wir kommen stockend ins Gespräch, Weinkrämpfe und fast panikartige Angst erfassen sie. Schließlich erzählt sie, als sie acht Jahre alt gewesen sei, sei ihr älterer Bruder nach einem Routineeingriff im Krankenhaus, wie es damals hieß, plötzlich verstorben. Die ganze Not von damals sei wieder da und sie könne den Ärzten nicht vertrauen. Eine verdrängte traumatische Erfahrung tritt an die Oberfläche. Ich versuche, der Patientin Mut zu machen, rege an, dass sie sich vielleicht für die Zeit nach der Entlassung Beratung holen könne. Hierfür wäre die Psychologin der Klinik eine erste gute Ansprechpartnerin. Sie willigt ein. Später erfahre ich, dass sich die seelische Verfassung der Patientin im Kontakt mit der Psychologin gefestigt habe und sie sich einer ambulanten Therapie unterziehen wolle. Durch die Gespräche in der Klinik konnte der somatische Heilungsprozess nunmehr zügig voranschreiten.

Beratende Angebote für Mitarbeiter:innen als Chance

Das bisher Ausgeführte sowie auch die bereits genannte persönliche Betroffenheit und Auseinandersetzung der Mitarbeiter:innen mit der Gefahr eigener Erkrankung birgt die Chance auf eine bewusstere Gestaltung des Berufes wie des Lebens. Allerdings gilt das nur, wenn die inneren wie äußeren Prozesse nicht länger verdrängt werden. Durch Beratung, Seelsorge oder Supervision kann dem Unbewussten seine Macht durch

Bewusstmachung genommen werden. Verschiedentlich haben Kliniken durch externe telefonische und persönliche Beratung ein entsprechendes Angebot institutionalisiert. Neben dieser eher auf Krisenintervention ausgerichteten Unterstützung wäre eine berufsbegleitende Intervision, kollegiale Beratung oder Supervision für verschiedene Berufsgruppen wünschenswert. Dies würde vermutlich zur Senkung des Krankenstandes, zum Schutz vor einer Stigmatisierung hilfesuchender Mitarbeiter:innen und zur Steigerung der Leistungsfähigkeit führen. Noch wichtiger erscheint der Aspekt, dass ein entsprechendes Angebot vorbeugend die Entstehung von krisenhaften Situationen verhindern oder deren Heftigkeit abmildern könnte. Denn in der Beratung lernen die Mitarbeiter:innen der Klinik ihre eigenen Reaktionen auf Belastung oder gar Krisen kennen. Dies wiederum erlaubt es ihnen, zukünftig angemessener zu reagieren bzw. im Nachhinein entsprechende Erfahrungen zu bearbeiten und zu bewältigen.

Seelsorge in der Krise – Seelsorge als Chance

Neben anderen Professionen im Krankenhaus ist es Aufgabe der Seelsorge, sich in das Spannungsfeld von Grenze und Chance hineinzubegeben und sich Menschen in ihrem Krisenerleben zuzuwenden. Dies geschieht, zumal in einem nicht konfessionellen Krankenhaus, unabhängig von religiöser oder konfessioneller Zugehörigkeit und ohne jede missionarische Absicht. Das ändert selbstverständlich nichts daran, dass ich Seelsorger bin und der Glaube Hintergrund meines Handelns und Sprechens im Sinne einer spirituellen Kraftquelle und Orientierungshilfe ist (s.u. ausführlicher). Seelsorge als „Hilfe zur Lebensgewissheit"[7] verstehe ich in einer tiefenpsychologischen Orientierung als ein prozesshaftes Beziehungsgeschehen zwischen Klient:innen (seien es nun Patient:innen, deren An- bzw. Zugehörige oder Mitarbeiter:innen) und mir als Seelsorger im Angesicht Gottes. Dieser Vorgang der Triangulierung stellt zwischen den drei Polen Klient, Seelsorger und Gott einen Raum zur Verfügung, in dem Erfahrungen möglich sind, den sogenannten Möglichkeitsraum (D. Winnicott). Die sich hierbei einstellenden Psycho-Dynamiken besonders von Übertragungs- und Gegenübertragungsphänomenen geben mir eine Ahnung von dem, was mein Gegenüber bewegt.[8] So werden Begleitung und emotionales Halt-Geben und dadurch für die ratsuchenden Menschen eine Re-Integration ihrer Erfahrungen ermöglicht.[9] Dadurch werden sowohl das eigene Bild der Klient:innen von ihrer jeweiligen Situation als auch die Fremdwahrnehmung durch die seelsorgende Person hinterfragt (Dekonstruktion), um dann gemeinsam ein anderes Bild entwerfen zu können (Konstruktion). Dieses vermag eine Integration und letztlich eine Zuwendung zur Zukunft zu ermöglichen.[10]

In den individuellen seelsorglichen Gesprächen gilt es vor der Grenze respektive dem, was als Grenzerfahrung und Krise geschildert wird, einerseits nicht die Augen zu verschließen, andererseits die psychische Abwehr der Klient:innen nicht zu brechen. Es ist die Kunst des seelsorglichen Gespräches, entlang der Abwehr zu gehen, ein (Aus-)Halten offener Fragen und Widersprüche zu ermöglichen und gleichzeitig aber dort, wo es möglich ist, die Perspektive von Chancen einzuflechten. Im Aushalten und Mitgehen der seelsorgenden Person transportiert sich die zunächst vielleicht vage, dann aber möglicherweise sich verstärkende Erfahrung von Halt. Es kann deutlich werden: „Da wendet sich einer nicht ab, ich bin wohl doch nicht so schlimm, und was mir geschieht, ist nicht so fürchterlich, als dass nicht doch irgendwie ein Leben damit möglich wäre." Altes muss betrauert und verabschiedet werden, damit Raum für Neues entsteht. Nichts anderes bedeutet das Durchstehen und die Bewältigung von Krisen.

Meine Anruferin, eine Ärztin, erzählt mir von einer älteren Patientin. Aufgrund eines Sturzes und ihrer Osteoporose habe sie mehrere Wirbelfrakturen erlitten. Nach der notwendigen Operation verzögerten Wundheilungsstörungen und andere Komplikationen ihre Entlassung seit Längerem. Da sie depressiv wirke, habe man schon eine Psychologin hinzugezogen - aber ob ich denn nicht auch noch einmal mit ihr sprechen könne. Die Patientin erweist sich mir gegenüber als freundlich und zunehmend offen. Sie kann ihre Enttäuschung und Traurigkeit über den schleppenden Heilungsverlauf schildern, wirkt aber doch depressiv verstimmt. Es kommt zu drei lebendigen Gesprächen, in denen ihr auch eine Vielzahl von emotionalen Äußerungen möglich sind. Über Glaubensthemen/religiöse Fragen sprechen wir so gut wie gar nicht. Am Ende des dritten Gespräches werde ich „neugierig", warum die Patientin mich immer

In meiner Arbeit als Theologe und Seelsorger habe ich neben individuell persönlichen meine fachlichen Grenzen. Zu meiner Professionalität gehört, mir dieses bewusst zu machen. Für die dazu notwendige Reflexion nutze ich u.a. berufsbegleitende Supervision. Manches sich zeigende Schicksal ist schwer auszuhalten, verschlägt selbst mir als nicht unmittelbar Betroffenem die Sprache. Zuweilen bleibt mir auf meinem religiösen Hintergrund „nur noch" das Abgeben an Gott, die Hoffnung und das Vertrauen, dass bei ihm das nicht Aushaltbare Halt findet. Patient:innen, Angehörigen wie auch mir selber bieten Lesungen biblischer Texte, Gebet, Ritual und letztlich Segen einen haltenden und tragenden Rahmen. Es ist nicht zuletzt deren Symbolik und der damit verbundene Gehalt, der in Menschen Unterschiedlichstes anspricht oder zum Ausdruck bringt. Vielleicht drücken sie aus, was nicht gesagt werden kann oder darf, weil die Worte fehlen, weil Moralvorstellungen oder Tabus es verhindern. Trost oder Halt gibt vielleicht auch die Einsicht, dass die Worte, Gesten und Formen teilweise über Jahrhunderte und Generationen überliefert wurden. Schon die Eltern, Großeltern und Urgroßeltern hörten diese Worte oder hatten teil an diesem Ritual. Dies zeugt von einem religiösen und spirituellen Aufgehobensein in einer größeren Gemeinschaft. Zugleich wird auf eine außerhalb unserer selbst liegende Dimension verwiesen. Dahinter steht die Erfahrung: Wir sind mehr als das Vorfindliche, mehr als das, was wir wahrnehmen. So treten Menschen in eine andere Sphäre ein oder werden zumindest von ihr berührt. Individuelle Bestätigung, Anerkennung und die Erfahrung von Sinn können sich darin transportieren. Sinn wird trotz des gerade erlebten unbegreiflichen, unfassbaren, sinnlosen Geschehens zumindest erahnbar.

Ein älterer Mann wendet sich telefonisch an mich. Seine 84jährige Schwester sei sterbenskrank – es bestünde keine Hoffnung mehr. Sie wisse, wie es um sie stehe. Obwohl sie kaum noch auf Ansprache reagieren könne, sei doch deutlich zu spüren, wie unruhig sie sei. Er wünsche sich für seine Schwester, seine Frau und sich, dass eine Aussegnung stattfinde. Am Bett der Patientin bestätigt sich mir die Schilderung des Mannes. Er und seine Frau gehen äußerst liebevoll mit der Sterbenden um. Diese nimmt unsere Anwesenheit wahr, was zuweilen an kurzen Augenbewegungen hin zu den sprechenden Personen deutlich wird. Ich eröffne die Aussegnung mit einem freien Gebet und lese dann auf Wunsch der Angehörigen zwei Strophen aus einem Kirchenlied vor. Im Anschluss erzählen die Angehörigen von gemeinsamen Erlebnissen mit ihrer Schwester. Es gelingt dadurch, die Sterbende in unseren Kreis aufzunehmen, es kommt nicht zu einem „Reden über" sie. An Krankengebet und Vaterunser schließe ich den Aaronitischen Segen an. „Gott segne dich und behüte dich. Gott lasse leuchten sein Angesicht über dir und sei dir gnädig. Gott erhebe sein Angesicht auf dich und gebe dir Frieden. Amen" (vgl. 4Mose 6,24-26). Kaum ist er gesprochen, erfasst die Sterbende eine spürbare Entspannung, Ruhe und Frieden legen sich auf sie. Nach einer Weile verlasse ich die drei. Am folgenden Tag ruft mich der Mann nochmals an und teilt mir mit, dass seine Schwester drei Stunden später ohne jegliches Zeichen von Anspannung oder Unruhe eingeschlafen sei. Auch für seine Frau und ihn hätte diese Aussegnung etwas mit der Situation Versöhnendes.

Krise – Im Spannungsfeld von Grenze und Chance: Versuch eines Fazits

„Warum passiert mir das?" „Warum lässt Gott das zu?" Diese Fragen höre ich immer wieder im Krankenhaus. Allen voran sind es die Patient:innen, die sie stellen, aber auch die An- und Zugehörigen. Auch die Mitarbeitenden der Klinik äußern sie in Bezug auf das Ergehen ihrer Patient:innen oder auf persönliche Lebenseinschnitte. Manchmal versuchen diejenigen, die die Fragen stellen, sie selbst zu beantworten: „Ich muss wohl für etwas büßen." Es ist eine gängige Interpretation in der

Glaubens- und Theologiegeschichte, aber zuweilen auch gegenwärtig, Krankheiten oder Unfälle seien eine Strafe Gottes oder als Prüfung zu werten. Hinter diesen Gedanken ist die unbewusste Annahme zu vermuten, eine schwere Erkrankung oder ein Schicksalsschlag seien leichter auszuhalten, wenn jemand als Schuldiger oder Verursacher auszumachen ist. Findet sich kein Fehler bei Gott oder einem Menschen, dann setzt die „Ursachenforschung" doch häufig bei der eigenen Person an. Eine depressiv und aggressiv gegen sich selbst gerichtete Haltung zeigt sich hier. Dies ist keine Bewältigungsstrategie gegenüber einer Krise, die mittel- oder gar langfristig zu einem in seiner Grundausrichtung trotz möglicher Einschränkungen positiven Leben verhilft.

Eine redliche Antwort auf diese Fragen kann nur lauten: Die Deutung muss offen bleiben. Das ist eine Last – für Klient:innen, aber auch Seelsorgende. Unklarheiten sind schwer auszuhalten. In dieser Offenheit könnten sich aber auch Chancen zeigen.

Bietet es sich in einem Kontakt an, verweise ich zuweilen auf eine Auswahl von Versen aus Psalmen oder Heilungsgeschichten in der Bibel. In den Psalmen findet sich die ganze Bandbreite menschlicher Empfindungen (vgl. z.B. Ps 13,2-4.6; 22,2-7.10-18.20; 23; 25,16-18.20; 30, 2a.3.4a.5-13). Hier lassen Menschen ihre Ängste und Verzweiflung, ihr Unverständnis nicht bei sich, richten sie nicht aggressiv gegen sich selber, sondern sprechen sie aus. Dieses „Sich-Äußern" im ganz wörtlichen Sinne ist eine erste Zuwendung zum Leben. Die depressive Verschlossenheit ändert sich – über die Klage Gott gegenüber hin zu neuer Offenheit und einem Zugang zur (Um-)Welt.

Die Heilungsgeschichten hingegen sind Ausdruck grundlegender Hoffnung (beispielsweise folgende Abschnitte im Markusevangelium: 1,40-44; 2,1-12; 3,1-6; 5,25-34; 7,31-35; 8,22-26; 10,46-51 und die jeweiligen Parallelen in den anderen Evangelien). Die Frage, ob das in ihnen Geschilderte realistisch ist und naturwissenschaftlichen Erkenntnissen entspricht, trifft den Kern der Sache und das Anliegen der Texte nicht. Der Blick sollte vielmehr gerichtet werden auf eine mögliche Heilung in dem Sinne, dass Menschen mit ihrer Krankheit zu leben lernen und dass die soziale Isolation aufgebrochen wird. Das eigentliche Wunder besteht in der Zuwendung Gottes zu leidenden Menschen, wie sie in den Überlieferungen über das Leben und Handeln Jesu, aber auch unmittelbar in menschlichen Begegnungen zum Ausdruck kommt. Hier begründet sich eine Hoffnung auf eine ganz konkrete gegenwarts- und zukunftsbezogene Perspektive. Sichtbar und spürbar werden kann darüber hinaus eine andere Wirklichkeit, die die erlebte Realität bricht und zu gangbaren Schritten ermutigt.[11]

Immer wieder müssen wir lernen, mit unseren Verletzungen, seien sie körperlicher oder seelischer Natur, weiterzuleben. Und spätestens hier wird deutlich: Die Grenze zwischen einem kranken oder verletzten und einem gesunden Menschen ist fließend. Wer kann schon von sich behaupten, vollständig gesund zu sein? Wir alle sind aus dem Paradies, der heilen Welt, Vertriebene, um nochmals an die biblische Geschichte zu erinnern. Wir leben in einer Welt voller Brüche ein fragmentarisches Leben. Könnte man auf dieser Grundlage sagen: Gesund[12] ist, wer mit seinen Krankheiten oder Verletzungen zu leben weiß und diese akzeptiert? Es geht um eine innere versöhnte Haltung – um die immer wieder mühsam zu ringen sein wird. Was könnte „versöhnt" hier heißen? Grenzen definieren. Grenzen achten. Grenzen durchlässig halten. Konfrontieren und Möglichkeiten benennen. Chancen herausarbeiten. Chancen mutig ergreifen und konsequent verfolgen. In Fehlern nicht nur ein Versagen, sondern auch die Chance sehen, etwas anders und vielleicht sogar besser zu machen. Wo einzelne Menschen und auch Organisationen solch eine Haltung und Kultur des Umgangs entwickeln können, ließen sich Spannungsfelder zwischen Grenze und Chance positiv gestalten und Krisen, wenn nicht abwenden, so doch in ihrer Stärke und der Heftigkeit ihrer Auswirkungen abmildern.

Anmerkungen

1 Dieser Artikel stellt die grundlegende Überarbeitung mit zahlreichen Ergänzungen eines am 11.09.2018 gehaltenen Kurzreferates dar. Thema der Veranstaltung in der Asklepios Klinik St. Georg, Hamburg war: Grenzerfahrung Krankenhaus: hilflos, machtlos, orientierungslos – Wer kann helfen?

2 Vgl. W. Wiedemann, Krankenhausseelsorge und verrückte Reaktionen. Das Heilsame an psychotischer Konfliktbewältigung, Göttingen 1996.

3 Vgl. Giovanni Maio, Mittelpunkt Mensch: Ethik in der Medizin. Ein Lehrbuch, Stuttgart 2012, S. 119.

4 Vgl. Giovanni Maio, Mittelpunkt Mensch: Ethik in der Medizin. Ein Lehrbuch, Stuttgart 2012, S. 148.

5 Vgl. Catarina Lobenstein, Die Zeit läuft, in: DIE ZEIT Nr. 45, 29.Oktober 2020, S. 2-3; Alexander Jorde, Wenn ich nicht aufpasse, stirbt der Patient, in: DIE ZEIT Nr. 45, 29.10.2020, S. 3; Hanna Grabbe, Eine Rebellion mit Folgen, in: DIE ZEIT Nr. 5, 28.01.2021, Regionalteil Hamburg, S. 5.

6 Vgl. Anton Oberholzer, Das Unbewußte bei der Arbeit, in: I. Eisenbach-Stangl, M. Ertl (Hg.), Unbewußtes in Organisationen. Zur Psychoanalyse von sozialen Systemen, S. 17-38, Wien 1997.

7 Vgl. Dietrich Rössler, Grundriß der Praktischen Theologie, Berlin 1986, S. 182.

8 Vgl. Wolfgang Wiedemann, Keine Angst vor der Seelsorge. Praktische Hilfen für Haupt- und Ehrenamtliche, Göttingen 2009.

9 Vgl. PPI, Standortbestimmung, S. 7.

10 Vgl. PPI, Standortbestimmung, S. 11.

11 Vgl. Thomas Staubli, Silvia Schroer, Menschenbilder der Bibel, Ostfildern 2014, S. 477.

12 Im Unterschied die Definition der WHO: „Gesundheit ist ein Zustand des vollständigen körperlichen, geistigen und sozialen Wohlergehens und nicht nur das Fehlen von Krankheit oder Gebrechen"; Quelle: https://de.wikipedia.org/wiki/Gesundheit; zuletzt abgerufen am 03.09.2018; 16.22 Uhr

Literatur

Grabbe, Hanna: Eine Rebellion mit Folgen, in: DIE ZEIT Nr. 5, 28.01.2021, Regionalteil, S. 5.

Jorde, Alexander: Wenn ich nicht aufpasse, stirbt der Patient, in: DIE ZEIT Nr. 45, 29.10.2020; S. 3.

Lobenstein, Catarina: Die Zeit läuft, in: DIE ZEIT Nr. 45, 29.Oktober 2020, S. 2-3.

Maio, Giovanni: Mittelpunkt Mensch: Ethik in der Medizin. Ein Lehrbuch, Stuttgart 2012

Oberholzer, Anton: Das Unbewußte bei der Arbeit, in: I. Eisenbach-Stangl, M. Ertl (Hg.), Unbewußtes in Organisationen. Zur Psychoanalyse von sozialen Systemen, Wien 1997, S. 17-38.

Pastoralpsychologisches Institut in Schleswig-Holstein und Hamburg e.V. (Hg.): Standortbestimmung. Seelsorge-Supervision-Pastoralpsychologie, Hamburg 2006.

Rössler, Dietrich: Grundriß der Praktischen Theologie, Berlin 1986.

Staubli, Thomas / Schroer, Silvia: Menschenbilder der Bibel, Ostfildern 2014.

Wiedemann, Wolfgang: Keine Angst vor der Seelsorge. Praktische Hilfen für Haupt- und Ehrenamtliche, Göttingen 2009.

Wiedemann, Wolfgang: Krankenhausseelsorge und verrückte Reaktionen. Das Heilsame an psychotischer Konfliktbewältigung, Göttingen 1996.

Gundula Buitkamp-Nagel

Generalpause

Nach einer Kakophonie, die sich in Tempo und Lautstärke schier überschlug, hat die Dirigentin eine überraschende Vollbremsung angeordnet. Doch es dauert einen Moment, bis alle es begriffen haben, und so bleibt ein unförmiger Klangklumpen in der Luft hängen, der immer leiser wird und schließlich zum Stehen kommt. Fermate. Erschrocken halten die Musizierenden die Körperspannung bis in die eintretende Stille hinein, denn sie gehört zur Musik: die Generalpause, in der nachklingt, was eben noch den Raum erfüllte, und Neues sich ankündigt, das höchstens zu erahnen ist.

Das Gewesene und das Kommende begegnen sich in einer rätselhaften Stille.

Die Dirigentin verharrt in ihrer Pose, beide Arme auf Schulterhöhe in der Luft, die Handinnenflächen nach oben gewandt, offen für den nächsten Einsatz. Ihr Blick geht über die Menschen hinweg in die Ferne, als erhoffte sie dort ein Zeichen. Ihr Brustkorb hebt und senkt sich verhalten in angespannter Erwartung. Den Musizierenden werden die Instrumente schwer, der Chor steht mit halboffenen Mündern, doch alle vertrauen der Dirigentin und halten weiter inne, horchen in die Stille, atmen lautlos.

Da öffnet sie auf einmal weit die Augen und sieht jetzt alle an. Jede und jeder einzelne ist gemeint, und in ihrem intensiven, beinahe bohrenden, bittenden Blick liegt eine Botschaft, die an niemandem vorbeigeht.

Wir, nicht ich. Ob Oboe, Bratsche am letzten Pult, ob Chorsängerin oder Schlagzeug. Ich bin wichtig, aber nicht am wichtigsten.

WIR. ZUSAMMEN. NUR SO KANN ES ETWAS WERDEN.

Hundert Herzen öffnen ihre Ohren.

Sie atmet hörbar durch die Nase ein und gibt mit dem Anflug eines Lächelns den ersehnten Einsatz.

Karin-Franziska Opitz

Die einmalige Krise des end-lichen Lebens

Sich dessen bewusst zu sein, dass wir als Menschen nicht unsterblich sind, kann den Blick auf das Wesentliche lenken und dem Leben eine besondere Tiefe verleihen. Darauf spielt die Betonung des Wortes „end-lich" an, das hier von zentraler Bedeutung ist (wie auch in dem Buchtitel von Alwine Paessens-Deege: „Lasst uns end-lich leben").

In den vorangehenden Kapiteln wurde bereits einiges über die Bewältigung mancher Krisen berichtet und darüber, welche Chancen darin liegen. Die Krise, welche das Sterben und der Tod auslösen können, wird auch in den Aufsätzen von Andreas Fraesdorff und Gundula Buitkamp-Nagel erwähnt. In diesem Kapitel wird die einmalige Krise unseres end-lichen Lebens, der Krise also, der wir kurz vor unserem Tod begegnen, beleuchtet. Ob es sich dabei wirklich um die Bewältigung einer Krise handelt oder ob es nicht vielmehr eine einmalige Chance ist, die wir erhalten, und welche Hoffnungs- und Widerstandskraft uns darin zuteil wird, soll hier zur Sprache kommen.

Mit dem Sterben und dem Tod wurde ich das erste Mal mit 18 Jahren konfrontiert. Es war innerhalb meiner Ausbildung als Krankenschwester in den 1980er Jahren. Die Hospizbewegung steckte noch in den Kinderschuhen. Sterben und Tod waren oftmals Tabuthemen und lösten im Krankenhausalltag eher bei Ärzten und Pflegekräften eine Krise aus als bei den Betroffenen selbst, nämlich die Krise des Versagens. An dem Ort, an dem alles versucht wurde, Leben zu erhalten, Leben zu verbessern, hatten Sterben und Tod wenig Daseinsberechtigung. Gestorben wurde nicht selten abgeschoben in einem Zimmer, manchmal einem Badezimmer, oftmals, Gott sei Dank nicht immer, alleine. War der Tod eingetreten, gab es keine Rituale des Abschiednehmens. Möglichst schnell wurde der oder die Verstorbene „von Station geschafft", wie man es ausdrückte.

Ganz anders erlebte ich es dreißig Jahre später in meiner Arbeit als Krankenhausseelsorgerin und im ambulanten Hospizdienst in Mecklenburg-Vorpommern. Bei vielen Besuchen bei den Menschen zu Hause war ich immer wieder von neuem berührt, mit welcher Hingabe und Kraft die

Angehörigen Schwerkranke und Sterbende pflegten und wie sie sich Zeit nahmen, um Abschied zu nehmen. Danach folgten viele Jahre im Diakonie-Hospiz-Wannsee Berlin als Sozialarbeiterin und Seelsorgerin. Viele Menschen habe ich erlebt und begleiten dürfen in ihrem Prozess des Sterbens, im Umgang mit dieser Phase, die für alle eine Krise in mancherlei Hinsicht war, für einige jedoch die Chance ihres Lebens. Doch dazu später.

Nur von meinen diesbezüglichen Gedanken und Erfahrungen zu reden, wäre zu kurz gegriffen und täte dem Thema nicht Genüge. Vielmehr ist es mir wichtig, Begegnungen zu schildern und damit die Menschen selbst rückschauend zu Wort kommen zu lassen, die diesen Weg gegangen sind.

Im Begleiten bekam ich eine Ahnung von der Einmaligkeit dieser letzten Lebensphase, die so spannungsvoll, so mühsam, körperlich und seelisch so schmerzlich, so herausfordernd, aber auch so schön und lustig, so geheimnisvoll und so reich ist wie das Leben selbst, das endlich ist und auch end-lich gelebt werden will!

Die Einmaligkeit des end-lichen Weges

Die Phase des Sterbens und der darin beschrittene Weg sind insofern einmalig, als dieser Weg nur ein einziges Mal gegangen und damit in der Regel einmalig durchlebt wird. Eine Ausnahme stellt die Erfahrung einer Wiederbelebung und damit eventuell eines Nahtoderlebnisses dar. Nur einmal sterben wir den letzten Tod. Nur einmal erleben wir diese eine große Krise, diesen einen großen Durchgang, den jeder und jede im Letzten doch alleine geht.

Natürlich sind sie da, die geliebten An- und Zugehörigen an den Sterbebetten, halten Wache, lachen und weinen mit den Betroffenen und doch – den Weg des Sterbens geht der sterbende Mensch alleine, so wie der Liedermacher Reinhard Mey singt: Die Kreuzwege des Lebens geh'n wir immer ganz allein. Einmalig ist diese Phase auch und gerade deshalb, weil niemand auf eine vergleichbare Erfahrung zurückgreifen kann.

Wir gehen durch viele Krisen im Laufe unseres Lebens, sei es die Krise beim Ende einer Freundschaft, das Zerbrechen einer Ehe, die sprichwörtliche Midlife-Crisis oder das Ende des Arbeitslebens und eine daraus resultierende Sinnkrise, um nur einige wenige zu nennen – ganz zu schweigen von der Krise, die eine Krebserkrankung mit sich bringt, selbst wenn diese gut therapierbar ist. Die Liste ließe sich endlos weiter führen.

Bei allen Krisen, die wir im Laufe unseres Lebens durchleben, zitternd und fragend, bangend und suchend, wissen wir uns doch getragen von der Gewissheit, dass es irgend jemanden gibt, ob real anwesend oder im virtuellen Netz, der oder die schon durch eben dieselbe Krise gegangen ist. Dieses Wissen, dass da jemand ist, ob vertraut oder fremd, der oder die mit ähnlich Erlittenem Hilfe sein kann, kann Trost, Halt und Zuversicht geben für das Durchschreiten des Weges in der eigenen Krise. Dieses Zurückgreifen auf die Erlebnisse anderer kann eine Quelle der Resilienz sein, jener Widerstandskraft, die befähigt, eine Krise durchzustehen, ja viel mehr noch, diese in eine Chance umzuwandeln.

Wie anders dagegen sieht es bei der letzten Wegstrecke unseres Lebens aus, in der uns die Endlichkeit unseres Seins mit einer ungeahnten Wucht trifft, manchmal plötzlich, oft verleugnet, manchmal lange erahnt und im Letzten dann doch unverhofft. An alles mag sich der Mensch da noch klammern – schließlich stirbt die Hoffnung ja zuletzt – nur an eines nicht: an die Erfahrung. Nie zuvor ist man schon einmal gestorben, nie zuvor ist man auf jemanden gestoßen, der dem end-lichen Menschen sagen und berichten könnte, wie es ist, das Sterben. Keine Berichte, außer über Nahtoderfahrungen, wird er lesen können.

Mit der Endlichkeit und dem Zu-Ende-Gehen des eigenen Lebens ist und bleibt der Mensch auf sich selbst zurückgeworfen. Im wahrsten Sinne des Wortes – bis an den Anfang des irdischen Lebens. Begann nicht jedes Leben hier auf Erden mit der einen großen Krise, die zu der einen großen Chance wurde: der Chance des Lebens schlechthin? Ist nicht jede Geburt, das Durchschreiten des Geburtskanals im Mutterleib für jedes winzige Menschengeschöpf eine Krise, bis heute manchmal noch eine Krise auf Messers Schneide? Und auch dieses kleine Menschenkind kann auf keine Erfahrung zurückgreifen, ist doch auch dieses Werden hinein ins Leben eine Einmaligkeit. So beginnt und beendet der Mensch seinen irdischen Weg mit der Einmaligkeit einer Krise, eines Übergangs hinein in die Chance eines neuen Lebens. So kann der Mensch zwar im Sterben auf keine Erfahrung zurückgreifen, jedoch hat er unbewusst in sich diese eine große Erfahrung des Weges ins Leben hinein! Und vielleicht hilft ihm diese Erfahrung in den Tiefen seiner Seele auch beim Heraustreten aus dieser Welt.

Wie solch eine Erfahrung zwischen Menschen vermittelt werden kann, dessen wurde ich eines Tages im Hospiz Zeugin – ein Erlebnis, das ich nie vergessen werde.

Frau J. lag im Sterben, als ihre Tochter ihr erstes Kind gebar. Es war Frau J.s großer Wunsch gewesen, das Enkelkind noch zu erleben. Da die Tochter dies wusste, ging sie sofort nach der Entlassung aus dem Krankenhaus mit ihrem neugeborenen Kind zu der sterbenden Mutter, die kaum noch die Augen offen hatte und deren Atmung schon flacher geworden war. Als ich das Zimmer betrat, sahen meine Augen etwas, das ich noch nie zuvor und auch nie mehr danach erlebte. Die Tochter hatte das Neugeborene auf die Brust der sterbenden Mutter gelegt. Ganz still war es im Raum, ein großer Frieden hatte sich breit gemacht. Die Tochter sah meine erstaunten und fragenden Blicke und sie antwortete: „Ich dachte mir, die beiden haben sich viel zu erzählen."

Dieser Satz der Tochter ist mir tief ins Herz gefallen. Bisher war die Reaktion vieler Angehöriger, dass sie eine Scheu hatten, Kinder ins Hospiz mitzubringen, egal welchen Alters. Dieser Ort des Sterbens, der doch so voller Leben war und ist, sollte Kindern erspart bleiben. Doch gerade die Kinder waren und sind es, die meistens ganz unbefangen und häufig besser als die Erwachsenen mit Sterben und Tod umgehen konnten. Je kleiner sie waren, desto leichter und unbeschwerter waren sie. Vielleicht – und ich möchte wagen zu behaupten, gerade deshalb – weil sie noch näher an ihrer Urerfahrung des Meisterns der ersten Krise waren, des Wagnisses des Sprungs hinein in das end-liche Leben! Und so hatten diese zwei, die sterbende Frau und das neugeborene Kind, sich ohne Worte so unendlich viel zu sagen. Eine Woche später vollendete die sterbende Frau ruhig und friedlich ihren Lebensweg.

End-lich leben

Ist es nicht interessant und vielleicht auch paradox, dass das Wort „endlich" uns vom Anfang unseres Lebens bis zum Schluss begleitet? Im alltäglichen Gebrauch drückt es Hoffnung und Erleichterung aus. Es ist eine Ahnung, dass sich etwas lang Ersehntes erfüllen wird oder erfüllt hat.

Mit kaum einem anderen Wort sind so viele Emotionen verknüpft. Vergessen wird dabei meist, dass in diesem so oft benutzten Wort die Endlichkeit enthalten ist, die wir so gerne ausklammern. Den Aspekt des End-lichen in dem Wort endlich wollen wir nicht hören, geschweige denn wahrhaben. So wie wir auch nicht wahrhaben wollen, dass unser Leben end-lich ist und dass in dem ersten Atemzug auf dieser Erde auch der letzte mit enthalten ist. Doch ist es nicht so, dass gerade in dem Bejahen des End-lichen ein hoffnungsvolles, bejahendes, volles „endlich Leben" erst möglich wird? Zeigt uns das Leben nicht immer wieder, dass gerade nach Phasen des Scheiterns, des Zerbrechens, des Todes oftmals ein neues Leben, eine neue Lebendigkeit, ein „endlich Leben" plötzlich aufkeimt und wachsen und erblühen kann?

Hier kommt mir eine Begebenheit in den Sinn. Eines Tages kam meine Kollegin, die für die Trauerarbeit zuständig war, sehr betroffen von einem Hausbesuch zurück. Sie erzählte, dass sie zu einer über 80jährigen Frau gerufen wurde, deren Mann vor einem halben Jahr gestorben war und die sich in tiefer Trauer befand. Zu nichts hatte die Frau mehr Lust. Beim Hausbesuch meiner Kollegin erzählte sie, was ihr Herz quälte.

> Frau K. berichtete, wie schwer all die Jahre waren, die sie mit ihrem Mann zusammen gelebt hatte. Ein großer Herzenswunsch von ihr war, den Führerschein zu machen. Doch ihr Mann erlaubte es ihr nicht. Gerne wäre sie gereist, auch das war nicht möglich. Immer wieder hatte sie sich mit dem Gedanken auseinandergesetzt, sich zu trennen. Doch zu ihrer Zeit war dies nicht üblich, und es fehlten ihr der Mut und die Kraft, den Schritt zu wagen. Nun war ihr Mann nicht mehr da, und zum ersten Mal in ihrem Leben verspürte sie die Freiheit, die sie so lange ersehnt hatte. Zum ersten Mal konnte sie frei atmen. Sie sagte: „Wissen Sie, meine Trauer ist nicht wegen des Verlustes meines Mannes. Meine Trauer ist, dass ich nun alle Freiheit habe, sie aber nicht mehr nutzen und leben kann, weil ich keine Kraft mehr habe. Darüber komme ich nicht hinweg."

Das Gewicht dieser Aussage und die darin enthaltene Schwere und Hoffnungslosigkeit kann ich heute noch spüren, obwohl ich selbst nicht mit ihr gesprochen hatte. Die Erzählung meiner Kollegin reichte. Was für eine Lebensbilanz! Wie gerne hätte die Frau endlich gelebt, sich lebendig gefühlt und nun, angesichts des Todes ihres Mannes und des Abnehmens ihrer eigenen Kräfte, zerrann ihr dieser Wunsch, den sie so deutlich spürte, unter den Fingern. Was blieb, war die unendliche Traurigkeit in ihrem Herzen, die größer schien als alle Berge der Welt. Nichts machte diese Traurigkeit kleiner, denn es blieb die bittere Erkenntnis dessen, nicht wirklich gelebt zu haben.

Die Frage, die am Beispiel dieser Frau deutlich wird ist: Habe ich wirklich gelebt bzw. lebe ich wirklich? Diese Frage wartet auf Antwort. In unserem deutschen Wort Verantwortung stecken „Wort" und „Antwort". Für mich drückt es aus, dass ich dem Wort des Lebens eine Antwort schuldig bin, die mich in die Verantwortung nimmt. Es ist eine Verantwortung, die mir niemand abnehmen kann, nämlich das Leben zu leben, ganz zu leben.

Um es ganz zu leben und nicht nur zu überleben, braucht es meines Erachtens das Bewusstsein der Endlichkeit. Nur in diesem Bewusstsein der Endlichkeit meines Daseins hier auf Erden kann ich wirklich leben. Bewusst wird uns das häufig nach dem Überwinden einer Krankheit oder nach dem Überleben eines Autounfalls. Dann also, wenn wir mit der Endlichkeit unseres Seins konfrontiert werden. Doch wie oft vergessen wir im Trott des Alltags diese Endlichkeit und tauschen sie zu einem hohen Preis ein gegen die Sehnsucht eines Endlich. Endlich ist der Ruhe-stand eingetreten, und dann sollte die ersehnte Reise beginnen. Doch statt der Reise begannen die Krankenhausaufenthalte. Endlich, als die Kinder groß waren, wollte er seinem lang ersehnten Hobby nachgehen, und dann kam da die Erkrankung der Frau. Endlich, endlich…. Die Liste ließe sich endlos fortsetzen. Lebten wir anders, wenn wir wüssten, wir haben nur 20 oder 30 Jahre zu leben? Kämen wir dann endlich an bei und in uns selbst?

Die Hospizbewegung in Deutschland hat sich das Motto der Pionierin der Hospizanfänge Cicely Saunders zu eigen gemacht: Nicht dem Leben mehr Tage, sondern den Tagen mehr Leben geben. Auch wenn wir uns heutzutage noch so mühen, das Älter- und Altwerden hinauszuzögern durch Fitnessprogramme, durch Nahrungsergänzungsmittel, durch immer neue Methoden in der Medizin, bleibt doch die Frage offen: Leben wir dadurch wirklich? Ist es nicht so, dass neben dem Bewusstsein und der Bejahung der Endlichkeit das Geheimnis im Augenblick liegt? Sprechen uns nicht gerade die Bücher an, die vom Glück des Augenblicks erzählen, vom Genießen des Gegenwärtigen, von der Aufforderung: Carpe diem? Wenn dem so ist, so sind darin unsere Kinder die besten Lehrer für uns Erwachsene. Sie, die, je kleiner sie sind, desto versunkener im Hier und Jetzt spielen und sein können, sind es auch, die sehr gut mit der Endlichkeit des Lebens umgehen, weil sie so ganz im Augenblick leben. Je älter sie werden, desto mehr verliert sich leider diese Fähigkeit zunehmend. „Von Kindern können wir lernen, was Leben heißt". (Student 1992, S. 36). In meiner Arbeit im Hospiz ermutige ich immer wieder die Angehörigen, die Kinder, und wenn sie noch so klein sind, mit ins Hospiz zu bringen, sie Anteil nehmen zu lassen bei einer Aussegnung und auch bei Beerdigungen. Die Kinder sind es, mit denen ich die leichtesten Gespräche über Sterben und Tod führen kann. Drei Begegnungen fallen mir dazu ein.

Da war der kleine zweieinhalbjährige Hannes. Er war mit dabei bei der Aussegnung des Opas. Schön sah er aus, der Opa, wie er so da lag im Zimmer des Hospizes. Es war und ist eine Tradition im Hospiz, die Menschen nach ihrem Versterben schön anzuziehen, im Zimmer noch einmal das hinzustellen, was dem oder der Verstorbenen im Leben wichtig war, sei es ein Bild, eine Fahne vom Fußballclub oder was auch immer. Die große Familie war versammelt, ich hielt die Aussegnung, auch einige der Pflegekräfte waren anwesend. Es gab eine Zeit der Stille und des Gedenkens, Tränen flossen, und die Trauer hing schwer in der Luft. Plötzlich, mitten hinein in die Stille, sagte der kleine Hannes: „Der Opa ist aber kalt." Und plötzlich fingen alle an zu lachen. Ich war tief beeindruckt. Hatte es doch das Kind mit dieser sachlichen Feststellung geschafft, eine Brücke zu schlagen. Eine Brücke von der Schwere der Trauer hinüber in das Lachen des Lebens. Und dann sagte die Ehefrau: „Und nun trinken wir alle noch jetzt und hier am Totenbett einen Eierlikör. Denn das hätte mein Mann so gewollt." So hatte dieses Kind dem schweren Tag wieder Leben gegeben. Wie wunderbar!

Die zweite Begebenheit:

Lange habe ich über die Weisheit dieses Kindes gestaunt und mehr noch über die Aussage, dass im Himmel das Gedächtnis weiterlebt. Was für eine geniale Beschreibung. Das Kind konnte so klar über den Tod reden und war doch ganz und gar im Hier und Jetzt, war so quicklebendig, dass die Puppe genauso wichtig war wie die sterbende Oma.

Die dritte und letzte Begegnung:

der Verstorbenen verweilt hatten, gingen sie auf die Terrasse des Hospizes und sogen dort die frische Luft ein. Und das kleine Kind? Immer wieder unterbrach es das Spiel draußen und rannte in das Zimmer der verstorbenen Mutter, schaute sie sich an und ging wieder spielen. So ging es viele Male, immer und immer wieder. Das Kind hatte keine Berührungsängste, es konnte gut hin und her hüpfen zwischen Leben und Tod.

Hin und her hüpfen, und wenn nicht hüpfen, dann wenigstens gehen, ach, wäre das gut, wenn das auch uns Erwachsenen gelänge! Dann könnten wir leben, end-lich leben! Wir müssten uns nicht verrenken, um das End-lich in ein sehnsuchtsvolles endlich zu pressen, zu manipulieren, zu erträumen. Und so erträumen wir uns den Himmel auf Erden, vielleicht auch deshalb, weil wir den Glauben an einen Himmel verloren haben, an den Kinder, egal ob christlich erzogen oder nicht, noch glauben können. Auch wenn wir den einen großen Tod nur einmal sterben, sterben wir doch so viele Tode schon im Voraus, ohne sie als solche wahrzunehmen. Das Leben mit all seinen Höhen und Tiefen, mit all seinem Werden und Vergehen und den daraus resultierenden Krisen und Chancen, Wegen und Umwegen bereitet uns auf die letzte große Chance unseres Lebens vor: die Chance, die einmalige Krise unseres Lebens, das Sterben, zu meistern.

End-lich Sterben

Wie ist es also nun bestellt mit dem Sterben? War es früher anders als heute? Wird es nicht manchmal auch ersehnt, erwünscht? Noch zu keiner Zeit gab es so viel Unterstützung für Sterbende wie in unserer Zeit. Es gibt die vielen ehrenamtlichen Hospizbegleiter, die an Sterbebetten sitzen und Wache halten, sei es zu Hause, im Krankenhaus, im Pflegeheim oder im Hospiz. Es gibt die immer größer werdende Zahl an stationären Hospizen, die Menschen mit einer unheilbaren Krankheit für eine gewisse Zeit eine Herberge geben, sie medizinisch, pflegerisch, psychisch und sozial begleiten. Es gibt die ambulanten Palliativnotdienste rund um die Uhr, und es gibt die Palliativärzte, die Medikamente geben können und es auch tun, um den Menschen das Sterben zu erleichtern, wenn sie psychisch und vor allem körperlich leiden. All diese Hilfen gab es vor

50 Jahren noch nicht. Und dennoch werden die Stimmen zum Teil lauter nach dem Tod auf Wunsch, dem Tod auf Verlangen. In der „Hospizzeitschrift", 87. Ausgabe aus dem Jahr 2020 ist folgendes zu lesen:

*„Die Absicht des §217 StGB war, geschäftsmäßigen Anbietern der Assistenz beim Suizid einen Riegel in Deutschland vorzuschieben. Nun hat jeder in Deutschland in allen Lebenslagen, also nicht nur am Lebensende, das Recht auf Suizidbeihilfe, und der Staat darf eine solche Assistenz zum Suizid nicht im Grundsatz behindern. Die Türen stehen also sehr weit offen. Das sieht sogar das Gericht so und gibt dem Gesetzgeber den Auftrag, Regularien zu formulieren, um die Tür etwas weiter zu verschließen. Ein legislatives Schutzkonzept also. Auch wird indirekt die verfasste Ärzteschaft aufgerufen, ihre Position neu zu bedenken. Wenn Ärzt*innen sich nicht „ausreichend" beteiligen, dann sind eben nach Ansicht des BVG Sterbehilfeorganisationen wie Dignitas auch in Deutschland notwendig. Die Regularien des Gesetzgebers sollen im Herbst vorliegen, möglicherweise verzögert sich dieser Zeitplan allerdings. Auf jeden Fall wird das Thema nach Corona wieder verstärkt öffentlich diskutiert werden. Bereits jetzt haben wir in unseren Einrichtungen vermehrt die Anfrage von Patient*innen, aber auch Angehörigen, nach den Möglichkeiten zur Assistenz beim Suizid."*

Auch ich beobachte in meinem Alltag, dass der Wunsch nach einem erlösenden Mittel häufiger geäußert wird als noch vor 30 Jahren während meiner Tätigkeit als Krankenschwester. Wie kommt das? Ist der heutige Mensch nicht mehr fähig, diese Krise zu meistern, will er sie nicht mehr durchschreiten, ist er nicht mehr so leidensfähig, hat er zu wenig Resilienzkraft? Fragen über Fragen, die sich da auftun. Ich erlebe häufig die Ambivalenz zwischen dem Wunsch nach dem selbstbestimmten Beenden des Lebens und dem gleichzeitigen Klammern ans Leben. Vielleicht gibt es auch hier wieder eine Parallele zum Beginn des Lebens. So wie es heutzutage Vieles gibt, um das Sterben zu erleichtern, und dennoch oft der Wunsch nach dem selbstbestimmten Tod da ist, so ist auch mehr und mehr der Wunsch da, die Geburt zu erleichtern, ja gar sie durch einen Kaiserschnitt zu terminieren. Zeigt sich nicht in beiden Fällen die Tendenz, den Zeitpunkt von Geburt und Tod, die beiden Mysterien des Lebens schlechthin, selbst bestimmen zu dürfen und auch zu wollen? Haben wir vielleicht die Fähigkeit verlernt, mit offenen Händen zu empfangen, uns fallenzulassen in ein Geheimnis, dessen Ursprung wir nicht selbst sind?

Es gibt zweifelsohne den Wunsch, endlich zu sterben, wenn man lebenssatt ist, wenn die Schmerzen unerträglich sind. Doch meist wünschen sich die Menschen nicht das Sterben, sondern den Tod, und das ist ein Unterschied. Die sterbenden Menschen äußern häufig, sie hätten keine Angst vor dem Tod, jedoch vor dem Sterben. Das Sterben ist und bleibt eine Herausforderung, eine Krise, die wir zu meistern haben, manchmal ganz kurz, manchmal sehr lange. Bis heute frage ich mich wieder und wieder, was es wohl ist, dass manche Menschen so leicht von dieser Erde gehen, so leicht sterben, und andere so unendlich schwer. Eine Antwort darauf habe ich nicht gefunden.

Bevor ich auf das Sterben und den Umgang mit dieser Krise zu sprechen komme, noch ein Wort zum Wunsch des Endlich-Sterben-Dürfens, welches sich verfestigt in dem Wunsch nach Sterbehilfe. Von Angehörigen wie auch von den Sterbenden selbst wurde ich oft gefragt, warum man ein Tier von seinen Qualen erlösen darf, aber nicht einen Menschen. Ich kann diese Frage auf der einen Seite verstehen, zumal darin enthalten ist: Wie viel Leid und damit auch Mit-Leid ist zumutbar und aushaltbar? Gibt es nicht auch ein Zuviel? In Bezug auf das Mit-leiden und den damit verbundenen Wunsch, die Krise des Sterbenden zu erleichtern, indem man sie verkürzt bzw. vorzeitig beendet, sind mir Gedanken von Monika Müller eine wichtige Richtschnur. Sie schreibt in ihrem Buch „Dem Sterben Leben geben" folgendes:

„Vielleicht handelt es sich bei Mitleid eher um Selbstmitleid, das das zu groß gewordene fremde Leid (manchmal begreiflicherweise) nicht mehr anzusehen und auszuhalten vermag. Vielleicht glaubt jenes so genannte Mitleid sich beweisen zu müssen, indem es das Leid selbst bzw. die Personifizierung des Leides beseitigt. Solange wir nicht aufhören können, uns verantwortlich zu fühlen und das Leiden abschaffen zu wollen, werden wir nicht wirklich mitleiden können." (Müller, 2004, S. 104)

So verständlich in manchen Situationen der Wunsch nach aktiver Sterbehilfe, nach einem selbstbestimmten Beenden des Lebens auch sein mag, so war und bin ich jedes Mal neu erstaunt, wie die Menschen dann doch am Leben hängen, selbst die, die den Wunsch nach einer „Todesspritze" äußern. Gerade sie wollen dann plötzlich leben, leben bis zum Schluss, vor allem, wenn in der noch verbleibenden kurzen Lebensspanne dem Menschen plötzlich bewusst wird, wie schön das Leben ist. Gerade dann will die Seele doch noch alles wahrnehmen, koste es, was es wolle.

Daneben gibt es aber auch diejenigen, die schon lange durch eine Krise hindurchgegangen sind, oftmals still und heimlich, von anderen unbemerkt, und die für sich zu dem Entschluss kamen, dass sie keine weitere Kraft mehr haben, nicht mehr leben können und leben wollen und ihrem Leben selbst ein Ende setzen. Häufig geschieht dies unerwartet und überraschend für die Hinterbliebenen. Auch mein Bruder Wolfgang beendete so sein Leben mit 35 Jahren. Eine halbe Stunde vor seinem Tod erklärte er auf Tonband für uns als Familie, warum er diesen Entschluss fasste. Danach beendete er sein Leben. Noch heute, 31 Jahre danach, frage ich mich manchmal, wie seine letzten Sekunden, Minuten wohl waren. Noch heute ist in mir der Schmerz, keine Gelegenheit gehabt zu haben, mich von ihm verabschieden zu können. Dankbar bin ich, dass er mir und uns als Familie erklärte, warum er diesen Schritt wählte. Er ging einen langen Weg der Krise – von uns unbemerkt –, bis der Weg zu hart, zu steinig für ihn wurde.

Eines der ersten Bücher zu der Thematik, die in den 80er Jahren zu lesen waren, war das Buch der Schweizer Ärztin Elisabeth Kübler-Ross „Interviews mit Sterbenden". Unzählige Menschen hatte sie im Sterben begleitet und dabei beobachtet, dass diese im Durchschreiten des letzten Weges eine Krise in fünf Phasen durchleben. Die erste Phase nannte sie das Nicht-Wahrhaben-Wollen, die zweite Phase die des Zorns, die dritte Phase das Verhandeln, die vierte Phase die Depression und schließlich die Phase des Annehmens. Kübler-Ross war damals der Meinung, dass diese Phasen chronologisch verlaufen und am Ende das Annehmen steht. Einige Zeit nach ihrem Tod erkannte man, dass dies nicht so ist und dass die Phasen wie Puzzleteile auseinanderfallen und sich täglich, ja sogar stündlich verändern können. Bei näherer Betrachtung wird deutlich, dass im Grunde in jeder Lebenskrise diese Phasen der Verarbeitung zu beobachten sind. Nehmen wir als Beispiel eine Trennung: Zuerst will man es nicht wahrhaben, dass die Ehe kaputt ist, dann folgt der Zorn, dann gibt es auch eine Zeit des Verhandelns, ob es nicht doch wieder werden könnte, dann die Zeit der Trauer über das Zerbrechen und irgendwann dann die Akzeptanz des Scheiterns.

Es ist und bleibt für mich etwas Besonderes und ein Geschenk, wenn die Annahme gelingt und wenn ich in manchen Situationen daran Anteil nehmen durfte. Zur Verdeutlichung dessen, wie diese Phasen der einmaligen letzten großen Krise aussehen können, möchte ich ein paar Begebenheiten meines Begleitens in den verschiedenen Phasen und der daraus entstehenden Krise schildern.

Die Phase des Nicht-Wahrhaben-Wollens

Frau M. kam ins Hospiz, als es ihr schon sehr schlecht ging. Beruflich hatte sie eine einflussreiche Position inne gehabt. Außer ihrem Cousin hatte sie keine weiteren Angehörigen mehr. Eines Tages kam dieser ganz verzweifelt zu mir und meinte, er wolle so gerne mit seiner Cousine über die Beerdigung sprechen. Eigentlich sei er ja nicht dafür verantwortlich, aber da es sonst niemanden gäbe, würde er das gerne regeln, jedoch weigere sich seine Cousine, mit ihm darüber zu sprechen. Das Thema Sterben und Tod sei für sie ein Tabu. Er wisse nicht mehr, was er machen solle. Ich schlug ihm vor, dass ich versuchen könnte, mit ihr darüber zu reden. Als ich zu Frau M. ging, signalisierte sie mir sehr deutlich, dass sie nicht mit mir reden möchtee. Ich sagte ihr, dass ich nur kurz bleiben würde, dass ich auch ihren Wunsch, nicht darüber zu sprechen, akzeptiere. Das Einzige, was ich tat, war, ihr die Folgen zu erklären, wenn sie nicht mit ihrem Cousin über die Beerdigung redete. Wenn nichts geregelt sei, käme sie, die ja ansonsten keine Angehörigen habe, auf einen bestimmten Friedhof in Berlinund würde anonym beerdigt werden.

Erst dann, nach dieser Konfrontation, drehte Frau M. sich zu mir um und meinte, sie werde es sich überlegen. Ein paar Tage später erzählte sie ihrem Cousin, wo sie gerne bestattet werden wollte. Danach war sie viel offener.

Frau P., 43 Jahre, wurde vom Krankenhaus ins Hospiz verlegt. Eigentlich wollte sie gar nicht ins Hospiz. Sie hatte zwei Töchter, 16 und 19 Jahre alt. Da sie ihren Zustand nicht wahrhaben wollte, sprach sie nie mit ihren Töchtern über ihre Erkrankung, geschweige denn darüber, wie es mit ihnen weitergehen solle. Die Oma nahm sich der beiden Töchter an. Erst ein paar Tage vor ihrem Tod sagte sie: „Ich kann nicht mehr". Danach verschwand die Härte, mit der sie die ganze Zeit versucht hatte, sich gegen das Ende aufzulehnen, verständlicherweise.

Die Phase des Zorns

> Während meiner Tätigkeit als Klinikseelsorgerin besuchte ich Herrn W. auf Station. Da es ihm zu Hause infolge seiner Krebserkrankung zunehmend schlechter ging, wurde er ins Krankenhaus eingeliefert. Er schimpfte über die Ärzte und die Pflegenden. Fast überschlug sich seine Stimme, er konnte sich überhaupt nicht beruhigen. Ich schaute ihn an und fragte vorsichtig: „Kann es sein, dass Sie Angst haben?" Da brach es aus ihm heraus und er brüllte: „Natürlich habe ich Angst, ich habe so verdammt Angst, dass ich hier nicht mehr raus komme."

Diese Phase der Krise ist für Angehörige wie für das medizinische Personal meist die schwierigste, da sie mit vielen Emotionen verbunden ist. Der Zorn richtet sich auf die Erkrankung, auf das zu Ende gehende Leben, auf das Schicksal und auf Gott. Wohin mit dem Zorn? Ein Mensch, der überwiegend ans Bett gefesselt ist aufgrund seiner Erkrankung, kann diesen Zorn nur an den Menschen auslassen, die am häufigsten zu ihm kommen, und das sind nun einmal die Angehörigen und die Pflegenden. Wird hinter dem Zorn die Angst gesehen und wahrgenommen, kann dies der Türöffner sein, damit die Betroffenen diese Krise überwinden können.

Die Phase des Verhandelns:

Sie äußert sich in der Weise, dass die Schwerkranken und Sterbenden zwar ihre Erkrankung und das damit verbundene baldige Ende annehmen können, aber quasi feilschen, indem sie sagen: *Ich weiß ja, dass ich nicht mehr lange zu leben habe, aber die Einschulung des Enkelkindes will ich noch erleben, unseren 60. Hochzeitstag, den Geburtstag oder was auch immer.*

Ist dem nicht so und es wird im Verlauf deutlich, dass das erhoffte und ersehnte Ziel nicht mehr erreicht werden kann, folgt – wenn nicht gar schon früher –

Die Phase der Trauer

In dieser Phase wird dem betroffenen Menschen die Endgültigkeit und damit die Endlichkeit seines Lebens bewusst. Nichts kann mehr nachgeholt und aufgeholt werden. Am intensivsten erlebte ich diese Phase bei einem guten Freund.

Mit 51 Jahren bekam Peter die Diagnose Nierenkrebs. Erst nahm er dies noch relativ gelassen. Da er ein sehr gläubiger Mensch war, meinte er, dass ihn die Diagnose nicht so treffen könne, schließlich glaube er ja an ein Leben danach. Die Chemotherapie schlug an und erst einmal sah der Verlauf ganz gut aus, bis er Lungenmetastasen bekam und alles rasant schlechter wurde. Eines Morgens, als ich ihn auf der Palliativstation besuchte, rannen ihm Tränen übers Gesicht. Eine unendliche Traurigkeit überkam ihn und mit tränenerstickter Stimme sagte er: „Weißt du, erst jetzt spüre ich, wie schön es ist zu leben. Und ich würde so gerne noch leben.“
Zwei Monate später verstarb er.

Diese Phase hat ihr ganz eigenes Gewicht, ihre ganz eigene Schwere. Hilfreich kann es hier sein, einfach da zu sein, keine Antworten und vor allem keine Vertröstungen parat zu haben.

Die Phase der Annahme

Noch einmal sei darauf hingewiesen, dass die genannten Phasen nicht chronologisch verlaufen. Doch auch wenn sie einander in keiner festen Reihenfolge abwechseln, bleibt die Tatsache bestehen: das Durch-schreiten dieser letzten Krise mit ihren je einzelnen Phasen kann zur Chance der Annahme werden, dieses große, einmalige Geschenk! Und einmalig ist es auch und ein Geschenk, wenn ich Anteil nehmen durfte und darf an dieser Annahme. Drei Menschen stehen mir dabei vor Augen:

Herr W. kam zum Vorgespräch ins Hospiz, um sich dieses erst einmal anzuschauen. 41 Jahre war er alt und befand sich im Endsta-dium eines Nierenkarzinoms. Er erzählte, er habe schon lange Rückenschmerzen gehabt. Doch die habe kein Arzt so richtig ernst genommen, da er auf dem Bau arbeitete und es fast normal war, dass Rückenschmerzen auftraten. So wurde das Nierenkarzinom erst sehr spät entdeckt. Als ich ihn fragte, ob er keine Wut verspüre, dass er lange Zeit nicht ernst genommen wurde, meinte er: „Nein, da kann man jetzt auch nichts ändern." Im Hospiz verlobte er sich mit seiner Freundin, die Heirat war für die nächste Woche geplant, der Standesbeamte bestellt, zwei Tage davor starb er. Die Krankenschwester berichtete später in der Dienstübergabe, dass er noch einen Witz erzählt habe, kurz bevor er aufhörte zu atmen. Das hätte sie noch nie erlebt.

Frau M., eine 35jährige junge Frau kam ins Hospiz, um sich für einen Platz anzumelden. Im Vorgespräch sagte sie: „Wissen Sie, ich hatte immer nur etwas Magenbeschwerden, nicht schlimm. Die Freunde rieten mir zu einer Magenspiegelung. Ich dachte mir, das kann ich ja mal machen lassen. Dann erfuhr ich, dass ich Magenkrebs habe und schon überall Metastasen. Meine Kinder sind 2 und 5 Jahre alt. Gerne würde ich wenigstens noch die Einschulung der Fünfjährigen erleben. Mein Mann verdrängt und denkt, es wird alles wieder gut. Das macht es für mich nicht einfach. Wenn es soweit sein wird, möchte ich gerne im Hospiz sterben." Wir blieben im Kontakt, ein dreiviertel Jahr später verschlechterte sich ihr Zustand rapide. Sie fuhr daraufhin für eine Woche alleine an die Ostsee und schrieb für jedes ihrer Kinder einen Abschiedsbrief. Sie nahm es an, dass ihr Leben zu Ende ging. Diese Frau und ihre Stärke, mit der sie diese Krise meisterte, haben mich tief berührt.

Frau L., 50 Jahre, schaute sich das Hospiz an und sagte: „Ich habe immer gegen die Krankheit gekämpft. Jetzt habe ich keine Kraft mehr." Kurze Zeit später wurde sie im Hospiz aufgenommen. Zusehends wurde sie schwächer. Mit ihrer 16jährigen Tochter sprach sie offen und ehrlich. Eines Tages sagte sie zu den Schwestern, dass sie gerne für ihre engsten Freunde ein Frühstück ausgeben würde. Die Pflegenden richteten an einem Sonntag den langen Tisch im Wohn- und Essbereich des Hospizes feierlich her, alle Freunde, die Frau L. eingeladen hatte, kamen, sie saß im Rollstuhl, schon sehr schwach, aber noch ganz wach und Anteil nehmend. Sie hielt eine kurze Rede und bedankte sich bei allen Freunden und vor allem bei ihrer Tochter. Zehn Tage später verstarb Frau L. Sie hatte die letzte große Krise ihres Lebens mit einem Dank an alle abgeschlossen und gemeistert.

Leid und Hoffnung

In meiner Arbeit wurde ich des Öfteren gefragt, ob man sich auf das Sterben vorbereiten könne – eine ernstzunehmende Frage, die, so würde ich nach all den Jahren sagen, mit Ja und Nein zu beantworten ist. Wenn wir die leidvollen Erfahrungen im Laufe unseres Lebens als etwas betrachten, an dem wir lernen, an dem wir reifen, aus dem wir auch wieder Kraft und neue Hoffnung schöpfen, ja, wenn das Leid selbst eine Quelle der Hoffnung sprudeln lässt, dann kann und wird daraus eine Kraft wachsen, die uns hilft, die letzte Krise unseres Lebens in ihrer Einmaligkeit zu durchschreiten. Dann können wir darin eine Schönheit entdecken. Manche Sterne leuchten erst in der finstersten Nacht auf.

Was hilft dem Menschen, was gibt ihm Kraft, leidvolle Zeiten durchzustehen? Es sind wohl die Elemente Sinn und Hoffnung. Nicht umsonst heißt es im Volksmund: *Die Hoffnung stirbt zuletzt.* Wie sehr wir uns auch ein Leben ohne Leid wünschen, zeigt doch die Wirklichkeit, dass es ein Leben ohne Leid nicht gibt. Was würden wir auch mit so einem Leben anfangen? Ist es nicht vielmehr so, dass wir Glück erst als solches empfinden, da wir auch das Leid kennen? Erfahren wir doch häufig in der Buntheit und Vielfalt des Lebens, wie sehr Freud und Leid miteinander verknüpft sind. So heißt es auch im Volksmund: *Des einen Freud ist des anderen Leid.* In diesem Ausspruch steckt eine tiefe Lebensweisheit und Lebenserfahrung. Wäre ein gutes Lebens wirklich gut, wenn es keine leidvollen Erfahrungen gäbe? Wüssten wir dann überhaupt, was gut ist?

Die Weisheit der Märchen gibt uns Antworten, und sie zeigt auch dem Umgang mit dem Leid. Interessant ist, dass das Wort „Leid" in den Märchen kaum vorkommt, meist ist die Rede von einer Prüfung oder dem Bestehen einer Aufgabe, die auf den ersten Blick als unlösbar erscheint – was für eine andere Betrachtungsweise! Wie anders sähen manche leidvollen Krisen in unserem Leben und in der Welt aus, würden sie als Prüfungen und Aufgaben angegangen werden. Damit wäre dem Menschen ein Vertrauen an die Hand gegeben, die Fähigkeit zu besitzen, die Aufgabe und Prüfung auch zu meistern. Würde sich da nicht manches Klagen in Schaffenskraft verwandeln und würde daraus nicht so manche Kreativität entstehen und manche Sinnsuche beantwortet? *„Im Leiden einen Sinn zu finden, ist die dennoch-Kraft im Leben! Will der Mensch sein Leben* *zu seinem machen, ist eine persönliche Zustimmung, ein gefühltes inneres Ja unerlässlich."* (Längle, Bürgi, 2016, S. 16).

In einer Zeit, in der Behauptung und Abgrenzung, Macht und vermeintliche Stärke oftmals als das Optimum angesehen werden, hat es das kleine Ja nicht leicht, sich zu behaupten. Dieses kleine Ja, das eingebettet ist in das große Ur-Ja des Lebens. Denn alles Leben beginnt mit einem Ja zum Leben und nicht mit einem Nein. Anders als mit einem Ja kann Leben überhaupt nicht entstehen, geschweige denn gedeihen. Dieses Ja trägt in sich eine Kraft zur Überwindung, die hilft, Leid und Krisen zu bewältigen. Dieses Ja gibt in einem positiven Sinn die Fähigkeit, auszuhalten, geduldig zu sein, zu warten. Doch diese Tugenden sind in einer immer schneller werdenden Welt nicht gerne gesehen, werden auch übersehen, geschweige denn als Kraftquellen wahrgenommen. Doch sie sind es, die uns befähigen, Krisen zu meistern.

Ein Beispiel dafür ist Nelson Mandela. Seine 27 Jahre in Haft hätte er nicht durchhalten können, wenn er keine Bejahung zu seiner Situation gefunden hätte. Sein Ja zu dieser Situation, welches wohlgemerkt kein Ja der Selbstaufgabe war, gab ihm die Kraft, den Sinn und die Hoffnung seines Kampfes gegen die Apartheid nicht aufzugeben. Hätte er sich gegen die Inhaftierung aufgelehnt, hätte dies so viel Kraft gekostet, dass er wahrscheinlich resigniert und deprimiert den Sinn im Ganzen verloren hätte. Sein Ja gab ihm eine innere Freiheit, die größer war als alle äußere Freiheit. Sie gab ihm Kraft, die äußere Unfreiheit anzunehmen, befähigte ihn, in dieser Situation zu leben und nicht nur zu überleben.

Das ist das größte Geheimnis des Ja: die darin enthaltene Freiheit! Damit kein Missverständnis aufkommt, sei ausdrücklich gesagt, dass es nicht darum geht, immer ja zu sagen, duckmäuserisch durchs Leben zu gehen. Das ist nicht das Ja, von dem hier die Rede ist. Das Ja, um das es hier geht, beinhaltet auch das Nein, die Abgrenzung, den Widerstand gegenüber Dingen, Personen und Ereignissen, die Leben unterdrücken oder gar vernichten. Doch die Konsequenzen, die daraus folgen, geben diesem Ja die Kraft, um mit dem möglicherweise daraus resultierenden Leid umgehen zu können.

Die Existenzanalytikerin Dorothee Bürgi schreibt in ihrem Buch „Wenn das Leben pflügt", dass es vier Bereiche gibt, auf die der Mensch sich beziehen muss, wenn er sein Leben existentiell gestalten will: 1. in der

Welt sein können, 2. das Leben mögen, 3. selbst sein dürfen, 4. sinnvoll leben (vgl. Längle/Bürgi 2016, S. 42-44)

Es sind für mich die wesentlichen Eckpfeiler, um mit Leid umgehen zu können. Dieses In-der-Welt-Sein-Können beinhaltet die Frage: Kann ich es so annehmen, wie es gerade ist? Habe ich genug Kraft und Ressourcen, um mit den Bedingungen zurechtzukommen? Dabei kann die Welt das Krankenhaus oder der Arbeitsplatz, die Familie oder die Partnerschaft sein. Aber es kann bei dieser Frage auch um die Welt im größeren gehen, wie z. B. die politischen oder umweltbedingten Problemfelder, mit denen ich konfrontiert bin. Die zweite große Frage ist: Mag ich das Leben, mag ich es leben, mit dem, wie es ist? Mag ich es wirklich leben oder möchte ich nur überleben? Und wie wichtig ist dabei, man selbst sein zu dürfen! Wo das nicht geschieht, wird etwas krank. Es beinhaltet auch, sich selbst treu zu sein. „Bin ich wirklich ich, oder treffe ich mich im Leben gar nicht an?" (ebd., S. 44).

Wenn diese drei Grundfragen beantwortet sind, dann kann es gelingen, das Leben sinnvoll zu führen, dann kann ich eine Antwort finden, warum ich auf dieser Erde bin. Eine Antwort, die über mich selbst hinausgeht. Sinnvolles Leben und sinnstiftendes Handeln weist über die eigene Person hinaus, hat stets einen Bezug zu etwas Größerem, sei es religiöser, politischer, ideologischer oder familiärer Art. Wie auch immer es aussieht und welchen Namen es auch trägt, Sinn geht über das Eigene hinaus. Darin ist Sinn mit Hoffnung verknüpft. Wer Sinn erfährt, hofft. Wer hofft, erfährt Sinn.

In der Fachzeitschrift „Leidfaden" mit dem Thema „Hoffnung – ein Drahtseilakt" wird Hoffnung folgendermaßen beschrieben: Hoffnung ist die Fähigkeit, dem Leben Bedeutung zu geben, selbst wenn Heilung nicht möglich ist. (S. 8) Denn zweckfrei ist die Hoffnung nicht, sie ist die tragende Säule in unserem Leben. Was wäre ein Leben ohne Hoffnung? Es wäre kraft- und letztendlich auch sinnlos. Ein hoffender Mensch ist ein resilienter Mensch, sprich ein Mensch, der Kraft hat, den Widrigkeiten des Lebens zu trotzen. Es ist die Kraft des Dennoch!

Dennoch ja sagen zu den Umständen, dennoch glauben, dennoch lieben: Es ist die Kraft des Herzens und nicht des Verstandes, die Kraft der Seele und nicht der Intelligenz.

Hoffnung schließt die Realität nicht aus, im Gegensatz zur falschen

Hoffnung, die mit einer oftmals unrealistischen Erwartung verknüpft ist. Falsche Hoffnung lässt meist keinen Dialog zu und führt nicht zur Lebendigkeit. Und doch gab auch dieses falsche Hoffen bei nicht wenigen Menschen, die ich begleiten durfte, Perspektive und für sie Sinn. Gut entsinne ich mich noch an Frau N.

Mit fällt es bis heute schwer, Menschen mit unrealistischen Hoffnungen und Erwartungen zu begleiten. Ich spüre, dass ich da an Grenzen bei mir komme und zuweilen auch in eine Krise. Diese Menschen bleiben für mich eine Herausforderung. Und doch, wer bin ich, dass ich sagen kann, was wahre und falsche Hoffnung ist? Für Frau N. war diese Art von Hoffnung sinnvoll, gab ihr Sinn, gab ihr im Letzten auch Kraft. Wer bin ich, ihr diese Kraftquelle zu nehmen?

Hoffnung kann belastend sein, wenn sie mit Erwartungen verknüpft ist. Es kann befreiend sein, eine gewisse Hoffnung aufzugeben. Nährende, gute Hoffnung blendet die Realität nicht aus, sie sieht sie und sagt dennoch ja. Oftmals wurde ich von Sterbenden gefragt, was ich denn dächte, wie lange sie noch zu leben hätten. Eine Frage, die hofft, hoffen möchte und die doch niemand beantworten kann, auch wenn die Betroffenen vom Arzt des Öfteren hören, es werde wahrscheinlich nicht mehr so lange sein. Und dann leben gerade diese Menschen häufig länger als gedacht und prognostiziert. Ich gebe die Frage immer zurück und sage: „Was sagt denn Ihr Gefühl?". Interessanterweise erhalte ich auf diese

Frage fast immer eine Antwort, eine Antwort, die erstaunlicherweise meist stimmte, wie bei Herrn B.:

„Ach, wissen Sie, jetzt ist Oktober. Gerne würde ich noch Weihnachten erleben und dies mit meiner Familie zusammen feiern. Aber ich glaube eher, es wird nicht so sein." Im November starb Herr B. Obwohl er auf mehr hoffte, hatte er richtig gefühlt!

Für einige Menschen war und ist der Glaube an ein Leben nach dem Tod etwas sehr Hoffnungsvolles und Sinnstiftendes. So erlebte ich es eindrücklich bei Frau Z. und Frau H. – zwei Frauen, deren Haltung und Kraft im Meistern der letzten großen Krise mich nachhaltig beeindruckte. Sie verliehen dieser Krise eine einmalige Schönheit und machten sie im Letzten zu einer großen Chance. Bis heute, obwohl die Begegnung mit ihnen schon Jahre zurückliegt, habe ich ihre Worte noch im Herzen und die Gespräche im Ohr.

Frau Z. 55 Jahre, alleinstehend, Unterleibs-Karzinom, wurde direkt vom Krankenhaus ins Hospiz verlegt. Sie hatte keine Angehörigen, aber einen guten Freundeskreis. Körperlich war sie von großen Schmerzen geplagt. Als ich ihr Zimmer betrat, um den Hospizvertrag mit ihr zu besprechen, fielen mir ihre leuchtenden Augen auf. Ich fragte sie, wie es ihr damit gehe, dass sie nun hier sei. Daraufhin antwortete sie mir: „Es geht mir gut damit. Und wissen Sie, worauf ich mich am meisten freue? Auf meinen ersten Geburtstag im Himmel." Ich war sprachlos. So manches hatte ich im Laufe der Jahre gehört, aber dieses noch nicht und auch später kein einziges Mal. Da lag eine Frau schwerstkrank, gezeichnet von starken Schmerzen und sprach von der Freude über den baldigen Geburtstag im Himmel. Als ich wieder in meinem Büro war, rief mich der Seelsorger des Krankenhauses an, aus dem sie verlegt worden war, und fragte, ob er mir per Mail den Ablauf der Beerdigung, den Frau W. mit ihm besprochen habe, zusenden dürfe. Ich solle ihn ausdrucken und Frau W. zur Ansicht geben, ob alles so stimme. Sie hatte alles mit dem katholischen Krankenhausseelsorger besprochen. Als ich das Ausgedruckte in Händen hielt, las ich als Überschrift: Auferstehungsfeier Frau W. Was für ein Bild der Hoffnung, beides: die Auferstehungsfeier und der Geburtstag im Himmel. Einen Tag später ging ich in Urlaub, und als ich nach drei

Wochen zurückkam, war Frau W. bereits verstorben. So gerne hätte ich sie noch einmal besucht. Die Pflegenden erzählten, wie gerne sie Frau W. betreuten. Trotz massiver Schmerzen und großen körperlichen Leids war sie stets freundlich und fröhlich geblieben bis zum Ende ihres Lebens, welches für sie der Anfang eines neuen Lebens war. Die Einmaligkeit dieser Krise war für sie eine Chance durch den Glauben an ein neues Leben.

Frau H. kam ins Hospiz, um sich prophylaktisch anzumelden für den Zeitpunkt, ab dem es zu Hause nicht mehr gehe. Vor ein paar Monaten war bei ihr ein Hirntumor diagnostiziert worden. Eine Chemotherapie begann, weitere Therapien sollten folgen. Sie sagte: „Nach der ersten Chemo war mir so schlecht, da habe ich dem behandelnden Arzt gesagt, ich müsse ja sowieso sterben, und wenn es mir immer so kotzübel sei, könne ich mich nicht auf meinen Weg vorbereiten, den ich zu gehen habe. Und schließlich ginge ich ins Licht und darauf habe man sich vorzubereiten." Sie schaute sich das Hospiz an und ich gab ihr noch die Adresse von einem anderen Hospiz, das in ihrer Wohnnähe lag. Noch lange ging mir dieses Gespräch mit Frau H. nach, ihr Mut, den ganz eigenen Weg durch die Krise zu gehen, sich gegen den Rat der Ärzte zu stellen, um sich auf das Licht vorzubereiten. Ihre Hoffnung war verbunden mit der Realität.

Beide Frauen, die ich hier schilderte, durchschritten die letzte Krise mit einem großen Ja im Herzen. Sie bejahten ihren Weg, gingen ihn realistisch, getragen von Hoffnung und Sinn, begleitet von Nähe und Liebe der Menschen um sie herum.

Schluss-endlich!

Was bleibt nach dem Geschriebenen über die Endlichkeit unseres Lebens, die letzte Krise und die Vorbereitung darauf zu sagen? Kann man sich wirklich vorbereiten auf diese eine einmalige Krise? Als der ambulante Hospizdienst Greifswald sein 10jähriges Jubiläum feierte, war unter anderem die Psychologin Daniela Tausch-Flammer eingeladen. Sie, die zehn Jahre in einem Stuttgarter Hospiz tätig war und mehrere Bücher veröffentlicht hat, unter anderem das wunderbare Buch: „Jeder Tag ist kostbar: Endlichkeit erfahren – intensiver leben", wurde gebeten, den Festvortrag zu halten. In diesem lud sie uns Mitarbeitenden ein, sich eine reich gedeckte Festtafel mit den vielfältigsten Speisen vorzustellen. Danach sagte sie etwas, das mir bis heute im Gedächtnis geblieben ist:

„Wissen Sie, es gibt Menschen, die sitzen an dieser reich gedeckten Tafel und nehmen sich von den Speisen die, die sie schon immer kennen. Wird dann abgedeckt, denken diese Menschen, schade, ich hätte gerne noch dieses oder jenes probiert, aber nun ist es zu spät. Und es gibt andere Menschen, die probieren alles aus. Wird dann die Tafel abgeräumt, bedauern sie es zwar, aber sie haben dennoch das Gefühl, genug probiert zu haben." Nach dem Erzählen dieser kleinen Anekdote meinte sie: *„Ob man leichter oder schwerer aus diesem Leben geht, ist nicht eine Frage des Alters, sondern die Frage, ob man gelebt hat, wirklich lebte".*

Seit ich diese Geschichte hörte, muss ich gestehen, dass ich mehr ausprobiere, als ich es bisher getan habe, sei es bei Speisen oder anderen Dingen. Zutiefst bewegend fand ich, als mir eine Kollegin von einem 23jährigen Mann erzählte. Kurz vor seinem Tod sagte dieser, er hätte zwar gerne noch weiter gelebt, aber er verglich sein Leben mit einem großen Stück Kuchen und meinte:

„Ich habe das Stück Kuchen sehr genossen und natürlich hätte es mit Sahne noch besser geschmeckt. Die Sahne wäre das Leben gewesen, das ich noch vor mir gehabt hätte, aber das Stück Kuchen war auch ohne Sahne gut!"

Was für eine Aussage für gelebtes Leben, wenngleich nur 23 Jahre. Doch wer sagt, was gelungenes, gelebtes Leben ist? Und stirbt es sich dadurch wirklich leichter? Sicher ist es gut, jeden Tag als Kostbarkeit anzusehen, jeden Tag so zu leben, als wäre er der letzte. Doch mal Hand auf's Herz: Könnten wir das wirklich aushalten, jeden Tag so zu leben als wäre er der letzte? Ich glaube nicht. Bei Vorträgen wurde ich häufig gefragt, was denn diese Arbeit mit mir selber mache und gemacht habe, so tagtäglich mit dem Tod und dem Sterben konfrontiert zu sein? Bewusster hat es mich gemacht und mir geholfen, die End-lichkeit des Lebens als nichts Bedrohliches zu sehen. Ob ich dadurch selbst einmal besser mit der letzten Krise des Lebens, dem Sterben, werde umgehen können – ich hoffe es, aber eine Gewissheit habe ich nicht. Es ist und bleibt ein Geheimnis, wie jemand durch diese Krise geht, wie jemand das letzte Tor durchschreitet. Gewiss ist nur, dass es keinen Weg daran vorbei gibt, auch wenn wir es uns wünschen würden. Ich hoffe, dass mir dann der Glaube auch noch eine tragende Kraft sein wird, aber auch das weiß ich nicht.

Ich selbst befinde mich derzeit auf einer nicht einfachen Wegstrecke, die für mich in mancherlei Hinsicht eine Krise ist. Vor vielen Monaten erkrankte ich, und es ist offen, wann ich wieder arbeitsfähig sein werde. Manche Tränen habe ich vergossen und mich gefragt, wo all die Kraft und der Elan geblieben sind. Was mir geholfen hat und immer noch hilft, ist, nicht zu weit nach vorne zu schauen. Das löst ein Gefühl von Unruhe und Angst aus. Wenn ich jeden Tag nur sehe, dann geht es. Eine gute Freundin von mir schreibt schon über zehn Jahre jeden Tag in ihr Tagebuch, was sie Kostbares erlebt hat. Dieses habe ich letztes Jahr ausprobiert. Ich hatte einen Terminkalender, wo all die Termine standen und einen zweiten, in den ich jeden Tag einschrieb, was an diesem Tag kostbar war.

Als ich am 31.12.2020 meine zwei Kalender durchstöberte, machte ich für mich eine interessante Entdeckung. Der erste Kalender war voll mit Terminen bei Ärzten und ähnlichem. Ich schlug den Terminkalender zu und dachte: Was für ein schweres Jahr war es, das Jahr 2020. Dann nahm ich den zweiten Terminkalender in die Hand, und je länger ich las, desto fröhlicher und dankbarer wurde ich, standen da doch so viele Kostbarkeiten, an die ich gar nicht mehr gedacht hatte und die mir dann wieder in den Sinn kamen, wie z. B. das Laufen mit meiner Hündin, der schöne Sonnenuntergang, der Sternenhimmel, die Blüte an meinem Kaktus, um nur einige zu nennen. Und plötzlich hatte ich ein Gefühl von Leichtigkeit und Schönheit und dachte: Es war so reich und schön, das Jahr 2020. Wenn ich so eines Tages am Ende meines Lebens durch diese letzte Krise gehen kann, dann kann sie zur einmaligen Chance eines reich erfüllten Lebens werden, für mich und für jeden, der die Kostbarkeiten eines gelebten Tages sammelt!

Wir wünschen uns im Laufe unseres Lebens anzukommen und können es in Etappen auch. Doch wirklich ankommen werden wir auf dieser Erde wohl nicht. Macht uns das Schicksal nicht oft gerade dort einen Strich durch die Rechnung, wo wir denken, es geschafft zu haben und endlich fertig zu sein?

„Sich im Leben einzurichten, auf Dauer und ein für alle Mal, bleibt ein großer, aber

unerfüllbarer Traum in eines jeden Leben. Unser Leben ist die Wanderung nach einem anderen Zustand. Die hiesigen Dinge können uns nicht einmal die Richtung unserer Wanderung angeben, sie können uns bestenfalls stets unserer Wanderschaft eingedenk halten."(Müller 2007, S. 137)

In den vielen Begleitungen derjenigen, die durch die letzte Krise gegangen sind, war und ist es mir wichtig, ein fragender Mensch zu bleiben, die Fragen selbst lieb zu haben und auszuhalten und mit Antworten zurückhaltend zu sein. Denn auf Vieles gibt es keine Antworten, auch nicht auf die Frage, wie wir unser Leben beenden und wie wir die letzte Krise unseres irdischen Lebens meistern werden. Der Weg will und muss gegangen werden – alleine, doch für mich in der Gewissheit, dass wir ankommen und erwartet werden.

Literatur

Leidfaden, Fachmagazin für Krisen, Leid, Trauer, Jahrgang 6, Heft 1: Hoffnung – ein Drahtseilakt. Göttingen, Vandenhoeck & Ruprecht 2017

Längle, Alfried / Bürgi, Dorothee: Wenn das Leben pflügt. Krise und Leid als existentielle Herausforderung. Göttingen, Vandenhoeck & Ruprecht 2016

Müller, Monika: Dem Sterben Leben geben. Die Begleitung sterbender und trauernder Menschen als spiritueller Weg. Gütersloh, Gütersloher Verlagshaus [3]2007

Paessens-Deege, Alwine: Lasst uns endl-lich leben. Gedichte, Lieder Geschichten und Texte, die an die Endlichkeit des Lebens erinnern. Goch, Santiago Verlag [2]2004

Student, Johann-Christoph: Im Himmel welken keine Blumen. Kinder begegnen dem Tod. Freiburg, Herder 1992 (Herder Spektrum ; 5569)

Tausch-Flammer, Daniela / Bickel, Lis: Jeder Tag ist kostbar. Endlich-keit erfahren – intensiver leben. Freiburg im Breisgau, Herder, 2000

Kübler-Ross, Elisabeth: Interviews mit Sterbenden. Freiburg, Kreuz-Verlag Neuausg. 2009

Mandela, Nelson: Der lange Weg zur Freiheit, Frankfurt a.M., Fischer-Taschenbuch, 23. Edition 2012

irgendwann

irgendwann werde ich wissen
wie es gewesen sein wird
dann blicke ich auf diese zeit zurück
lächle erschöpft
weil sie hinter mir liegt
und freue mich
dass ich noch da bin

gundula buitkamp-nagel

Christian Danckworth

Pflegekrise und Altenpflege

Warum ein Systemwechsel notwendig ist und wie er herbeigeführt werden könnte

Einleitung

Die Arbeit an diesem Artikel beginnt zum Zeitpunkt der zweiten Welle der Corona-Pandemie im Winter 2020. Seit gestern gilt in Deutschland ein erneuter „harter" Lockdown. Die Situation ist ernst und gefährlich.

Im Dezember 2020 lag in Sachsen die Sieben-Tage-Inzidenz bezogen auf 100.000 Einwohner*innen bei 407,1, und der Ärztliche Direktor des Oberlausitzer Bergland-Klinikums, Mathias Mengel, sprach in einem Online-Forum von Triage, also einer Abwägung, wer aufgrund knapper Ressourcen behandelt werden kann und wer nicht.[1] Seine Aussage alarmierte die Öffentlichkeit – war doch Triage bisher in Deutschland kein alltagsrelevantes, geschweige denn gesetzlich geregeltes Thema gewesen.

Die Infektions- und Todeszahlen steigen bei Artikelbeginn kontinuierlich an,[2] insbesondere in der Gruppe älterer und geschwächter Menschen[3], die auf die Pflege in Heimen angewiesen sind. Die Arbeit in der Altenpflege muss ununterbrochen weitergehen, aber da alleine in diesem Bereich die Zahl der Beschäftigten im Zeitraum von Anfang April bis Ende Juli 2020 um 3885 zurückgegangen ist,[4] wird es immer schwieriger, dieser existentiell notwendigen Aufgabe nachzukommen. Grund für den Personalrückgang ist die schlechte Entlohnung,[5] aber auch und vor allem die schlechten Arbeitsbedingungen.

Hinzu kommt die hohe Zahl infizierter Pflegekräfte: Am 17.12.2020 informierte die Oberhessische Presse, dass sich in einem hessischen Altenheim 80 Prozent der Pflege-, Raumpflege- und Küchenkräfte mit Corona infiziert in Quarantäne befanden, so dass die Bewohner*innen teilweise auf sich alleine gestellt im Kot in ihren Betten lagen und nicht versorgt werden konnten. Das Gesundheitsamt versuchte verzweifelt, Menschen zu organisieren, die eine Pflegetätigkeit durchführen können.[6] Schlimmeres kann man sich kaum vorstellen, aber diese Not war vorhersehbar. Was muss noch geschehen, damit sich etwas wirklich verändert?

Täglich bin ich im Rahmen meiner beruflichen Tätigkeit unmittelbar mit der Pflegekrise konfrontiert. Von 2012-2015 habe ich die Ausbildung zur examinierten Altenpflegefachkraft absolviert und nach meinem Examen Ende 2015 noch ein weiteres Jahr in einem Altenheim gearbeitet. Seit vier Jahren bin ich bei einem kleinen ambulanten Pflegedienst angestellt, wo ich sehr zufrieden bin, da hier nicht nur bessere Arbeitszeiten und -bedingungen, sondern auch Wertschätzung und Entfaltungsmöglichkeiten bestehen. Später werde ich die positiven Strukturen und Potenziale meines eigenen Arbeitsplatzes und anderer Organisationen schildern.

Zunächst möchte ich meine Kritik am Pflegesystem und persönliche Überzeugungen äußern. Dadurch sollen die Hintergründe verständlich werden, die meines Erachtens zur Pflegekrise geführt haben und meine Forderung sofortiger politischer Maßnahmen begründen, die an der Wurzel der komplexen Problematik ansetzen.

Das Pflegesystem entwickelt sich immer weiter in eine Richtung, die es grundlegend zu ändern und umzukehren gilt.

1. Lohnkosten werden in den Pflegeeinrichtungen zugunsten der Gewinnmaximierung gering gehalten.

2. Die gewerkschaftliche Organisierung der Pflegekräfte ist noch zu gering ausgeprägt. Es finden bisher nur unzureichend gewerkschaftliche Kämpfe oder Streiks statt.

3. In der Heimpflege werden zunehmend Pflegekräfte über Zeitarbeitsfirmen eingesetzt, und zwar primär für Vertretungen in Heimen, in denen das Stammpersonal erkrankt ist. Eine persönliche Bindung des Pflegepersonals an die Bewohner*innen wird dadurch erschwert, weil das Personal von Zeitarbeitsfirmen meist nur begrenzt an einem Arbeitsplatz arbeitet.

4. Zeitarbeit führt bei den Pflegekräften wegen der Unverbindlichkeit durch häufige Wechsel des Einsatzortes zu mangelnder Motivation und Unzuverlässigkeit.

5. Auch vonseiten der Heimleitungen ist durch die Option der Zeitarbeit die Motivation gering, die Arbeitsbedingungen grundlegend zu verbessern.

6. Statt Kooperation zwischen den Pflegeheimen und Einheiten der

Pflege verschärft sich auch in der Altenpflege und in der Pflege generell der Zwang, in Konkurrenz zueinander bestehen zu müssen.

In einer solch dramatischen Situation wie der Corona-Pandemie wird überdeutlich, dass wir ein Pflegesystem benötigen, das auf Kooperation und nicht auf Konkurrenz basiert, dem Wohl der Menschen oberste Priorität einräumt, mit Sicherheit eine zuverlässige, ununterbrochene Pflege gewährleistet und nicht zuletzt ausreichend große Zeitfenster ermöglicht, in denen alle notwendigen Hygienemaßnahmen durchgeführt und eingehalten werden können.

Im Folgenden werden die Zustände in der Heimpflege reflektiert und analysiert, welche Bedingungen im Pflegesystem schon vor Beginn der Pandemie problematisch waren. Daran schließt sich die Frage an, wie Grundlegendes geändert werden könnte, um nicht nur in der Pandemiesituation zu bestehen, sondern auch generell ein menschenwürdiges Altenpflegesystem zu schaffen – sowohl für Pflegebedürftige als auch für Pflegende. Wie könnte eine Alternative zum bestehenden System aussehen? In welche Eigentums- und Produktionsverhältnisse müsste eine solche Struktur eingebettet sein? Wer wäre Träger*in und Kraft, eine solche Veränderung durchzusetzen?

Es gilt also, Fragen zu konkretisieren, die meines Erachtens in der öffentlichen Debatte häufig nicht ausreichend vertieft oder sogar ignoriert werden. An wesentlichen Punkten gelingt es nicht, über unser bestehendes System hinaus zu denken. Gerade das halte ich aber für notwendig, um wirklich eine radikale – im Sinne von „an die Wurzel gehende" – Veränderung anstoßen, fördern und nachhaltig umsetzen zu können.

Ein Tag im Pflegeheim

Für diejenigen, die keinen direkten Einblick in die Alltagsrealität in den Pflegeheimen haben, soll beispielhaft ein Tag im Pflegeheim geschildert werden, basierend auf meinen Erfahrungen in der Pflege, aber auch auf den Erlebnissen und Berichten vieler anderer Pflegekräfte, wie sie zum Beispiel im Buch „Care Revolution" von Gabriele Winker geschildert werden, wie auch im Kontext des Netzwerks „Care Revolution".[7]

Nach der Übergabe, die früh morgens gemeinsam mit dem Personal der Nacht- und der Frühschicht stattfindet, werden die Bewohner*innen vor Beginn des Frühstücks mit Zeitknappheit und unter Stress grundpflegerisch versorgt. Individuelle Bedürfnisse oder die Wahrung der Intimsphäre können wegen des Zeitdrucks nicht immer berücksichtigt werden. Es kommt vor, dass sehr viele Bewohner*innen teilweise gleichzeitig versorgt werden müssen. Das erfordert gutes Organisationsvermögen. Es bleibt wenig Zeit für empathische Pflege und Kommunikation. Den Pflegebedürftigen kann oftmals nicht das Gefühl vermittelt werden, dass individuell auf sie eingegangen wird. Stress und Anspannung herrschen vor.

Zum Frühstück müssen diejenigen in den Speisesaal gebracht werden, die nicht bettlägerig sind. Das Frühstück wird ihnen dann am Tisch serviert. Gleichzeitig müssen aber auch die Bewohner*innen ihr Frühstück erhalten, die bettlägerig sind. Das passiert weiterhin unter Zeitdruck.

Fachkräfte müssen in der knapp bemessenen Zeit Medikamente stellen und verabreichen, Blutzuckermessungen durchführen, Insulin spritzen, Verbände anlegen, Wunden versorgen, Bewohner*innen lagern, Trinkprotokolle führen und die Dokumentation aller Maßnahmen vornehmen. Hinzu kommt die zeitintensive Pflegeplanung für die Bewohner*innen, die oft nur nebenbei in den stressigen Arbeitstag integriert werden kann. Viele Heime ermöglichen für die Pflegeplanung keine gesonderten Zeitfenster. Das führt zu zusätzlichem Stress. Eine meiner ehemaligen Kolleginnen berichtete mir, dass sie in einem anderen Heim als frisch examinierte Fachkraft in der Frühschicht für mehr als 90 Bewohner*innen Medikamente verabreichen und dokumentieren musste. Für eine Frühstückspause bleibt da keine Zeit. Wenn sie diesbezüglich Kritik an der Heimleitung äußerte, wurde ihr mitgeteilt, dass sie ihre Arbeit besser organisieren müsse.

Nach dem Frühstück nehmen meist die Pflegehelfer*innen Toilettengänge und die damit verbundene Intimpflege von mehreren Bewohner*innen nebeneinander und gleichzeitig vor, um die begrenzte Zeit der Schicht einhalten zu können. Diese Arbeit ist monoton und anstrengend. Zusätzlich lässt dieses Setting wiederum die Wahrung der Intimsphäre der Pflegebedürftigen nicht zu. Ich habe erlebt, dass in nebeneinander liegenden Zimmern die Bewohner*innen – teilweise in Zimmern anderer Bewohner*innen - auf die Toilette gesetzt und dann schnellstmöglich wieder in den Tagesraum gebracht wurden.

Bewohner*innen, die bettlägerig sind, müssen im Verlauf des Vormittags regelmäßig gelagert werden, und Schutzhosenwechsel werden durchgeführt. Vor dem Mittagessen werden oft noch die Betten frisch bezogen. Kürzel sind im Leistungsnachweis einzutragen, denn in der Pflege gilt nur das als getan, was dokumentiert worden ist – eine zeitaufwändige Tätigkeit, für die nicht genügend Zeit in der Schicht eingeplant ist.

Dann wird das Mittagessen verabreicht. In der Eile ist es nicht möglich, in Ruhe mehreren bettlägerigen Bewohner*innen Hilfe beim Essen zu leisten und Essen anzureichen. Das ist vor allem bei Menschen mit einer Schluckstörung fatal, bei deren Versorgung unbedingt Ruhe und Geduld notwendig ist, um Aspirationen (Eintreten von Fremdkörpern in die Atemwege) zu vermeiden. Der Genuss am Essen bleibt den hilfebedürftigen Bewohner*innen verwehrt.

Nach der Mittagsübergabe beginnt die Spätschicht meist mit noch knapperer Personalbesetzung als die Frühschicht. Nach dem Kaffeetrinken der Bewohner*innen, erneutem Lagern, Medikamente verabreichen und -stellen, Intimpflege und Schutzhosenwechsel wird meist ab 17 Uhr das Abendbrot gereicht. Danach, meistens schon ab 18 Uhr, werden die Bewohner*innen zu Bett gebracht, beziehungsweise wird ihnen diesbezügliche Hilfestellung ermöglicht.

Da es aufgrund der knappen Zeit schwierig ist, auf individuelle Zeitbedürfnisse einzugehen, liegen schließlich die meisten Bewohner*innen schon vor 19.30 Uhr im Bett, damit die Spätschicht meist gegen 20.00 Uhr beendet werden und die Übergabe an das Personal der Nachtschicht pünktlich erfolgen kann. Es gibt in der Heimpflege sicherlich einzelne Bewohner*innen, die noch selbstständiger und körperlich fitter sind und später schlafen gehen können, sofern sie ein Einzelzimmer haben. Sie sind in der Heimpflege auf den Pflegestationen aber meist eine kleine Minderheit.

Die Nachtschicht dauert meistens von 20 Uhr bis 6 Uhr am nächsten Morgen und ist oftmals personell noch sparsamer besetzt. Die wenigen Pflegekräfte in der Nachtschicht haben oft sehr viele Patient*innen zu versorgen bzw. neben Lagerungen auch Toilettengänge oder Schutzhosenwechsel durchzuführen. Dabei müssen sie alles gleichzeitig im Blick behalten, was hohe Konzentration und Verantwortung bedeutet.

Wenn in einer Schicht ein Notfall auftritt, zum Beispiel durch einen Sturz oder Schlaganfall, dann entsteht umgehend ein Pflegechaos. Ich hatte einmal in einer Spätschicht, in der wir mit zwei Pflegekräften für 40 Bewohner*innen zuständig waren, zwei Notfälle gleichzeitig. In beiden Fällen musste ich den Notarzt rufen. Die Pflegehelfer*in musste währenddessen alleine sämtliche Bewohner*innen ins Bett bringen, da ich als Fachkraft für die Kommunikation mit den Notärzten zuständig war.

Es gibt natürlich in den meisten Heimen tagsüber und an Feiertagen ein Kultur-oder Freizeitangebot von Ehrenamtlichen oder sozialen Diensten, zusätzlich oft auch Ergotherapie, insbesondere für demente Bewohner*innen. Dies bringt etwas Abwechslung in den Alltag. Je nach Niveau und Qualität des entsprechenden Heimes ist dieses Kultur- und Beschäftigungsprogramm besser oder schlechter ausgeprägt.

Zunehmend werden Bemühungen unternommen, auf verschiedene religiöse Bedürfnisse Rücksicht zu nehmen, sofern dies gewünscht wird, und zwar nicht nur für christliche Menschen, sondern auch zum Beispiel für gläubige Muslime.

Erfahrung der Defizite in der Heimpflege

Als ich 2012 die Ausbildung zur Altenpflegefachkraft begann, gelangte ich rasch zu der Überzeugung, dass die Pflege in Heimen und auch in vielen Pflegediensten defizitär organisiert ist. In der Öffentlichkeit wird oft betont, wie gut das deutsche Altenpflegesystem im europäischen Vergleich abschneide.[8] Diese Ansicht kann ich basierend auf meinen eigenen Erfahrungen nicht bestätigen und werde einzelne Aspekte beleuchten, die meine Auffassung untermauern: Trotz der im Rahmen des SGB XI (Sozialgesetzbuch 11) geregelten sozialen Pflegeversicherung besteht keine Gerechtigkeit. Oftmals hängt es vom sozialen Status der Bewohner*innen ab, in welcher Art von Altenheim sie wohnen können. Wir leben in einer kapitalistischen Gesellschaft, die eine Klassengesellschaft ist.[9]

Während einer Hospitation vor meiner Ausbildung habe ich einen Nachmittag lang auf einer Station gearbeitet, auf der hauptsächlich alkoholabhängige Sozialhilfeempfänger*innen versorgt werden. Sie bewohnten dort Drei-Bettzimmer mit dementsprechend reduzierter Privatsphäre.

Eine meiner Kolleginnen hingegen absolvierte ihre Ausbildung zur Altenpflegerin in einem sehr „gehobenen" und teuren Heim in Lübeck, in dem Einzelzimmer mit „gehobener" Ausstattung, „anspruchsvolles Ambiente" und „hochwertige Mahlzeiten" die Regel sind. Es muss zudem erwähnt werden, dass wohlhabende Menschen natürlich auch viel eher die Möglichkeit haben, sich zuhause von privat angestellten Pflegekräften pflegen zu lassen.

In qualitativ „gehobenen" Pflegeheimen sind die Arbeitsbedingungen für die dort angestellten Pflegekräfte aber nicht unbedingt besser. Das wurde mir deutlich, als mir meine Kollegin erzählte, wie erschreckend viele Überstunden sie in der dreijährigen Ausbildung im „gehobenen" Heim geleistet hat, ohne dass diese mit freier Zeit oder durch Auszahlung ausgeglichen worden wären. Zudem herrschten autoritäre Strukturen und geringe Wertschätzung den Arbeitskräften gegenüber vor.

Dieses ist natürlich nur ein Beispiel. Es gibt – leider – unzählige Berichte von Pflegekräften, die ein solches Gesamtbild bestätigen.[10]

Direkt nach meinem Examen habe ich ein Jahr in einem Heim gearbeitet, in dem ich in der Spätschicht allein mit einer Pflegehelferin 40 Bewohner*innen pflegen und versorgen musste.

Es gibt Heime, in denen Pflegekräfte 12 Tage am Stück arbeiten, um dann nach 2 Tagen Pause wieder einen langen Arbeitsblock absolvieren zu müssen. Je nachdem, wie viele Tage Pflegekräfte in Folge arbeiten müssen, stellt sich für viele von ihnen nach einiger Zeit Erschöpfung bis hin zum Vollbild eines Erschöpfungssyndroms ein. Wegen der geringen Löhne müssen Fachkräfte und Pflegehelfer*innen oftmals in Vollzeit arbeiten, um finanziell über die Runden zu kommen. Viele von ihnen arbeiten wegen der körperlichen Erschöpfung nur wenige Jahre in ihrem Beruf, obwohl sie ihre Tätigkeit an sich gerne mögen.

Auf gesundheitliche Gefährdungen, zum Beispiel auch durch multiresistente Keime, die oft nach Krankenhausaufenthalten von Bewohner*innen in die Pflegeheime gelangen, wird defizitär reagiert, was besonders für alte und abwehrgeschwächte Menschen bedrohlich werden kann. Es steht viel zu wenig Zeit für alle wichtigen und notwendigen Hygienemaßnahmen zur Verfügung. In Zeiten der gefährlichen Corona-Pandemie tritt dieses Defizit besonders zutage.

Es gibt viele idealistische Pflegekräfte, die von der Sinnhaftigkeit und dem sozialen Charakter ihrer Arbeit überzeugt sind und Gutes tun wollen. Die Pflegeeinrichtungen sind jedoch durch hierarchische Strukturen geprägt, die sich auf allen Ebenen auswirken, auch zwischen den Pflegefachkräften und den Pflegehelfer*innen. Ein Gefühl der fehlenden Anerkennung breitet sich aus. Viele Pflegekräfte haben keinen oder nur geringen Einfluss auf die Gestaltung ihrer Dienstpläne, weil in der Heimpflege – sowie in der Gesamtgesellschaft – keine basisdemokratischen Strukturen vorhanden sind.

Häufig sind Pflegekräfte im anstrengenden Berufsalltag krank gemeldet, sodass andere Pflegekräfte des jeweiligen Pflegeteams einspringen müssen. Sie werden dann in ihrer Freizeit angerufen und müssen immer erreichbar sein. Das führt dazu, dass im Alltag einer Heimpflegekraft verlässliche Planung und Gestaltung des Privatlebens schwierig werden. Vor allem Pflegekräfte, die Kinder haben, geraten in Schwierigkeiten. Das halten viele nicht lange aus, über Jahre gerechnet. Es gibt den Begriff des „inoffiziellen Pflegestreiks" durch Krankschreibungen. Bessere Arbeitsbedingungen und Basisdemokratie für alle Mitarbeitenden in der Heimpflege würden dazu führen, dass Pflegekräfte seltener krank wären und länger und zufriedener in ihrem Beruf bleiben würden.

Da sich viele Pflegekräfte also insgesamt nicht genügend wertgeschätzt fühlen – bringt es wenig, wenn, wie am Anfang der Pandemie, vom Balkon aus für sie geklatscht wird oder nicht. Selbst jetzt, in der inzwischen dritten Welle der Pandemie, wurde nicht einmal versucht oder auch nur damit begonnen, die Bedingungen der Altenpflege und der Pflege generell grundlegend zu verbessern. Es wurde lediglich eine Prämie an Pflegekräfte ausgezahlt, je nach Heim oder Pflegedienst.[11] Das war alles – und das kann schon wütend machen.

In der ambulanten Altenpflege wird mehr als in Pflegeheimen versucht, den Klient*innen Selbstbestimmung zu ermöglichen, aber auch hier sind die Einsatzzeiten oft knapp, und der Druck ist groß, in der Konkurrenz als Pflegedienst bestehen zu müssen; es müssen durchgehend Einnahmen erzielt werden oder es muss auf Finanzpolster zurückgegriffen werden. Auch für Fahrtzeiten zwischen den Einsätzen wird von den Pflegekassen nur wenig gezahlt. Pflegefachkräfte haben oft zu viele und zu kurze Einsätze in der Tour, da bleibt wenig Zeit für die adäquate Versorgung der Klient*innen.

Alternative Pflegedienstmodelle

Dass die Pflege ab sofort anders und deutlich besser organisiert werden kann, erlebe ich an meinem Arbeitsplatz bei der „Solidarischen Hilfe im Alter" in Hamburg,[12] wo ich seit über 4 Jahren zufrieden als examinierte Altenpflegefachkraft arbeite.

Die „Solihilfe" wurde vor 25 Jahren als antifaschistischer Pflegedienst gegründet, mit dem Schwerpunktziel, Opfer und Verfolgte durch das NS-Regime, wie zum Beispiel Holocaustüberlebende, zu pflegen und zu betreuen, unter Einbeziehung ihres Umfelds und ihrer Verwandtschaft. Diese Ausrichtung ist in Deutschland momentan einmalig. Durch diesen inhaltlichen Anspruch wird klar, dass der Betrieb mit seinem kompromisslos antifaschistischen und antirassistischen Profil in Zeiten des gesellschaftlichen Rechtsrucks ein deutliches Zeichen setzt, was ich sehr sympathisch finde. Inzwischen wird nicht nur der ursprünglichen Zielgruppe, sondern immer öfter auch Migrant*innen, Menschen mit psychischen Erkrankungen oder Obdachlosen Hilfe und Pflege angeboten. Der inhaltliche Anspruch ist dabei unverändert geblieben.

Der Betrieb hat insgesamt ungefähr 40 Mitarbeiter*innen, dazu gehören die Geschäftsführung, die Pflegedienstleitung, Bürokräfte, Pflegefachkräfte, Pflegeassistent*innen und Betreuungskräfte. In der Einrichtung gilt das Prinzip, gleichberechtigt zusammenzuarbeiten und flache Hierarchien zu praktizieren.

Die Einsatzpläne sind in ihrem Behandlungs- und Pflegespektrum insofern abwechslungsreicher als bei anderen Pflegediensten, als dass sich längere und kürzere Einsätze abwechseln. Bei Störungen des geplanten Ablaufs, wie z.B. Stau im Straßenverkehr, unerwartet länger andauernder Pflege oder eventuellen Notfällen, sind Zeitfenster möglich, die einen flexibleren Umgang mit der Situation ermöglichen. Insgesamt haben wir mehr Zeit für ausführlichere Kommunikation und Empathie mit einzelnen Patient*innen. Die Gesamteinsatzzeit kann, natürlich auf der Grundlage entsprechender Einsatzzeitdokumentation und Angabe der Gründe, geändert und angepasst werden, was den Stress deutlich reduziert.

Bei der Solihilfe habe ich als Teilzeitkraft bei durchschnittlich 6 Stunden dauernden Schichten in der Regel deutlich weniger Patient*innen zu versorgen und zu pflegen (meistens nicht mehr als 14 Patient*innen). Bei anderen Pflegediensten ist es üblich, dass es aufgrund der straffen Pflegezeitbemessung für Fachkräfte nicht selten vorkommt, dass in derselben Zeit 20-25 Patient*innen zu versorgen sind, also sehr viele kurze Einsätze mit Behandlungspflege zu leisten sind, was insbesondere bei schwieriger Verkehrssituation sehr anstrengend sein kann. Solche Arbeitsverhältnisse habe ich in meinem Praktikum bei einem ambulanten Pflegedienst im Rahmen meiner Ausbildung kennengelernt. Es gibt ausgedehnte Debatten und wissenschaftliche Literatur zu diesem Faktum.[13]

Die Solihilfe hat zwei Geschäftsführerinnen, die aber keine private Gewinnausschüttung praktizieren. Die Gewinne fließen direkt zurück in den Betrieb - einerseits, um ein finanzielles Notpolster anzulegen, damit auch in schwierigen Zeiten die Gehälter zuverlässig bezahlt werden können, andererseits, um bessere und entspanntere Dienstzeiten und Einsatzpläne, ein hochwertiges Arbeitsequipment, einen guten Fuhrpark und bessere Löhne vor allem für Pflegehelfer*innen und Betreuungskräfte zu ermöglichen. Die Lohndifferenzen zwischen den einzelnen „Qualifizierungsgraden" sind bei der Solihilfe geringer als bei anderen Betrieben. Der Betrieb ist nicht gewachsen, das ist auch nicht das Ziel. Er kann seine Größe beibehalten und ist finanziell stabil.

Regelmäßig finden Fortbildungen für das Personal statt, und die Fachkräfte haben genug Zeit für Pflegeplanung und Pflegevisiten. Es wird darauf geachtet, dass es verlässliche Arbeitszeiten gibt. Bei der Dienstplanung besteht die Möglichkeit, aktiv Wünsche zu äußern, und die Einsatzpläne können immer diskutiert werden. In regelmäßigen Teamsitzungen findet empathischer Austausch auf Augenhöhe statt. Insgesamt besteht eine größere Zufriedenheit und Solidarität im Team. Demzufolge gibt es bei der Solihilfe sehr geringe Krankheitszeiten unter den Kolleg*innen, was auch die angenehme Folge hat, dass man nur selten für kranke Kolleg*innen einspringen muss.

Natürlich untersteht auch ein Pflegedienst wie die Solihilfe den Zwängen des kapitalistischen Konkurrenzsystems, innerhalb derer sie bestehen muss, solange es den Kapitalismus als globales Kapitalverhältnis gibt - und in dem sie, wie oben schon erwähnt, durchgehende Einnahmen und Gewinne erzielen muss, um zu bestehen.

Ich bin dennoch mit großer Freude und Überzeugung Altenpfleger bei der Solihilfe und identifiziere mich mit dem Beruf. Daher bin ich sehr froh, einen guten Arbeitsplatz in der Pflege gefunden zu haben. Die Solihilfe geht definitiv in die richtige Richtung und zeigt, dass Betriebe auf private Gewinnausschüttung schon jetzt verzichten können, um bessere Arbeitsbedingungen zu schaffen. Dass aber letztendlich auch die Gesamtgesellschaft verändert werden muss, werde ich noch weiter verdeutlichen.

Ein weiteres, sehr interessantes Pflegedienstmodell ist das aus Holland stammende, gemeinnützige Konzept des „Buurtzorg",[14] was übersetzt „Nachbarschaftspflege" bedeutet. Es beginnt, sich in kleinen Schritten international auszubreiten. Auch dieses Konzept untersteht natürlich den Bedingungen des kapitalistischen Konkurrenzprinzips und -systems, welches Gewinner*innen und Verlierer*innen produziert.

„Buurtzorg" umfasst mit 14.000 Angestellten mittlerweile 20% des ambulanten Pflegedienstmarktes in den Niederlanden und versucht, das Pflegesystem schon jetzt grundlegend zu verändern. Träger von „Buurtzorg" ist ein gemeinnütziger Verein, der kleine Pflegeteams organisiert, die in den jeweiligen Stadtteilen verankert sind und „Nachbarschaftspflege" gewährleisten.

Diese Teams arbeiten ohne Hierarchie, mit viel Selbstbestimmung in der Organisation und Planung der Pflege. Ähnlich wie bei der Solihilfe wird Bezugspflege praktiziert, das heißt, Pflegekräfte sind Patient*innen zugeordnet, die sie kontinuierlich und regelmäßig besuchen, pflegen und versorgen. Dadurch kann eine persönliche Bindung zu diesen aufgebaut werden. Bei „Buurtzorg" wird den Informationen auf der Homepage zufolge „nach unserer Anwesenheit im Zuhause der Pflegebedürftigen abgerechnet, statt nach undurchsichtigen Leistungsbausteinen. Dafür besprechen wir mit unseren Patient*innen, wie viel Zeit wir miteinander verbringen wollen – und nutzen diese täglich flexibel für genau die Betreuung, die sie in diesem Moment brauchen. Jederzeit offen für Anpassungen."[15]

Gesamtgesellschaftlicher Systemwechsel als Grundlage für ein gemeinsames Bestehen in Pandemie und Krise

Was muss sich an unserem Gesellschaftssystem verändern, damit wir in der Corona-Pandemie bestehen und die damit verbundenen Krisensituationen gemeinschaftlich überwinden können? Wie kann ein anderes und menschlicheres Gesellschaftssystem erkämpft werden?

1. Zunächst muss so schnell wie möglich weltweit die Armut bekämpft und überwunden und ein gutes Gesundheits- und Pflegesystem für alle Menschen etabliert werden. Zu diesem Zweck ist Reichtum entschieden umzuverteilen, beginnend mit einer Vermögensabgabe und hohen Steuern für Reiche. Durch die drastische Abrüstung der Bundeswehr – bis hin zu ihrer Abschaffung – würden Gelder frei, die sofort für die notwendige Pflegeumstrukturierung und die Finanzierung schneller, solidarischer Sofortmaßnahmen verwendet werden könnten.

Ein positives Beispiel ist ein Land wie Kuba, das seit über einem halben Jahrhundert durch eine massive Wirtschaftsblockade beeinträchtigt wird und u.a. auch deshalb nur über bescheidene Möglichkeiten verfügt – es aber dennoch schafft, ein kostenloses und insgesamt gut funktionierendes Gesundheitssystem zu unterhalten.

Kuba hat mit 8 Ärzt*innen/1000 Einwohner die höchste Ärztedichte weltweit (zum Vergleich: in Deutschland gibt es 4 Ärzt*innen/1000 Einwohner),[16] die in Stadtteil-Polikliniken arbeiten. Kuba hat sogar Solidaritätsbrigaden von Ärzt*innen und Pflegekräften in die Welt entsandt, die zum Beispiel in der ersten Pandemiewelle in der schlimmen Situation in Norditalien Hilfe geleistet haben.[17] Dieses Beispiel macht deutlich, dass Solidarität möglich ist, selbst unter schweren Bedingungen.

2. Die europäische Politik versagt momentan bei der Organisation von Impfstoffen. Die Priorisierung, die vorsieht, dass die reichen Industriestaaten die ersten sind, die ihre Bewohner*innen impfen können, ist ungerecht. Menschen, die in Armut leben, sind im Nachteil – mit fatalen Folgen.[18] Würden alle Patente der Coronaimpfstoffe vergesellschaftet, könnten global für alle Menschen die Impfstoffe in größerer Menge produziert werden,[19] und alle hätten einen gleichberechtigten Anspruch auf Impfung. Selbst in einem reichen Land wie Deutschland, welches seinen Reichtum auch durch Ausbeutung armer Länder angehäuft hat, und in dem es trotz Reichtum weniger auch Armut vieler Menschen gibt, werden zum Zeitpunkt des Schreibens dieses Artikels im Winter 2020/2021 zu wenige Menschen in Pflegeheimen geimpft, weil nicht genügend Impfstoff vorhanden ist.

Angesichts der Impfstoffknappheit ist es natürlich richtig, dass zuerst die alten und schwachen Menschen in Pflegeheimen und darüber hinaus das Pflegepersonal geimpft wurden und werden. Ich selbst habe meine Corona-Schutzimpfung bereits erhalten und ohne Beschwerden vertragen. Es war allerdings sehr kompliziert und zeitintensiv, die beiden Impftermine online zu organisieren. Das müsste sich sofort ändern. Das Impfen durch Hausärzt*innen muss intensiviert werden.

3. Um die gerade in der gefährlichen Corona-Pandemie bedrohliche Personalnot so schnell wie möglich zu überwinden, müsste versucht werden, sofort durch eine Verbesserung der Arbeitsbedingungen und angemessene, viel höhere Löhne diejenigen Pflegekräfte zurück zu gewinnen, die ihren Job frustriert und erschöpft aufgegeben haben. Durch die Verkleinerung und Dezentralisierung von Pflegeheimen könnten die einzelnen Bewohner*innen besser und individueller betreut werden. Damit dafür genug Zeit vorhanden ist, müsste sofort viel mehr Personal eingestellt werden. Wir brauchen dringend einen grundlegend verbesserten Personalschlüssel.

4. Darüber hinaus halte ich es für unerlässlich, die Ausbildung sowohl für Pflegehelfer*innen als auch für Pflegefachkräfte zu verbessern und angemessen zu vergüten, damit Pflegeauszubildende schon in der Ausbildung gut von ihrem Gehalt leben können. Dies wäre gerecht – auch angesichts der tatsächlich hohen Systemrelevanz des Pflegeberufs.

5. Es gilt insgesamt, eine größere Zufriedenheit in den Pflegeberufen zu erreichen. Pflegekräfte sollten die Möglichkeit haben, basisdemokratisch ihre Arbeitsbedingungen zu gestalten, und zwar in einem solidarischen Verhältnis zueinander, auf der Basis von Wertschätzung, Selbstbestimmung und sozialer Gleichberechtigung.

6. Solange Lohnarbeit als gesellschaftliches Verhältnis besteht und nicht durch selbstbestimmte Tätigkeit innerhalb einer klassenlosen Gesellschaft ersetzt worden ist, müssten neben der Basisdemokratie in den Betrieben die Lohndifferenzen zwischen den in der Pflege Arbeitenden immer mehr verringert werden, um eine größere soziale Gleichberechtigung auch monetär zu verdeutlichen.

7. Es könnte in den wie bei „Buurtzorg" dezentralisierten, in den jeweiligen Stadtteilen verankerten Pflegeheimen eine Rätestruktur aufgebaut werden: Es gäbe dann zum Beispiel basisdemokratisch organisierte Räte der Bewohner*innen, die ihre Bedürfnisse artikulieren und den

Alltag in den Pflegeheimen mitgestalten – so gut wie möglich, und mit besonderer Unterstützung für demente Bewohner*innen. Die ebenfalls basisdemokratisch organisierten Räte der Pflegekräfte und die Räte der Verwaltungsstruktur könnten ihre Arbeit mit den Räten der Bewohner*innen koordinieren – so gleichberechtigt wie möglich. Dieses Konzept wäre allerdings nur umsetzbar, wenn die Pflegeheime nicht privatkapitalistisch, sondern gesamtgesellschaftlich organisiert wären. Zu diesem Zweck wäre eine dezentrale Vergesellschaftung/Kollektivierung der Eigentumsstruktur der Heime vonnöten, also hin zu dezentralen und selbstverwaltetem Gemeineigentum. Damit wäre ein Schritt zu einer Arbeit von Pflegeheimen getan, die nicht die Maximierung von Profit in Konkurrenz zueinander anstreben, sondern das Wohl aller.

Mein anzustrebendes Ideal wäre eine kooperative und selbstverwaltete Ökonomie, die in dezentralen, gut vernetzten Einheiten organisiert ist, welche nicht gegen-, sondern miteinander arbeiten. Das halte ich für sehr wichtig. Auf diese Weise könnten die Pflege und die Arbeitsbedingungen für alle Beteiligten ihren Bedürfnissen entsprechend zufriedenstellender organisiert werden. Anstelle von Profitmaximierung für Kapitaleigner*innen gäbe es also eine gesamtgesellschaftliche Planung und Kooperation, die nicht zentralistisch von oben verordnet ist, sondern von der Basis ausgeht und, wie schon erwähnt, auf Gemeineigentum, Basisdemokratie und sozialer Gleichberechtigung aller gründen würde.

Um so ein Ziel zu erreichen, wäre unter anderem eine kämpferische Gewerkschaftsbewegung notwendig – nicht nur im Pflege- und Care-Bereich – welche meiner Ansicht nach klar feministisch und antirassistisch organisiert sein sollte.

Eine große Mehrheit der Pflegekräfte sind nach wie vor Frauen*, und viele Menschen mit Migrationshintergrund erfahren Diskriminierungen bei der Jobsuche. Es gibt in Deutschland zum Beispiel die anarcho-syndikalistische Basisgewerkschaft FAU (Freie Arbeiter*innen Union), welche immer mehr Mitglieder organisiert und erfolgreich soziale Kämpfe von unten basisdemokratisch führt. Dabei steht sie in der Tradition des klassischen Anarcho-Syndikalismus, der auch schon in Spanien durch die große anarchistische/anarcho-syndikalistische Basisgewerkschaft CNT (Confederation National del Trabajo) teilweise für eine Zeit lang erfolgreich organisiert wurde.[20]

Ich halte diesen Ansatz für einen geeigneten Weg aus der Krise. Ein interessantes Interview zur aktuellen Arbeit der FAU und zu ihrem letzten Bundeskonkress findet sich unter:

https://www.jungewelt.de/artikel/403490.syndikalismus-wir-haben-keine-hauptamtlichen.html

In dem Interview mit dem Pressekomitee der Basisgewerkschaft ist zu lesen, dass die Mitgliederzahl der FAU wächst, es etliche erfolgreiche Lohnkämpfe gab und gibt, es zur Zeit in fast 30 Städten in der BRD FAU-Syndikate gibt und es weitere, neue Syndikatsgründungen in weiteren Städten geben wird.

Aufgrund der von mir geäußerten Punkte ist also ersichtlich, dass mein Wunsch eine basisdemokratische Altenpflege in einer antiautoritären, herrschaftsfreien und sozialistischen Gesellschaft ist. Dieses wäre in meinen Augen ein richtiger Ansatz, um Menschenwürde und gute Pflege zu ermöglichen.

Ich halte dieses Ziel durch eine gewaltfreie, internationale Graswurzelrevolution für erreichbar.

Aufbruch in die Zukunft

Im Juni 2015 konnte durch den Pflegestreik in der Berliner Charité,[21] an dem sich ca. 500 Mitarbeiter*innen, darunter schließlich auch beruflich gestresste Ärzt*innen beteiligten, erfolgreich eine Verbesserung des Personalschlüssels für Pflegekräfte erkämpft werden. Das Dilemma der dennoch zu leistenden Patientenversorgung, welches viele Pflegekräfte immer wieder davon abhält, langfristig und intensiv zu streiken, wurde dadurch gelöst, dass die bereits in der Klinik aufgenommenen Patient*innen weiterhin gut versorgt wurden, gleichzeitig aber durch den Streik verhindert wurde, dass neue Betten belegt werden konnten. Durch die daraus resultierenden Einnahmeausfälle wurde Druck auf die Klinikleitung ausgeübt, welche schließlich auf die Forderungen des streikenden Pflegepersonals eingehen musste. Dadurch wurde natürlich nicht das Grundproblem in Pflege und Gesamtgesellschaft überwunden, aber es wurde deutlich, dass es eine kämpferische Bewegung des Pflegepersonals geben kann, welche streikt und ökonomischen Druck ausübt, ohne dabei die Versorgung bedürftiger Patient*innen zu vernachlässigen.

Die derzeit bestehenden Gewerkschaften wie zum Beispiel ver.di stellen aber meiner Meinung nach nicht die an sich falsch eingerichtete Struktur der Gesamtgesellschaft in Frage. Sie sind in der Ideologie der „Sozialpartnerschaft", also der Abwendung von Klassenkampf und grundlegender Kapitalismuskritik verhaftet, auch wenn es innerhalb dieser Gewerkschaften immer mehr kämpferische Belegschaften gibt, die über das Bestehende hinaus denken.

In den letzten Jahren sind die kleinen, anarcho-syndikalistischen Basisgewerkschaften wie die FAU gewachsen und zählen viele neue Mitglieder, die auch heutzutage als Teil der internationalen Bewegung des Anarcho-Syndikalismus mit zunehmendem Erfolg Pflegekräfte organisieren, damit diese für ihre Interessen streiten und sich das notwendige, langfristige Ziel setzen, das bestehende System insgesamt zu überwinden.[22]

Ich wünschte, diese Bewegung und die Selbstorganisation von Pflegekräften könnte weiter an Kraft gewinnen und sich mit anderen Basisorganisationen von Lohnarbeitenden vernetzen. Auch die bei der Gewerkschaft ver.di teilweise existierenden kämpferischen Belegschaften und „Gewerkschaftslinke" müssen unterstützt werden; es gilt, Bündnisse mit ihnen einzugehen.

Durch die Organisation eines Generalstreiks aller Lohnarbeitenden mit Hilfe der revolutionären Organisationen könnte der Beginn einer Transformation der Gesamtgesellschaft von unten aus umgesetzt werden – und dadurch der Weg hin zu einer basisdemokratischen und selbstverwalteten Ökonomie in Gang gesetzt werden. Neben der notwendigen Kollektivierung der Eigentumsstruktur könnte dadurch auch eine Neuorganisation des Pflegewesens organisiert werden. Eine solche Transformation ist natürlich nicht an einem Tag zu bewerkstelligen. Sie benötigt einen langen Atem und eine klare, verbindliche Strukturierung sowohl der basisgewerkschaftlichen und emazipatorischen Bewegungen selbst als auch der daraus resultierenden, neugestalteten Gesamtgesellschaft.

In der kämpferischen, gewaltfreien Basisorganisierung von Lohnabhängigen, also auch von Pflegekräften, liegt ein umwälzendes Potenzial; ohne sie gibt es keinen Fortschritt und keine grundsätzlichen Veränderungen. Dass diese aber dringend notwendig sind, und zwar so schnell wie möglich, insbesondere angesichts der Corona-Pandemie, habe ich versucht zu verdeutlichen. Vielleicht kann ich damit einen Beitrag dazu leisten, neue Denkprozesse anzustoßen, Bestehendes in Frage zu stellen und Menschen - besonders Pflegekräfte – dafür zu gewinnen, sich für eine bessere, grundlegend gerechtere Welt zu engagieren und dadurch die Überwindung der momentanen Krise zu erreichen.

Mir ist ein im Eingangsbereich des Hauptgebäudes der Humboldt-Universität in Berlin stehendes Zitat von Karl Marx während meines dortigen Studiums der Geschichte, Politik und Philosophie besonders in Erinnerung geblieben:

„Die Philosophen haben die Welt nur verschieden interpretiert, es kommt darauf an, sie zu verändern".

Es ist Zeit für eine Care Revolution.

Organisieren wir uns, und fangen wir damit an.

Quellen

1   https://www.tagesschau.de/inland/triage-aussage-sachsen-101.html

2   https://de.statista.com/statistik/daten/studie/1102667/umfrage/ erkrankungs-und-todesfaelle-aufgrund-des-coronavirus-in-deutschland/

3   https://de.statista.com/statistik/daten/studie/1104173/umfrage/ todesfaelle-aufgrund-des-coronavirus-in-deutschland-nach-geschlecht/

4   https://www.faz.net/aktuell/gesellschaft/gesundheit/ deutschland-verliert-tausende-pflegekraefte-in-der-corona-pandemie-17234662.html

5   https://www.mein-pflegejob.de/blog/pflege-gehalt/#gehaelte

6   https://www.op-marburg.de/Marburg/Keine-Pfleger-mehr-Hilfeschrei-aus-Marburger-Altenheim

7   siehe „Care Revolution – Schritte in eine solidarische Gesellschaft" von Gabriele Winker (ab S.75)

8   https://www.boell.de/de/2014/03/03/das-deutsche-pflegesystem-ist-im-eu-vergleich-unterdurchschnittlich-finanziert

9   Friedrich Engels, Karl Marx, MEW 19, „Die heutige kapitalistische Produktionsweise hat zur Voraussetzung das Dasein zweier Gesellschaftsklassen; einerseits der Kapitalisten, die sich im Besitz der Produktions- und Lebensmittel befinden, und andererseits der Prole-

tarier, die, von diesem Besitz ausgeschlossen, nur eine einzige Ware zu verkaufen haben: ihre Arbeitskraft; und die diese ihre Arbeitskraft daher verkaufen müssen, um in den Besitz von Lebensmitteln zu gelangen.“

10 https://www.zdf.de/nachrichten/politik/pflege-steinmeier-papst-maas-100.html

11 https://www.bundesgesundheitsministerium.de/pflegebonus.html

12 http://www.solihilfe.de/

13 https://link.springer.com/article/10.1007/s40664-020-00404-8

14 https://reposit.haw-hamburg.de/bitstream/20.500.12738/7787/1/Scharifi_Sara_Jana_BA_2017_01_10.pdf

15 https://www.buurtzorg.com/

16 https://www.indexmundi.com/map/?v=2226&l=de

17 https://amerika21.de/2020/04/239061/kuba-weitere-aerzte-delegation-italien

18 https://www.tagesschau.de/ausland/eu-impfstoff-109.html

19 https://www.zeit.de/wirtschaft/2021-01/coronavirus-impfstoff-produktion-astrazeneca-eu-kommission-lizenzmodell

20 http://www.edition-av.de/buecher/cnt.htm „Die CNT als Vortrupp des internationalen Anarcho-Syndikalismus“ - Die Spanische Revolution 1936 - Nachbetrachtungen und Biographien“

21 https://www.aerzteblatt.de/nachrichten/63220/Pflegepersonal-streikt-an-der-Berliner-Charite

22 https://berlin.fau.org/strukturen/gesundheit-und-soziales

Zum Vertiefen

- Das Netzwerk „Care Revolution“: https://care-revolution.org/

- Poliklinik-Syndikat (Netzwerk solidarischer Gesundheitszentren): https://www.poliklinik-syndikat.org/

- Beispiel für anarcho-syndikalistische Basisorganisierung in der Pflege: https://berlin.fau.org/strukturen/gesundheit-und-soziales

- die gewaltfrei-anarchistische Zeitung und der Verlag „Graswurzelrevolution“: http://www.graswurzel.net

- die Arte-Dokumentation „Vivir la Utopia“ über den spanischen

Anarcho-Syndikalismus und die soziale Revolution 1936 in Spanien (vor allem in Katalonien) - zu finden unter:
https://www.youtube.com/watch?v=0uNSjlCkxwA

Eine ausführlichere Version des Aufsatzes erscheint 2022 hier:
https://www.reso.media/gedrucktes/

weltbrand

rauch über meinem tisch
aus moria
familie weg
zelt weg
frau rennt
welt brennt

ruß an meinem himmel
aus kalifornien
sonne verhangen
menschen bangen
präsident pennt
wald brennt

rauch an meinem weg
aus einem mülleimer
gummi stinkt
flamme winkt
schlund zerfetzt
tief verletzt
welt im eimer

nebel über meinem morgen
nun ins wasser mit den sorgen
zug um zug
nie genug
und es zischt
brand erlischt
welt erfrischt
neuer tag
will
kommen

gundula buitkamp-nagel

Josef Berghold

Globale Solidarität als nicht mehr aufschiebbare Überlebensnotwendigkeit: Die Klimakrise im Brennpunkt

Unter allen Arten von Krisen, die das menschliche Leben heimsuchen können, müssen offensichtlich jene die größten Ängste auslösen, die das Fortbestehen des menschlichen Lebens selbst in Gefahr bringen. Jene Krisen also, die jedenfalls aus menschlicher Sicht auf einen drohenden Weltuntergang hinauslaufen: sei es auf ein Aussterben unserer Spezies oder auf einen Zusammenbruch unserer Zivilisation, den allenfalls sehr wenige Menschen überleben würden – und auch das nur unter extrem belastenden und elenden Bedingungen. Zwar war die Vorstellungswelt vieler Menschen und Kulturen schon seit Jahrtausenden von Befürchtungen oder Erwartungen eines Weltuntergangs beherrscht. Während diese aber vollkommen realitätsfremd waren, so brachte das 20. Jahrhundert eine radikale Wende: Nicht mehr aufgrund esoterischer Prophezeiungen oder wegen einer Rache zorniger Götter, sondern aus den praktischen Auswirkungen menschlichen Handelns ergibt sich nunmehr die sehr konkrete Gefahr der Zerstörung unserer globalen Existenz. Wie viele andere, die sich darüber keinen Illusionen hingeben wollten, brachte dies zum Beispiel auch Sigmund Freud im letzten Absatz seiner bedeutendsten kulturtheoretischen Schrift zum Ausdruck: „Die Menschen haben es jetzt in der Beherrschung der Naturkräfte so weit gebracht, dass sie es mit deren Hilfe leicht haben, einander bis auf den letzten Mann auszurotten. Sie wissen das, daher ein gut Stück ihrer gegenwärtigen Unruhe, ihres Unglücks, ihrer Angststimmung" (Freud, 1930/1999, S. 506).

Zu einem Untergang unserer Welt kann es aber natürlich auch über etliche andere Wege kommen als durch die Entwicklung technischer Möglichkeiten, sich wechselseitig auszurotten (also in erster Linie von Massenvernichtungswaffen). Ähnlich bedrohlich sind vor allem auch zahlreiche Entwicklungen, die unsere ökologischen Lebensgrundlagen zunehmend zerstören, daneben aber auch viele Risiken katastrophaler Unfälle oder Entgleisungen bei naturwissenschaftlichen Experimenten und Anwendungen – besonders auf Gebieten wie der Genetik, der künstlichen Intelligenz, der Atomforschung oder der Nanotechnologie. Der führende Astrophysiker Martin Rees lieferte in seinem 2003 erschienenen Buch „Unsere letzte Stunde" einen detailreichen Überblick über das weite Spektrum all dieser Gefahren, der ihn zur Schlussfolgerung veranlasste: „Die Chance, dass unsere gegenwärtige Zivilisation auf der Erde das Ende des gegenwärtigen Jahrhunderts noch erlebt, ist, glaube ich, nicht höher als fünfzig zu fünfzig" (Rees, 2003, S. 16). Trotz seines hohen Ansehens in der globalen wissenschaftlichen Community hatte er beträchtliche Schwierigkeiten, einen Verlag für sein Buch zu finden, das der Öffentlichkeit so beängstigende Aussichten in so sachkundiger Weise vorstellte (Overbye, 2003).

Unter dem Blickwinkel des von Rees breit aufgefächerten Spektrums könnte nun die mit zunehmender Wucht über die Erde hereinbrechende Klimaerhitzung als „bloß noch eine" unter einer längeren Reihe von Krisen erscheinen, die das Überleben unserer Zivilisation bedrohen. Und sogar innerhalb des eingegrenzteren Spektrums der Gefährdungen unserer ökologischen Lebensgrundlagen wird die Klimakrise zumindest aktuell oft noch als relativ weniger schwerwiegend eingestuft als einige andere Krisen (die allerdings auch in enger Wechselwirkung mit ihr stehen). Besonders augenfällig wird dies im Rahmen der seit 2009 verfolgten Bemühungen zur systematischen Berechnung der „planetaren Grenzen", das heißt der Grenzen der ökologischen Belastbarkeit der Erde, um für die Menschheit noch bewohnbar zu bleiben (Rockström et al., 2009). Unter den neun dabei untersuchten Belastungen werden zwei für das Überleben unserer Zivilisation als noch deutlich gefährlicher eingeschätzt: der durch das rasant beschleunigte Artensterben verursachte Verlust an biologischer Vielfalt und die exzessive Ausbringung von Phosphor und Stickstoff in Landwirtschaft und Industrie. Auch zwei weitere Belastungen werden zumindest in einzelnen Studien (Steffen et al., 2015; Meier, 2017) noch knapp vor der Klimakrise gereiht: die vor allem durch massive Entwaldung und industrialisierte Landwirtschaft bedingten Landnutzungsänderungen und die zunehmende Luftverschmutzung.

Andererseits weist die Klimakrise aber eine Besonderheit auf, die sie mit hoher Wahrscheinlichkeit doch wesentlich akuter und bedrohlicher macht als alle (oder fast alle) anderen Gefahren: Wir stehen heute kurz vor – zum Teil vielleicht aber auch schon kurz nach – der Erreichung so genannter „Kipp-Punkte" in der neueren Klimaentwicklung (Lenton et al., 2019). In erster Linie geht es dabei um Ereignisse wie ein Abschmelzen des arktischen Eismeeres oder des grönländischen und antarktischen Eispanzers, ein Auftauen der gefrorenen Erdschichten Sibiriens und Nordamerikas, ein Versiegen des Wasserkreislaufs des Amazonas-Regenwaldes oder ein Absterben der tropischen Korallenriffe. Sobald diese Kipp-Punkte überschritten werden, werden sich selbst immer mehr verschlimmernde Rückkoppelungs-Kreisläufe und Domino-Effekte losgetreten, gegen die dann selbst mit dem besten Willen der Welt nicht mehr gegengesteuert werden könnte. Jede noch so radikale Neubesinnung und jede noch so konsequente politische, wirtschaftliche oder kulturelle Umkehr käme dann weitestgehend zu spät.

Diese Besonderheit unterscheidet die Klimakrise nicht zuletzt von jener anderen Bedrohung für das Überleben unserer Zivilisation, die im Bewusstsein der Weltöffentlichkeit einen ähnlich sichtbaren Platz einnimmt: der Gefahr eines mit Atomwaffen geführten Krieges. Wie dies zum Beispiel der führende Friedensaktivist Jonathan Schell zum Ausdruck brachte: Im Unterschied zur Entgleisung des globalen Klimas hat bei der Atomkriegsgefahr „der Übergang von der Warnung zur prak-tischen Erfahrung – höchst erfreulicher Weise – nicht stattgefunden. Seit der Zerstörung von Nagasaki am 9. August 1945 ist keine Atomwaffe mehr im Zorn explodiert" (Schell, 2007, S. 8). So unerträglich groß auch die Schäden für Gesundheit und Natur sind, die allein schon durch die Atomwaffen-Herstellung und -Testung verursacht wurden und werden, so bedrohen sie aber zumindest nicht das glatte Überleben unserer Welt – solange die Atomwaffen jedenfalls nicht zum kriegerischen Einsatz kommen. Das Risiko eines Atomkriegs ist allerdings seit 1945 bis heute durchweg wesentlich größer gewesen als sich die meisten Menschen bewusst eingestehen wollen. Neben unzähligen anderen hat dies Daniel Ellsberg, einer der verdienstvollsten Whistleblower unseres Zeitalters aus dem Inneren der US-Militärmaschinerie, erst vor wenigen Jahren wieder eindrucksvoll bestätigt (Ellsberg, 2017).

So deutlich wie kein anderes Ereignis markierte jedenfalls der erste Abwurf einer Atombombe am 6. August 1945 über Hiroshima die schockartige Bewusstwerdung, dass menschliches Handeln nunmehr die nackte Existenz unserer menschlichen Gesellschaft bedrohen kann.

Besonders bezeichnend dafür war auch der Umstand, dass der Tenor der öffentlichen Reaktionen sogar in den Vereinigten Staaten weniger von militärischem Triumph als von Schreckensvisionen geprägt war, dass das Schicksal Hiroshimas schon bald auch eine beliebige amerikanische Stadt treffen konnte – und grundlegender von der in etlichen Zeitungskommentaren zur Sprache kommenden Aussicht, dass die Wissenschaft „das Todesurteil über die Säugetierwelt ausgestellt und eine zerstörte Erde den Ameisen übertragen" haben könnte, da wir Menschen uns in die Lage gebracht hatten, „uns und vielleicht sogar den Planeten in die Luft zu sprengen" (zitiert nach Lifton u. Markusen, 1990, S. 63). Diese Aussicht war freilich vielen, die die Entwicklungen unserer Welt mit wachem Auge verfolgten, auch schon lange vorher klar gewesen. Allein schon die Entdeckung der Radioaktivität an der Wende zum 20. Jahrhundert lieferte einen unverkennbaren Hinweis: Die damit einhergehende Erkenntnis, dass in Materie riesige Mengen von Energie gebunden sind – und vor allem auch freigesetzt werden könnten –, führte in einer militaristisch geprägten Welt in sehr kurzer Frist zur Idee der Atombombe (das Wort wurde erstmals schon 1914 in einem Science-fiction-Roman verwendet) – und die Idee wiederum mit übermächtiger Sogwirkung zu ihrer sehr baldigen Umsetzung (Schell, 2007, S. 20 ff.).

Grundlegend machte die Existenz der Atombombe jedenfalls einen leicht erkennbaren Zusammenhang offenkundig, der unsere Zivilisation spätestens seit der Mitte des 20. Jahrhunderts überschattet: Die technischen und wissenschaftlichen Fortschritte haben einen Stand erreicht, auf dem eine Fortsetzung jeglicher auf Herrschaft und Ausbeutung beruhenden Verhältnisse oder Gesinnungen zu einer direkten Bedrohung unseres globalen Überlebens führen muss. Im Kern laufen Herrschaft und Ausbeutung auf das Prinzip hinaus, eigene (tatsächliche oder auch nur eingebildete) Interessen systematisch zum Schaden anderer durchzusetzen; was unausweichlich mit einem breiten Arsenal an Mitteln und Methoden von Gewalt, Zwang, Terror, Einschüchterung, Übertrumpfung, Übervorteilung, Täuschung und dergleichen mehr einhergeht. Dies hat natürlich schon seit Jahrtausenden unübersehbar viel Leid und Zerstörung über Menschen und andere Lebewesen gebracht. Das Ausmaß an technischer Perfektion und Zerstörungsmacht, das solche Mittel und Methoden aber nunmehr erreicht haben, läuft auf ein Todesurteil hinaus, das über unserer ganzen menschlichen Gesellschaft (und ebenso auch über weiten Bereichen der Biosphäre unserer Erde) schwebt und dessen Vollstreckung jederzeit eintreten kann – ob nun mit einem plötzlichen Knall oder mit sich noch einige Zeit dahinziehenden Todesqualen.

Bezeichnenderweise wäre es in diesem Fall sogar für die mächtigsten und reichsten Teile der Weltgesellschaft ein aussichtsloses Unterfangen, mit selbst noch so aufwändigen technischen Mitteln zu versuchen, wenigstens ihre eigene Haut zu retten. Wie der Psychohistoriker Robert J. Lifton und der Soziologe Eric Markusen dazu treffend anmerkten, wäre das so, als ob „eine privilegierte Gruppe auf der Titanic die Rettungsboote für sich reserviert hätte, nur um danach in einem völlig vergifteten und lebenszerstörenden Meer dahinzutreiben" (Lifton u. Markusen, 1990, S. 244). Das hindert freilich viele unter diesen Privilegierten nicht, sich dennoch an die Illusion solcher Rettungsboote zu klammern. Der Zukunftsforscher Douglas Rushkoff berichtet von einer 2017 veranstalteten geheimen Zusammenkunft von Milliardären, die von der sicheren Erwartung eines globalen Zusammenbruchs ausgehen – ob nun aufgrund von Klimakatastrophen, Atomexplosionen, Pandemien oder der Erschöpfung natürlicher Ressourcen. Worauf sie mit Überlegungen und Plänen reagieren, sich unbarmherzig vom Rest der Menschheit abzukoppeln – sei es in mit bewaffneter Gewalt geschützten Bunkersystemen oder in einer Kolonie auf dem Planeten Mars (Rushkoff, 2018; Wallace-Wells, 2019, S. 286 f.; Weintrobe, 2021, S. 253 f.). Keinen Bedarf an der Geheimhaltung solcher Absichten sehen andererseits so prominente Mitglieder der globalen Oberschicht wie der PayPal-Milliardär Peter Thiel, der sich einer Initiative anschloss, auf den Ozeanen schwimmende Kleinstaaten für Super-Reiche zu schaffen, die sich vollkommen selbst versorgen würden (Klein, 2017, S. 178).

Gemeinwohl als existenzielle Grundlage jedes wohlverstandenen Eigennutzes

Natürlich besteht die einzige Chance, das über unserer Welt schwebende Todesurteil hoffentlich doch noch abzuwenden, im exakten Gegenteil einer so radikalen Verleugnung unserer globalen Schicksalsgemeinschaft. Sie liegt in der konsequenten Anerkennung der Tatsache, dass wir uns in einer immer dichter zusammengewachsenen Welt letzten Endes alle im selben Boot befinden, das wir entweder gemeinsam seetüchtig erhalten oder in dem wir sonst gemeinsam untergehen würden. Der Redakteur des Nachrichtenmagazins „New York" David Wallace-Wells, dessen Klima-Reportagen Millionen von Menschen aufgerüttelt haben, bringt diese Tatsache im Zusammenhang der Klimakrise besonders sinnfällig zum Ausdruck: „Wenn man sich eine Gefahr ausdenken müsste, die riesig genug und global genug wäre, um einen überzeugenden Anstoß zu einer echten internationalen Zusammenarbeit zu liefern – der Klimawandel wäre dies: die Gefahr, die überall, überwältigend und total ist" (Wallace-Wells, 2019, S. 25).

Ein überzeugender Anstoß zu einem solchen weltweiten „Am-glei-chen-Strang-Ziehen" kann sich natürlich nicht nur auf eine Ebene beschränken, auf der Regierungen internationale Abkommen aushandeln. Er muss viel tiefer in die großen und kleinen Geflechte und Verzweigungen des gesellschaftlichen Lebens hineinwirken. Wie schon angeklungen ist, muss er vor allem zu einer grundlegenden Abkehr von auf Herrschaft und Ausbeutung beruhenden Verhältnissen (und Verhaltensweisen) führen – und damit zu einer ebenso entschiedenen Hinwendung zu Formen des Zusammenlebens, die auf Solidarität und Gemeinwohl ausgerichtet sind – sowohl innerhalb der menschlichen Gesellschaft als auch gegenüber allem Leben, das uns umgibt und in das wir eingebettet sind. Sowohl in den äußeren Strukturen, Anreizen oder Regeln, mit denen unser gesellschaftliches Leben organisiert wird, als auch im „subjektiven Innenraum" unserer persönlichen Beweggründe muss sich das Prinzip durchsetzen: Wir alle dürfen und wollen die vorhandenen Mittel und Methoden zur Durchsetzung von Interessen zum Schaden anderer nicht mehr einsetzen.

Diese nackte und glasklare Überlebensnotwendigkeit müsste sich natürlich auch in gerader Linie mit dem „nahe angrenzenden" Prinzip verbinden, die eigenen Interessen nicht nur nicht zum Schaden, sondern auch zum Nutzen der Mitmenschen und Mit-Lebewesen zu verfolgen. Welche unschätzbaren Dienste dieses Prinzip dem menschlichen Wohlergehen auch schon lange vor unserem Zeitalter hätte leisten können, müsste sich schon bei sehr beschränktem Wissen und mäßiger Bereitschaft zu ernsthaftem Nachdenken mit großer Leichtigkeit erschließen. Es bedarf nur weniger gedanklicher Schritte, um sich grundsätzlich vor

Augen zu halten, wie sehr jede Gesellschaftsordnung, die dem Prinzip der Verfolgung eigener Interessen zum Schaden anderer dient, zu einem ausufernden Verlust an produktiven Energien, Mitteln und Möglichkeiten führen muss. Statt möglichst vielen zugute zu kommen, werden sie auf die vielfältigsten nur denkbaren Weisen verschwendet: zunächst schon für die Erzeugung von Waffen aller (nicht nur militärischer) Art – im grundlegenden Sinn aller Mittel und Methoden, mit denen Menschen versuchen, ihren vermeintlichen Erfolg zum Schaden anderer durchzusetzen; darüber hinaus zur eigenen Verteidigung gegen die Waffen (aller Art) anderer; dann erst durch die beim Einsatz der Waffen (aller Art) angerichteten Zerstörungen und Lahmlegungen produktiver Potenziale; ebenso durch die Vereitelung der enormen kreativen Chancen und Effizienzsteigerungen, die durch solidarisches Zusammenarbeiten freigelegt würden; oder durch die weitläufig lähmenden Auswirkungen der unzähligen körperlichen und seelischen Verletzungen und Kränkungen (Krank-Machungen), zu denen es unter dem Vorzeichen der Interessensverfolgung zum Schaden anderer unweigerlich kommen muss (vgl. Berghold, 2007, S. 62 ff.).

Der grundsätzliche – und in unserem Zeitalter eben auch überlebensnotwendig gewordene – Ausweg aus dieser Tragödie liegt klar auf der Hand: Diese ausufernden Verschwendungen müssen so weit wie möglich vermieden und die dadurch bewahrten oder gewonnenen Ressourcen zum gemeinsamen Nutzen aller umgewidmet werden. Der Ausblick auf überaus reichliche Mittel, über die unsere Gesellschaft so verfügen könnte, unterstreicht besonders nachdrücklich, wie ungleich wirksamer wir unseren eigenen Interessen dienen, wenn wir sie auch zum Vorteil unserer Mitmenschen und der uns umgebenden lebenden Mitwelt verfolgen. Zu diesem Schluss müsste sogar jeder Mensch leicht gelangen, von dem man (rein hypothetisch) annehmen würde, dass ihm das Wohl und Wehe seiner Mitmenschen und Mit-Lebewesen gefühlsmäßig völlig egal wäre. Allein schon aus kühler Berechnung seines egoistischen Vorteils müsste er sich auch für das Wohl der anderen einsetzen. Was also herkömmlicherweise meist als „egoistisch" verstanden wird – im Sinne einer Ellenbogen-Mentalität der Missachtung der Interessen und Rechte anderer –, kann somit keineswegs egoistisch sein, wenn man darunter versteht: dem wohlverstandenen Eigennutz dienend. Die entsprechend an

Ausbeutung, Wettbewerb und Übertrumpfen orientierten Einstellungen müssen vielmehr von intensiven unbewussten Blockaden herrühren, die ein Erkennen des wirklichen Eigennutzes gerade hartnäckig behindern.

Wie überaus mächtig und zwanghaft diese Blockaden sein müssen, kann einerseits ja bereits aus der geringen gedanklichen Anstrengung geschlossen werden, die grundsätzlich für dieses Erkennen erforderlich wäre (woran auch grundsätzlich erkennbar wird, dass es sich dabei nicht um ein Problem geringer Bildung oder Intelligenz handelt). Wenn ein plausibler und hoffnungsträchtiger Ausweg aus einer schwer belastenden und beängstigenden Krisensituation nicht einmal als Gedankenspiel in Betracht kommt, obwohl er sich schon einem relativ flüchtigen Innehalten erschließen würde – dann müssen die inneren Barrieren, die ein in diese Richtung gehendes Nachdenken und Phantasieren blockieren, offensichtlich sehr massiv sein. Andererseits könnten diese inneren Blockaden aber auch kaum so verhärtet sein, wenn sie nicht zusätzlich durch Blockaden aus der Außenwelt abgestützt würden, die mächtig in unseren gesellschaftlichen Strukturen, Vorbildern und Gewohnheiten verwurzelt sind. Und in der Tat: Sobald man erst einmal den Blick darauf richtet, wird schnell deutlich, wie flächendeckend und weitgehend „selbstverständlich" unser gesellschaftliches Leben von Normen, Regeln, Wertvorstellungen, Handlungen, Erwartungen usw. bestimmt wird, die dem pseudo-egoistischen Wettbewerbsprinzip folgen, eigene Erfolge zum Schaden anderer anzustreben. Wie wenig sogar die Erkenntnis, dass dies unsere Zivilisation in die Richtung eines sicheren Untergangs treibt, bisher dagegen ausrichten konnte, unterstreicht die enorme Beharrungsmacht dieses Prinzips nur umso nachdrücklicher.

Ein Panorama der Zerstörung in unserer von Wettbewerb besessenen Kultur

Einen besonders schlüssigen Einblick in dessen tiefere Logik und Wirkung eröffnet der Bildungswissenschaftler Alfie Kohn in einer breit angelegten Kritik unserer von Wettbewerbsdenken beherrschten Kultur. Er definiert Wettbewerb als „sich gegenseitig ausschließende Zielverwirklichung", was alltagsverständlicher auch mit der Formel zum Ausdruck gebracht werden kann: „Mein Erfolg macht dein Versagen erforderlich" (Kohn, 1989, S. 4 f.). Kohn durchleuchtet vier zentrale Mythen, mit denen das Konkurrenzprinzip meist gerechtfertigt wird – und deren dominierender Einfluss nicht zuletzt auch mit der Dürftigkeit der Argumente zusammenhängen dürfte, die zu ihren Gunsten ins Treffen geführt werden: Die praktische Demonstration, sich gerade auch mit besonders fadenscheinigen Rechtfertigungen auf breiter Front durchsetzen zu können, ist für eine auf ideologischer Anmaßung und Einschüchterung beruhende Vormachtstellung weitaus wirksamer als jede Anziehungskraft, die von sorgfältig begründeten Argumenten ausgehen kann.

- Im Gegensatz zum Mythos, dass die „menschliche Natur" einen allseitigen Wettbewerb unvermeidlich mache, hingen die Überlebenschancen unserer Spezies im Laufe ihrer Evolution in besonders hohem Maße von wechselseitiger Hilfe ab – die übrigens auch allgemeiner im natürlichen Verhältnis zwischen den lebenden Arten meist Vorrang vor Konkurrenz hat (Kohn, 1989, S. 21 ff.).

- Im Gegensatz zum Mythos, dass Wettbewerb eine unverzichtbare Voraussetzung sei, um Menschen zu Erfolg und Leistung – und erst recht zu Spitzenleistungen – anzuspornen, wirkt er sich durchweg zersetzend auf die produktiven Chancen des Zusammenarbeitens und vor allem auch auf jede „intrinsische" („von innen kommende") Leistungsmotivation aus – die aus echtem inhaltlichen Interesse an einer Aufgabe erwächst und für jede qualitativ überzeugende Leistung entscheidend ist (S. 59 ff.).

- Im Gegensatz zum Mythos, dass sportliche, spielerische oder Freizeitaktivitäten lediglich erst im Rahmen von Wettbewerben ein lohnenswertes Vergnügen bereiten könnten, ruiniert gerade der Anspruch, gegen andere gewinnen zu sollen, die Freude am spontanen Fließen jeder um ihrer selbst willen gewählten Tätigkeit (S. 97 ff.).

- Im Gegensatz zum Mythos, dass der Ansporn des Wettbewerbs Charakterstärke und Selbstvertrauen fördere, wurzelt die psychische Abhängigkeit vom Triumphieren über andere – und die nagende Angst vor diesbezüglichem Versagen – in radikaler Selbstunsicherheit, sozialer Hilflosigkeit und ausgeprägter persönlicher Unreife; ein tiefes seelisches Elend, das sich durch die Unausweichlichkeit von Niederlagen ebenso immer mehr verschlimmern muss wie durch die enttäuschende Erfahrung, dass auch Siege dagegen keine Abhilfe bringen (S. 123 ff.).

Allerdings dürfte jede noch so stichhaltige Kritik an den großen Wettbe-
werbs-Mythen deren „realpolitische" Vorherrschaft im gesellschaftlichen
Alltagsräderwerk meist kaum ankratzen können. Da diese Mythen eine
tragende Rolle für in langen Zeiträumen gewachsene Machtstrukturen
spielen, bleiben sie allein schon durch ihre gewohnheitsmäßige praktische
Durchsetzungsmacht für gewöhnlich vom Risiko abgeschirmt, „von des
Gedankens Blässe" kritischer Einwände ernsthaft angekränkelt zu
werden. Vor diesem Hintergrund wird auch verständlicher, warum das
Prinzip „Mein Erfolg macht dein Versagen erforderlich" in nahezu allen
Sphären des gesellschaftlichen Lebens in unzähligen Gebräuchen, Arran-
gements, Institutionen, Inszenierungen usw. nachdrücklich zum Tragen
kommt – und dabei auch meist von einer Aura selbstverständlichster
Normalität umgeben ist, die irgendein kritisches Bedenken seiner grundlegend zerstörerischen Wirkung als weltfremde Marotte erscheinen lassen
kann. So läuft das eben nun mal auf der Welt. War ja schon immer so.
Machen doch alle. Hat auch noch keinem geschadet.

Das Panorama der Zerstörung, das sich in dem Maße auftut, als sich
die Nebelschwaden dieser Aura der Selbstverständlichkeit erst einmal
lichten, ist freilich überwältigend in seiner riesigen Ausdehnung und tragi-
schen Absurdität. Im Bildungswesen wie in der Arbeitswelt liefert die
einschlägige Forschung schon seit sehr langer Zeit jede nur wünschbare
Klarheit über die extrem beziehungs- und leistungsfeindliche Wirkung
des Wettbewerbs um höhere Positionen in den verschiedensten Rangord-
nungen – sei es auf der Grundlage von zu vergebenden Punkten, Schul-
noten, Auszeichnungen, Titeln, Statussymbolen oder von unterschiedlichen Gehältern, Boni und dergleichen mehr (Kohn, 1989, S. 54 ff.; Kohn,
1999, S. 42 ff.; Pink, 2011, S. 40 ff.).

Keine einschlägige Forschung, sondern bloß ein mäßig unbefangener
Blick ist demgegenüber nötig, um die zerstörerischen Wirkungen eines
riesigen Spektrums an öffentlichen Unterhaltungs-Inszenierungen in
aller Schärfe zu erkennen, deren unverhohlener Zweck darin besteht, die
Beteiligten in Siegende und Besiegte aufzuspalten – das heißt, sie ohne
auch nur eine Spur von sachlicher Rechtfertigung in einen unüberbrück-
baren Interessensgegensatz zueinander zu bringen: ob im so genannten
Leistungssport, in Quiz-Veranstaltungen oder auch in Fernseh-Shows
mit Ausscheidungswettkämpfen aller Art. Schon in der Spielanordnung

wird unmissverständlich festgelegt, dass die Niederlage einiger eine zwingende Voraussetzung für den Erfolg anderer ist – dass also schon von vornherein ausgeschlossen wird, dass sich am Ende alle gemeinsam am Ergebnis erfreuen könnten. In vielen konkreten Fällen muss diese Spielanordnung zwar durchaus nicht in voller unerbittlicher Konsequenz zum Tragen kommen; je weniger subjektive oder praktische (zum Beispiel wirtschaftliche oder berufliche) Wichtigkeit das Siegen oder Verlieren für die Beteiligten hat, desto relativ weichere Konturen kann der in ihr angelegte Interessensgegensatz annehmen und sich auch ein Spielraum für freundlichere Begegnungen auftun. Aber auch in ihren milderen Formen tragen diese Inszenierungen ebenso unauffällig wie wirksam zur Bestätigung des den meisten selbstverständlich erscheinenden Leitbildes der „sich gegenseitig ausschließenden Zielverwirklichung" bei.

Mit Händen zu greifen ist bei diesen Inszenierungen insbesondere auch, dass die für einen Erfolg erforderlichen Bemühungen nichts beinhalten, das in irgendeiner Weise als sinnvolle Leistung verstanden werden könnte – in dem Sinne, dass sie etwas nachvollziehbar Nützliches zur Erfüllung menschlicher Bedürfnisse oder Notwendigkeiten beitragen könnten. Eine Strecke in einem Wettlauf um wenige Sekunden schneller zurückzulegen als andere, leistet in diesem Sinne ebensowenig – nämlich nichts – wie zum Beispiel der Beweis, in einem im Fernsehen übertragenen „Dschungelcamp" verschiedene „Prüfungen" zu bestehen, das heißt willkürlich auferlegte Qualen und Belastungen aushalten zu können; während beides aber auch zu gesundheitlichen Schäden führen kann.

Im Unterschied zum relativ beschränkten Kreis von Personen, die (jedenfalls direkt) an solchen öffentlichen Wettbewerbs-Inszenierungen mitwirken können, beteiligt sich ein sehr großer Teil unserer Gesellschaft an der ähnlich variantenreichen Institution der Glücksspiele – die ebenso unverkennbar darauf angelegt sind, die Beteiligten in Siegende und Verlierende aufzuspalten, und bei denen auch ebenso offensichtlich ist, dass für einen Erfolg keine in irgendeiner Weise als sinnvoll begreifbare Leistung erforderlich ist oder auch nur möglich wäre. Dementsprechend handelt es sich ebenso auch um eine radikal unproduktive Art von Aktivität, die nicht das Geringste zur Vermehrung des Wohlstands einer Gesellschaft beiträgt, sondern lediglich eine Umverteilung von bereits geschaffenem Wohlstand bewirkt (zu einem erheblichen Teil auch zu

Gunsten derjenigen, die sie veranstalten). Jeder in diesem Rahmen erzielte Erfolg kann also nur auf einem Verlust für andere beruhen.

Ähnlich wie bei den öffentlichen Wettbewerbs-Inszenierungen gibt es auch bei Glücksspielen viele konkrete Beispiele, bei denen die Aufspaltung in Siegende und Verlierende nur sehr milde Formen annimmt. Ein ohnehin mit hoher Wahrscheinlichkeit zu erwartender Verlust kleiner Geldbeträge bei der gelegentlichen Teilnahme an Lottospielen ist für die davon Betroffenen fast immer belanglos – im Gegensatz zur massiven und oft blitzartigen Umverteilung von Geldern zwischen sich direkt begegnenden Personen, zu der es zum Beispiel in Casinos oder bei Pokerspielen kommt. Aber selbst in ihren mildesten Formen stimmen alle, die sich auf Glücksspiele einlassen, der unverkennbaren Spielanordnung zu, derzufolge der erhoffte eigene Erfolg auf einem Nachteil für andere Beteiligte beruhen muss. Aus dem subjektiven Blickwinkel der einzelnen teilnehmenden Person muss damit selbstverständlich keinerlei feindselige Neigung gegenüber anderen Beteiligten verbunden sein (grundsätzlich ist ja auch denkbar, dass sie zum Beispiel auf einen Lottogewinn hofft, um damit sozial verdienstvolle Anliegen zu unterstützen). Ganz abgesehen von den subjektiven Beweggründen der Teilnehmenden sind Glücksspiele aber ihrem Wesen nach ein integraler Teil unserer vom Wettbewerbsprinzip beherrschten Kultur, deren innere Logik ein feindliches Aufeinanderstoßen von Interessen systematisch begünstigt.

Eine schon ein Vierteljahrhundert zurückliegende sozialwissenschaftliche Untersuchung wirft ein besonders intensives Schlaglicht auf die tief bis in viele der kleinsten Nischen und Verzweigungen des gesellschaftlichen Lebens hineinreichende Feindschaft und Feindseligkeit, die sich anhand des eben grob umrissenen Panoramas der Zerstörung abzeichnet. Vielleicht liegt es gerade auch am schmerzhaft geschärften Einblick, den sie ermöglicht, dass ihr zwar eine gewisse akademische, aber kaum breitere öffentliche Aufmerksamkeit zuteil wurde. 257 Studierende und Angehörige der Harvard School of Public Health wurden dabei befragt, ob sie es vorziehen würden, entweder ein geringeres Einkommen in einer Gesellschaft zu haben, in der der Durchschnitt der anderen Menschen nur die Hälfte davon erhielte – oder ein doppelt so hohes Einkommen in einer Gesellschaft, in der der Durchschnitt der anderen aber das Doppelte des eigenen Einkommens erzielen würde. Die Hälfte der

Befragten bekannte sich unverhohlen zur Haltung, lieber auf die Hälfte eines möglichen Einkommens zu verzichten, wenn ihnen dafür der absurde „Gewinn" zuteil würde, von einer großen Mehrheit noch viel ärmerer Menschen umgeben zu sein – gegen die sie ihre bevorzugte Stellung dann also selbstgefällig und engherzig zur Geltung bringen könnten. Ein sogar noch höherer Anteil der Befragten gab an, ein weniger attraktives Aussehen, einen niedrigeren Intelligenzquotienten oder eine geringere Anerkennung durch Vorgesetzte unter der Voraussetzung vorzuziehen, dass die große Mehrheit der anderen ein noch unattraktiveres Aussehen oder einen noch niedrigeren Intelligenzquotienten hätte und noch weniger Anerkennung durch Vorgesetzte erhielte als sie selbst (Solnick u. Hemenway, 1998; Wilkinson u. Pickett, 2010, S. 229).

Da ein so offenes Bekennen derartiger Haltungen deutlich gegen Konventionen zivilisierter Höflichkeit wie auch gegen Ansprüche eines moralisch relativ akzeptablen Selbstbildes verstößt, steht sehr zu befürchten, dass sie tatsächlich – besonders auch unterschwellig – noch wesentlich verbreiteter sind als einer solchen Fragebogen-Statistik entnommen werden kann. Jedenfalls liefert diese Untersuchung besonders konkrete und anschauliche Beispiele, wie radikal beschädigend pseudo-egoistisches Wettbewerbsdenken zum Nachteil anderer sich auch auf jeden wohlverstandenen Eigennutzen auswirkt – in diesem Fall sogar schon innerhalb eines engen Horizonts alltagsnaher persönlicher Interessen.

Ein groteskes Knäuel von Widerständen gegen die Rettung unserer klimatischen Lebensgrundlagen

Unter dem weiteren Horizont der existenziellen Bedrohung unserer Zivilisation muss die breite und hartnäckige Verwurzelung dieser Wettbewerbs-Ellenbogen-Mentalität, wie bereits angedeutet, zweifellos ein zentrales Hindernis bilden, sich der Notwendigkeit globaler Solidarität für unser aller Überleben bewusst zu werden – und vor allem auch danach zu handeln. Dass dieses zentrale Hindernis besonders gegen ein Ernstnehmen der Klimakrise mit verschärfter Heftigkeit zum Tragen kommt, liegt angesichts der bereits erläuterten hohen Wahrscheinlichkeit sehr nahe, dass keine andere das Überleben unserer Zivilisation bedrohende Krise ein so schnelles und entschiedenes Gegensteuern und solidarisches Umdenken auf breiter Basis notwendig macht – um eben ein Überschreiten der drohenden Kipp-Punkte des Erdklimas in letzter Not noch abzuwenden.

Die führende Globalisierungskritikerin Naomi Klein hat dies in außergewöhnlich klarer und gründlicher Weise veranschaulicht: So gut wie alle für den Klimaschutz so bald wie nur möglich umzusetzenden Neuorientierungen in Politik und Wirtschaft machen es notwendig, „dass wir jede Regel in der Betriebsanleitung der freien Marktwirtschaft brechen, und zwar mit großer Dringlichkeit. Wir müssen den öffentlichen Sektor wieder aufbauen, Privatisierungen rückgängig machen, große Teile des Wirtschaftslebens wieder auf eine lokale Ebene zurückführen, übertriebenen Konsum reduzieren, zu langfristiger Planung zurückfinden, Konzernen strenge Regeln und hohe Steuern auferlegen – und einige von ihnen vielleicht sogar verstaatlichen –, Militärausgaben kürzen und unsere Schulden dem Globalen Süden gegenüber anerkennen. Natürlich hat nichts von alledem auch nur die Spur einer Chance auf praktische Umsetzung, wenn es nicht mit einer massiven Bemühung auf breiter Basis einhergeht, den Einfluss der Konzerne auf die politischen Entscheidungsprozesse radikal abzubauen" (Klein, 2019, S. 90; vgl. auch Klein, 2015, S. 122 ff.).

Vor diesem Hintergrund scheint es durchaus folgerichtig, wenn mächtige Konzerne und mit ihnen verbundene Interessensgruppen, die ihre Macht und ihre Wettbewerbs-Ideologie durch solche Neuorientierungen bedroht sehen, die Realität der Klimakrise rundweg zu leugnen versuchen und hinter Klimaschutz-Bemühungen nichts weniger als eine sozialistische Weltverschwörung am Werk sehen (Klein, 2015, S. 56 ff.). Ein bekannter Radio-Talkshow-Journalist mag sich von diesem Verfolgungswahn auch schon mal zu einer überspannten Behauptung von der Art hinreißen lassen: „Die Geschichte von der globalen Erwärmung beginnt mit einem teuflischen Bastard namens Karl Marx" (zitiert nach Soentgen u. Bilandzic, 2014, S. 45). Das extrem brüchige, irrlichternde und korrupte Denken, das in der aggressiven Verleugnung der Klimakrise zum Ausdruck kommt, kann man unter anderem an einem gespenstisch anmutenden Beispiel ermessen: Eine ganze Reihe von einflussreichen Instituten, die sich in der Klimakrisen-Verleugnung – und ebenso in der Verherrlichung des Wettbewerbsdenkens – besonders mächtig hervortun, tun sich gleichzeitig auch stark in der Werbung für Methoden des „Geo-Engineering" hervor – das heißt für höchst gefährliche geologische Großtechnologien zur vorgeblichen Rettung der globalen Klima-Gleichgewichte (u.a. das American Enterprise Institute, das Heartland Institute oder das Competitive Enterprise Institute; vgl. Hamilton, 2015, S. 184 f.; Klein, 2015, S. 343 f.). Mit anderen Worten: Sie machen sich für extrem drastische Methoden zur Bekämpfung einer Gefahr stark, die sie hiermit also doch als sehr schwerwiegend anerkennen – deren Existenz sie aber nahezu im selben Atemzug dennoch großmäulig bestreiten.

Um zumindest notdürftig von einem so grotesken Mangel an logischer Bodenhaftung abzulenken, dürften lautstarke Anklagen gegen eine Weltverschwörung immerhin zweckdienlich sein. Vordringlicher für die Klimakrisen-Verleugner mag noch die Absicht sein, mit heftig um sich schlagender Dauer-Empörungs-Pose dem Risiko auszuweichen, selber für ihre geistige und moralische Verwahrlosung scharf zur Rede gestellt zu werden. Auf einer tiefer unbewussten Ebene wurzelt der Wahn einer sozialistischen Klimaverschwörung aber noch wesentlich stärker im bereits angesprochenen zentralen Zusammenhang: im immer brennender und unerträglicher werdenden Gegensatz zwischen der glasklaren Überlebensnotwendigkeit globaler Solidarität – und der ebenso glasklaren Hartnäckigkeit, mit der sich die Wettbewerbs-Ellenbogen-Mentalität dieser Notwendigkeit verweigert.

Zumindest in ihrer unbewussten Wahrnehmung können selbst die verbissensten Klimakrisen-Verleugner und Wettbewerbs-Ideologen die Realität dieses Gegensatzes nicht verkennen; dafür drängt sie sich bereits dem nackten Auge allzu stark auf und ist für unser aller – und somit auch ihr eigenes – Überleben auch viel zu bedeutsam. Und während sie ihnen zu unerträglich ist, um in ihr Bewusstsein vorgelassen zu werden, muss sie im unbewussten Grund ihrer Seele nur umso heftiger rumoren. Innere Barrieren der Zensur können zwar sehr wirksam sein, unbewusste Regungen oder Wahrnehmungen daran zu hindern, bewusste Anerkennung zu finden. Sie können sie aber nicht nur nicht zum Verschwinden bringen, sondern verstärken durch ihr „Niederhalten" auch noch ihre Intensität – ähnlich wie der Dampf in einem Kochtopf immer heftiger nach oben drängt, je stärker er mit einem Deckel niedergehalten wird. Die durch ein solches „Niederhalten" intensiver werdenden Regungen oder Wahrnehmungen müssen sich daher immer mehr Schleichwege durch die

Barrieren der Zensur bahnen, die ihnen in einer entstellten, maskierten oder verschobenen („ver-rückten") Form ermöglichen, dann doch bis ins Bewusstsein vorzudringen.

Über solche Schleichwege kann also ein unbewusstes Wissen, dass unsere Zivilisation ohne eine radikale Abkehr vom Prinzip, eigene Erfolge zum Schaden anderer anzustreben, ihrem sicheren Untergang zutreibt, an der Oberfläche des Bewusstseins unter anderem die Form eines Weltverschwörungswahns annehmen. Was weite Teile der inneren Gefühlswelt aufwühlt und bedrängt, dessen tatsächliche Beweggründe man sich aber nicht eingestehen will oder kann, wird weiten Teilen der äußeren Welt als abscheuliche Absicht in die Schuhe geschoben. Die mangelnde Ehrlichkeit gegenüber den eigenen Motiven und Wahrnehmungen findet eine grelle Projektionsfläche in der phantasierten Heimtücke einer vom „teuflischen Bastard" Karl Marx inspirierten Bewegung, die eine Klimakrise bloß vorgaukeln würde, um damit ihre Absicht voranzutreiben, die freie marktwirtschaftliche Ellenbogen-Mentalität mit ökodiktatorischem Gutmenschentum abzuwürgen. Eine dagegen unermüdlich genährte Flamme der Entrüstung kann den inneren Albdruck notdürftig lindern, der aus tiefen Schuldgefühlen über die eigene Mitwirkung an der immer näher kommenden Zerstörung unserer Zivilisation erwächst. Die zunehmenden existenziellen Ängste, die diese Aussicht hervorrufen muss, können durch den verschwörungsideologischen Tunnelblick auf eine dämonische Gefährlichkeit der Klimaschutzbewegung abgelenkt und damit wenigstens zeitweise beschwichtigt werden. Sich mit schriller Rhetorik auf Bedrohungen „einzuschießen", von denen man insgeheim nur zu gut weiß, dass sie vergleichsweise gering sind, kann gegenüber viel beängstigenderen Gefahren, die man dadurch ausblendet, einen vorübergehenden Beruhigungseffekt bringen.

Auch der sadistische Machtrausch, in den sich manche bei der Bekämpfung und Verfolgung der Klimaschutzbewegung hineinsteigern, kann ein solches Überspielen der eigenen Ängste noch zusätzlich unterstützen: Andere zu verängstigen, zu quälen und hilflos zu machen, kann die kurzlebige Illusion nähren, selbst vor Angst und Hilflosigkeit gefeit zu sein – wobei gerade auch ihre Kurzlebigkeit zu einer Sucht nach Steigerungen dieses wahnhaften Hochgefühls führen kann. Der PR-Manager Marc Morano, einer der prominentesten Klimakrisen-Verleugner der

Welt, ist für seine rhetorische Forderung bekannt: „Wir sollten die Klimawissenschaftler treten, solange sie am Boden liegen. Sie haben es
verdient, öffentlich ausgepeitscht zu werden" (zitiert nach Blasberg u.
Kohlenberg, 2012). In Gesprächen äußert er unverhohlen seine intensive
Schadenfreude über die gelähmte Fassungslosigkeit, in die er Klimafor-
scher in zahlreichen Fernsehdebatten mit seinen perfektionierten
Verwirr- und Angriffsmethoden treiben kann. Michael Mann, eines seiner
bekanntesten Opfer, betrachtet Morano geradezu als „Auftragsmörder",
der „böswillige Lügen über Wissenschaftler verbreitet, uns als Volks-
feinde anschwärzt und dann eine Sprache verwendet, die den Eindruck
erweckt, als ob wir Todesdrohungen erhalten, verletzt oder ermordet
werden sollten" (zitiert nach Marshall, 2014, S. 151). Nach den Worten
des führenden Klimaforschers Hans Joachim Schellnhuber grenzte die
Brutalität der jahrelang besonders gegen Mann geführten Angriffe „an
Vivisektion, also dem Aufschneiden eines Versuchstiers bei lebendigem
Leib" (Schellnhuber, 2015, S. 517). Das sadistische Hochgefühl, das
Klimakrisen-Verleugner wie Morano so anziehend finden, rührt also zu
einem großen Teil vom mächtigen Beitrag her, den es zur Zurückdrän-
gung ihrer eigenen Ängste und Schuldgefühle leistet – die eben besonders
durch ihr unbewusstes Wissen um die unabwendbare Zerstörung unserer
Zivilisation geschürt werden, falls sich das grundlegende Anliegen
globaler Solidarität nicht in naher Zukunft auf breiter Front durchsetzen
sollte.

Andererseits muss aber auch ein bewusstes Zulassen dieses Wissens
leider bei weitem noch nicht dazu führen, dieses Anliegen zu unterstützen. Es kann auch zu einer resignierten Kapitulation vor der Beharrungsmacht der Wettbewerbs-Ellenbogen-Mentalität führen – besonders
wohl auch bei Menschen, die selbst von ihr wirtschaftlich profitieren. Ein
sehr aufschlussreiches Beispiel dafür liefert der bekannte indische Indus-
trielle Jehangir Wadia, der eine zentrale Rolle im der Klimakrise gewid-
meten Dokumentarfilm „The Age of Stupid" spielt. Als Gründer einer
großen Billigfluggesellschaft trägt er eine außergewöhnlich schwere
persönliche Mitverantwortung für das Vorantreiben der Klimazerstörung
– die ihm einerseits erstaunlich deutlich bewusst ist, wenngleich er sie
andererseits mit der Behauptung von sich weist, dass das Anliegen
globaler Solidarität ohnehin aussichtslos sei. „Wenn alle Menschen an

einem Strang ziehen würden", erklärt er der Regisseurin Franny Armstrong, „die Welt wäre eine andere. Aber leider entspricht das nicht der Realität. Wir können uns nicht einmal darauf verständigen, die Armut zu besiegen. Welche Chance besteht da, den Planeten zu retten?" (zitiert nach Armstrong, 2009, 1:21:45). Mit anderen Worten: In unserer durch blindwütigen Wettbewerb zerrissenen Welt, die ohnehin schon dem Abgrund zutreibt, nutze ich halt die uns verbleibende Zeit aus, um mich gerade noch mal glänzend zu bereichern und als prominenter Erfolgsmensch in Szene zu setzen. Was bliebe mir denn sonst schon?

Eine sehr ähnlich resignierte und pseudo-egoistische Haltung beschreibt auch Douglas Rushkoff bei den sich heimlich treffenden Milliardären, die einen Zusammenbruch unserer Zivilisation bereits für unausweichlich halten. „Es interessierte sie nicht, wie man Katastrophen noch abwenden könnte; sie sind davon überzeugt, dass es dafür schon zu spät ist. Trotz all ihres Reichtums und all ihrer Macht glauben sie nicht, dass sie die Zukunft beeinflussen können. Sie gehen einfach vom düstersten Szenario aus und bringen dabei alle ihnen zur Verfügung stehenden Geldmittel und Technologien ins Spiel, um sich selbst abzuschirmen – vor allem für den Fall, dass sie keinen Sitzplatz in der Rakete zum Mars bekommen sollten" (Rushkoff, 2018).

Einfühlsame Wechselseitigkeit als Nährboden für globale Solidarität

Sogar Menschen an der obersten Spitze der globalen Reichtums- und Machtpyramide nehmen sich also als machtlos wahr, wenn es darum geht, die Lebensgrundlagen unserer Zivilisation noch zu retten. Da könnte man sich nun auch fragen: Um wie viel hilf- und hoffnungsloser mag sich dann wohl erst die überwiegende Mehrheit der Menschen fühlen, die über unvergleichlich weniger Geld, Einfluss und sonstige Machtmittel verfügen? Die extrem schwere Erträglichkeit dieser Gefühle kann ja auch wesentlich zur Erklärung der Verleugnung, Verharmlosung oder Nicht-Beachtung der Klimakrise beitragen, zu der es die meisten Menschen wider besseres (insgeheimes) Wissen sehr mächtig hinzieht. Der Philosoph Clive Hamilton verwendet ein einprägsames Bild, das die Heftigkeit dieser psychologischen Sogwirkung besonders gut nachvollziehbar macht: „Die führenden Klimawissenschaftler der Welt läuten die Alarmglocke nunmehr schon mit ohrenbetäubender Lautstärke, weil die verbliebene Zeit zum Handeln schon fast vorüber ist – aber es ist, als ob die Frequenz des Glockentons jenseits der Schwelle des menschlichen Gehörs läge" (Hamilton, 2015, S. 4).

Was an der Oberfläche des Bewusstseins oft als undurchdringliche Gehörlosigkeit beeindrucken kann, dürfte sich in den Tiefenschichten eines sehr fein wahrnehmenden unbewussten Gehörs also vor allem aus intensiver Angst und Verzweiflung nähren – hervorgerufen vor allem von den verhärteten gesellschaftlichen Strukturen und der extremen Machtkonzentration der Interessensgruppen, die die glasklare Überlebensnotwendigkeit globaler Solidarität mit glasklarer Hartnäckigkeit blockieren. Und man könnte auch vermuten: Je weiter unten sich Menschen in der globalen Reichtums- und Machtpyramide befinden, desto hilfloser müssten sie sich diesen Machtverhältnissen gegenüber fühlen – und desto eher würden sie versuchen, sich die Ohren verzweifelt zuzuhalten, um die ohrenbetäubende Alarmglocke der Klimawissenschaften so lange wie nur irgendwie möglich noch zu „überhören", um nicht gleich vollends und bei vollem Bewusstsein zu verzweifeln.

Gegen diese Vermutung kann man aber auch so einiges einwenden. Dass sich gerade Menschen an der Spitze der globalen Reichtums- und Machtpyramide angesichts der Unverzichtbarkeit globaler Solidarität als machtlos und gelähmt empfinden, kann insofern nicht überraschen, als dies zwangsläufig mit einem Verlust ihrer riesigen Privilegien einhergehen würde (wenn auch nicht unbedingt ihrer Lebensqualität). Da die große Mehrheit der Menschen, die sich sehr weit unter der Pyramidenspitze befindet, dabei keinen derartigen Verlust hinnehmen müsste, kann sie zumindest von einer diesbezüglichen Befürchtung frei sein.

Darüber hinaus leiden Menschen, die über sehr viel Geld, hohen Status und sonstige Machtmittel verfügen, an einer besonderen Art der Macht- und Hilflosigkeit, von der andere Menschen verschont bleiben – und die ihnen auch einen Verlust ihrer Privilegien als besonders beängstigend erscheinen lässt. Aufgrund ihrer äußerlich überlegenen Position haben sie nur wenig Anlass, vor allem aber auch nur geringe Chancen, einfühlsame und auf Wechselseitigkeit beruhende Beziehungen zu ihren Mitmenschen aufzubauen – die eine entscheidende Grundlage für soziale Kompetenz und Stütze für ein tragfähiges Selbstgefühl bilden.

„Die nur von mir kontrollierte Stütze des Geldes lässt sich schneller einsetzen als die zwischenmenschlich wachsende," schreibt dazu der Psychoanalytiker Wolfgang Schmidbauer. „Sie wirkt auf den ersten Blick überlegen, weil sie die Angst vor einem Zusammenbruch des Selbstgefühls sofort reduziert. [...] Ihnen gegenüber wirkt eine von Einfühlung und Austausch mit anderen geformte Stütze zunächst unsicher, ist aber auf lange Sicht erheblich stabiler, genau wie ein wachsender Baum fester wurzelt als ein in die Erde geschlagener Pfosten" (Schmidbauer, 2011, S. 51). Wer sich in Beziehungen engagiert, die nicht durch eine finanzielle oder sonstige Machtüberlegenheit kontrollierbar sind, „setzt sich jedes Mal damit auseinander, dass er nur die Hälfte des Geschehens 'im Griff' hat. Das ist ebenso heilsam wie bereichernd. Er erlebt, dass er im Geben auch etwas bekommt. Er lernt, Ängste zu ertragen und Verwöhnungen zu widerstehen, die darin wurzeln, dass er der Mächtigere ist. Er übt, Brücken zu bauen, bei denen er nur die Hälfte fundamentiert" (S. 52).

Diese den Reichen und Mächtigen weitgehend verwehrten Chancen auf einfühlsame Wechselseitigkeit bilden einen wesentlichen psychologischen Humus, auf dem ein solidarisches Miteinander mit all seinen vertrauensbildenden, produktiven und kreativen Potenzialen wachsen kann – vom persönlichen Umkreis bis hin zum Zusammenleben auf globaler Ebene. Und wenn es auf überzeugende Weise gelingt, die Notwendigkeit und praktische Machbarkeit dieses solidarischen Miteinanders auf breiter Basis zu beweisen, könnte die davon ausgehende Ausstrahlung durchaus eine politische Schwungkraft und Durchsetzungsmacht erreichen, die sich gegenüber den Machtmitteln der herrschenden Interessensgruppen als überlegen erweist.

Andererseits sind die Chancen auf einfühlsame Wechselseitigkeit aber nicht nur den Reichen und Mächtigen, sondern auch sehr vielen anderen Menschen verwehrt – zum Beispiel aufgrund von sehr zermürbenden und verletzenden Lebensbedingungen, die dafür keinen oder nur wenig Freiraum lassen. Da diese vielen Anderen allerdings ein wesentlich schwächeres (oder auch gar kein) Motiv haben, bei einer breiten Durchsetzung des solidarischen Prinzips einen Verlust von Privilegien zu befürchten, dürften sie immerhin in ihrer großen Mehrheit für seine Ausstrahlung weitaus empfänglicher sein. Wenn die soziale Wärme der Solidarität erst einmal im gelebten Alltag spürbar wird, dürfte auch die verhärtete Ellenbogen-Mentalität bei sehr vielen Menschen einen allmählichen oder auch schnelleren Rückzug antreten – und damit auch die oberflächliche Gehörlosigkeit für die Alarmglocke der Klimakrise.

Da die Klimakrise unsere Zivilisation vor die nicht mehr aufschiebbare Notwendigkeit stellt, als globale Gemeinschaft so entschieden wie möglich für die Rettung unserer gemeinsamen Lebensgrundlagen zu kämpfen, trägt sie zumindest die Chance in sich, dem Prinzip des solidarischen Miteinanders zu einem energischen Durchbruch auf breiter Front zu verhelfen. Dies ist auch die zentrale Botschaft von Naomi Kleins ebenso klugem wie leidenschaftlichem Werk „This Changes Everything" (Klein, 2015), das man daher auch als das vielleicht wichtigste Buch unseres Zeitalters betrachten kann. Ob diese Chance trotz allen Hindernissen genutzt werden kann, ist gewiss eine sehr offene Frage. Falls sie noch ergriffen werden kann, wird dies wahrscheinlich in sehr paradoxen, wechselhaften und widersprüchlichen Formen zum Tragen kommen, wobei sich auch sehr plötzliche und unvorhersehbare Wendungen des politischen Geschehens ergeben können. Ob diese Wendungen dann auch zu den entscheidenden Weichenstellungen zugunsten unseres Überlebens führen, wird oft genug auf Messers Schneide stehen. Nicht nur – aber auch – daran kann man ermessen, wie wichtig und wertvoll selbst die noch so unspektakulären Bemühungen jeder und jedes Einzelnen sind, einen engagierten Beitrag zu diesem gemeinsamen Ziel zu leisten.

Die Psychologin und Mitgründerin der Basisbewegung „The Climate Mobilization" Margaret Klein Salamon hat einen eindrucksvollen Aufruf an alle für die Klimakrise sensibilierten Menschen veröffentlicht, sich ganz persönlich mitverantwortlich für die Erreichung dieses Ziels zu fühlen. Um dem Notstand der Klimakrise ernsthaft entgegenzutreten, „müssen wir gemeinsam aus dem Normalitäts-Modus aussteigen. Jede und jeder müssen wir in den Notstands-Modus wechseln und unsere Entscheidung dann auch anderen bekannt machen. Denn […] die Art, wie wir auf Bedrohungen reagieren – ob wir uns in Verleugnung üben und im Normalitäts-Modus verharren oder uns unseren Ängsten stellen und in den Notstands-Modus eintreten – ist höchst ansteckend. Wir können kollektives Verhalten in Gang bringen, indem wir uns zuerst als Individuen ändern und danach andere anleiten" (Klein Salamon u. Gage, 2020, S. 79).

Ein hoffnungsträchtiges Beispiel für den dringenden Einstieg in den Notstands-Modus liefern die seit 2015 vom europaweiten Bündnis „Ende Gelände" (2021) organisierten Besetzungen von Braunkohlerevieren. In ihnen kommt das zu kollektivem Bewusstsein und tragfähiger Solidarität zusammenfließende persönliche Verantwortungsgefühl vieler sensibilierter Individuen überaus hautnah zur Geltung. Eine gute Freundin, die gemeinsam mit mir an einer dieser Besetzungen (des vom Energiekonzern RWE betriebenen Braunkohletagebaus Garzweiler) teilnahm, konnte ihr Empfinden direkter persönlicher Mitverantwortung besonders überzeugend zum Ausdruck bringen. Mit der Anklage eines „Hausfriedensbruchs" vor Gericht geladen, verfasste sie die folgende Erklärung, in der nicht zuletzt der tiefe Zusammenhang zwischen der persönlichen Sphäre und unserer globalen Schicksalsgemeinschaft ohne Umschweife zur Sprache kommt. Der moralische Antrieb, der ihr aus ihrer familiären und beruflichen Verantwortung erwächst, verbindet sich unmittelbar mit ihrem Selbstverständnis als Weltbürgerin auf unserem bedrohten Planeten:

> „Als Mutter und Ärztin stehe ich hier, weil ich in dieser Verantwortung nicht anders kann.
>
> Ich fühle mich der Gesundheit der Menschheit verpflichtet, die ohne einen gesunden Planeten nicht vorstellbar ist. Braunkohlegruben sehe ich als brutal geschlagene, klaffende Wunden, deren katastrophale Auswirkungen den gesamten Organismus Erde gefährden.
>
> Die Klimakatastrophe ist eine akute Notfallsituation, die nicht den geringsten zeitlichen Aufschub zulässt. Aus diesem Grund war ich mit mehr als tausend anderen Menschen in der Braunkohlegrube von RWE, um die Öffentlichkeit zu alarmieren und darauf aufmerksam zu machen, dass durch die Machenschaften von RWE der globale Hausfrieden auf dem Spiel steht.
>
> Nun stehe ich paradoxerweise selbst vor Gericht und werde des Hausfriedensbruchs angeklagt. Den juristischen Begriff des Hausfriedensbruchs stelle ich in diesem Zusammenhang aus menschlicher Sicht scharf in Frage!

'Haus'? Dort ist kein Haus. RWE hat die Dörfer zerstört und abgebaggert. 'Frieden'? Dort ist kein Frieden. RWE hat die Landschaft komplett verwüstet. 'Bruch'? Dort war kein Zaun, kein Wall, keine Absperrung – also nichts, was man hätte brechen müssen, um in die Grube zu gelangen.

Solange nicht politisch für eine sofortige Beendigung des Braunkohletagebaus gesorgt wird, befinde ich zivilen Ungehorsam als dringende, unumgängliche Notwendigkeit.

Als Mutter und Ärztin stehe ich hier, weil ich in dieser Verantwortung nicht anders kann."

Literatur

Armstrong, F. (2009). The age of stupid. Großbritannien: Spanner Films.

Berghold, J. (2007). Feindbilder und Verständigung. Grundfragen der politischen Psychologie (3. Aufl.). Wiesbaden: VS Verlag für Sozialwissenschaften.

Blasberg, A., Kohlenberg, K. (2012). Die Klimakrieger. Die Zeit, 22.11.2012. www.zeit.de/2012/48/Klimawandel-Marc-Morano-Lobby-Klimaskeptiker

Ellsberg, D. (2017). The doomsday machine: Confessions of a nuclear war planner. New York: Bloomsbury.

Ende Gelände (2021). www.ende-gelaende.org

Freud, S. (1930/1999). Das Unbehagen in der Kultur. Gesammelte Werke, Bd. XIV (S. 419–506). Frankfurt a. M.: Fischer.

Hamilton, C. (2015). Requiem for a species: Why we resist the truth about climate change. London/New York: Routledge.

Klein, N. (2015). Die Entscheidung. Kapitalismus vs. Klima. Frankfurt a. M.: Fischer.

Klein, N. (2017). No is not enough: Defeating the new shock politics. London: Allen Lane.

Klein, N. (2019). On fire: The burning case for a Green New Deal. London: Allen Lane.

Klein Salamon, M., Gage, M. (2020). Facing the climate emergency: How to transform yourself with climate truth. Gabriola Island: New Society Publishers. https://facingtheclimateemergency.com/#free-chapter

Kohn, A. (1989). Mit vereinten Kräften. Warum Kooperation der Konkurrenz überlegen ist. Weinheim/Basel: Beltz.

Kohn, A. (1999). Punished by rewards: The trouble with gold stars, incentive plans, A's, praise, and other bribes. Boston/New York: Houghton Mifflin.

Lenton, T.M., Rockström, J., Gaffney, O., Rahmstorf, S., Richardson, K., Steffen, W., Schellnhuber, H.J. (2019). Climate tipping points – too risky to bet against. Nature, 575, 28.11.2019, 592–595. https://media.nature.com/original/magazine-assets/d41586-019-03595-0/d41586-019-03595-0.pdf

Lifton, R.J., Markusen, E. (1990). The genocidal mentality: Nazi holocaust and nuclear threat. New York: Basic Books.

Marshall, G. (2014). Don't even think about it: Why our brains are wired to ignore climate change. New York u.a.: Bloomsbury.

Meier, T. (2017). Planetary boundaries of agriculture and nutrition: An anthropocene approach. In R. Leinfelder, A. Hamann, J. Kirstein, M. Schleunitz (Hrsg.), Science meets comics: Proceedings of the symposium on communicating and designing the future of food in the anthropocene (S. 67–76). Berlin: Bachmann. www.nutrition-impacts.org/media/2017_TMeier_planetary_boundaries_agriculture_nutrition.pdf

Overbye, D. (2003). It was fun while it lasted. The New York Times, 18.05.2003. www.nytimes.com/2003/05/18/books/it-was-fun-while-it-lasted.html

Pink, D.H. (2011). Drive: The surprising truth about what motivates us. Edinburgh u.a.: Canongate.

Rees, M. (2003). Unsere letzte Stunde. Warum die moderne Naturwissenschaft das Überleben der Menschheit bedroht. München: Bertelsmann.

Rockström, J., Steffen, W., Noone, K., Persson, Å., Lenton, T.M., Schellnhuber, H.J., Costanza, R., Hansen, J., Richardson, K., Crutzen, P., et al. (2009). Planetary boundaries: Exploring the safe operating space for humanity. Ecology and Society, 14 (2), 1–32. www.ecologyandsociety.org/vol14/iss2/art32/; A safe operating space for humanity. Nature, 461, 24.09.2009, 472–475. www.nature.com/articles/461472a

Rushkoff, D. (2018). Survival of the richest: The wealthy are plotting to leave us behind. Medium, 05.07.2018.
https://onezero.medium.com/survival-of-the-richest-9ef6cddd0cc1

Schell, J. (2007). The seventh decade: The new shape of nuclear danger. New York: Holt.

Schellnhuber, H.J. (2015). Selbstverbrennung. Die fatale Dreiecksbeziehung zwischen Klima, Mensch und Kohlenstoff. München: Bertelsmann.

Schmidbauer, W. (2011). Das kalte Herz. Von der Macht des Geldes und dem Verlust der Gefühle. Hamburg: Murmann.

Soentgen, J., Bilandzic, H. (2014). Die Struktur klimaskeptischer Argumente. Verschwörungstheorie als Wissenschaftskritik. GAIA, 23 (1), 40–47.
https://opus.bibliothek.uni-augsburg.de/opus4/frontdoor/deliver/index/docId/39508/file/s10.pdf

Solnick, S.J., Hemenway, D. (1998). Is more always better? A survey on positional concerns. Journal of Economic Behavior & Organization, 37 (3), 373–383.
www.albany.edu/~gs149266/Solnick%20&%20Hemenway%20%281998%29%20-%20Positional%20concerns.pdf

Steffen, W., Richardson, K., Rockström, J., Cornell, S.E., Fetzer, I., Bennett, E.M., Biggs, R., et al. (2015). Planetary boundaries: Guiding human development on a changing planet. Science, 347 (6223), 13.02.2015.
https://science.sciencemag.org/content/347/6223/1259855

Wallace-Wells, D. (2019). The uninhabitable earth: Life after warming. New York: Duggan.

Weintrobe, S. (2021). Psychological roots of the climate crisis: Neoliberal exceptionalism and the culture of uncare. New York u.a.: Bloomsbury.

Gundula Buitkamp-Nagel

Ein paar Worte zur Resilienz

Eine Psychiaterin erklärte mir mit einem einleuchtenden Bild, was Resilienz sei: "Denken Sie an die Widerstandsfähigkeit einer neuen Matratze! Man legt sich darauf, belastet sie, sinkt an bestimmten Stellen ein und steht erst Stunden später wieder auf. Dann sind Mulden entstanden, aber die Matratze findet zurück in ihre ursprüngliche Form. So ist es mit der gesunden Psyche auch: Sie kann vieles verkraften, Erlebnisse integrieren und Krisen überstehen. Das ist Resilienz."

Ich war von dieser Erläuterung sehr angetan und gab sie bei der einen oder anderen Gelegenheit gerne so weiter.

Neulich aber dachte ich: Eine alte Matratze kann man entsorgen und sich eine neue kaufen. Es wird empfohlen, das alle zehn Jahre zu machen.

Eine Seele kann man dagegen nirgends kaufen. Nein, es gilt, mit einer einzigen das ganze Leben zu bestreiten.

Wie soll man das bloß schaffen? Wie oft sind wir belastet bis zur Erschöpfung! Wie soll die Seele das aushalten! Sie ist doch keine Matratze!

Also muss es doch besonders wichtig sein, dass wir unsere einzige Seele beachten, würdigen, liebhaben und pflegen, um eine Resilienz zu erlangen, die ein Leben lang währt.

Und nun ist es an Ihnen, liebe Leser:innen, sich einmal Gedanken zu machen, was Ihnen dabei hilft. Dazu ein paar Fragen, die Ihnen eine Anregung sein mögen, Ihrer Resilienz auf die Spur zu kommen:

Was war das Schönste, was Sie gestern oder heute erlebt haben?

Wessen Gesellschaft genießen Sie?

Was essen und trinken Sie am liebsten?

Wobei fühlen Sie sich körperlich richtig wohl?

In welcher Zeitschrift blättern Sie gern?

Welcher Ort tut Ihnen gut?

Wann haben Sie zuletzt alles um sich herum vergessen, weil Sie ganz bei der Sache waren?

Worauf freuen Sie sich?

Welche Gedanken, Bilder, Worte, welche Musik und welche Kunst tun Ihnen gut?

Was ist Ihre Lieblingsfarbe?

Können Sie mehr dafür tun, sich mit dem zu umgeben oder das zu tun, was Sie froh macht?

Ich wünsche Ihnen eine gute Resilienz. Und vergessen Sie nicht: Ihre Seele ist keine Matratze.

Stichwortverzeichnis

System* 14 f., 26 […], 77 […], 106 f., 112, 119, 157 […]
Verleugnung 19, 181, 190, 194, 197
Vertrauen* 44, 53, 102 f., 118, 120, 123, 129, 147, 196
Wechselseitigkeit 194, 195, 196
Wertschätzung 85, 101, 103, 158, 163, 169

* Die gekennzeichneten Stichworte kommen als Kernbegriffe besonders häufig vor und verbinden zumeist mehrere Beiträge untereinander.

Die Autorinnen und Autoren

Heidrun Buitkamp wurde 1965 in Göttingen geboren und erlebte dort Kindheit und Schulzeit. Auf ein Soziales Jahr in Bethel bei Bielefeld folgte der Umzug nach Hamburg, wo sie bis heute lebt. Sie studierte Bibliothekswesen und ist seit 1991 als Bibliothekarin in der Nordkirchenbibliothek in Hamburg tätig. Daneben besuchte sie bereits in den 90er Jahren theologische Veranstaltungen an der Universität Hamburg, nahm 2010 ein berufsbegleitendes Theologiestudium an der Universität Marburg auf und schloss es 2013 mit dem Master of Theology ab. Seither nebenberufliche Vortrags- und Schreibtätigkeit im theologischen Bereich.

E-Mail: h_buitkamp@web.de

„In einer einschneidenden Lebensphase traf mich der Satz einer Feldenkrais-Lehrerin im Zusammenhang mit einer bestimmten körperlichen Bewegung: ‚Wie flüssig ist der Rückweg?‘ Eine Krise konfrontiert mich mit der Erkenntnis: Es gibt keinen Rückweg. Nichts wird so sein wie vorher. Aber es gibt einzelne Schritte nach vorne in eine neue Wirklichkeit.“

Andreas Schneider wurde 1965 in Celle, Niedersachsen, geboren. Nach Abitur und Zivildienst nahm er Anlauf in verschiedenen Studienfächern, verbrachte währenddessen auch einige Zeit auf Auslandsreisen in Südasien und versuchte sich jobbend in unterschiedlichen Berufsfeldern. Derzeit tätig als selbstständiger EDV-Dienstleister. Ehrenamtliche Tätigkeiten, z.B. Palliativbegleitung und soziale Projekte. Besondere Interessen: Natur, (Fluss-)Wandern, Wissenschaft(en) und die Welt.

E-Mail: a.schneider@coding-service.de

„Krise bedeutet für mich: Ein immer wieder auftauchender Puzzlestein unseres Lebens. Und manchmal passt er einfach nirgends hin…“

Gundula Buitkamp-Nagel, geboren 1971, wuchs in Göttingen auf und studierte Musiktherapie in Heidelberg. Während und nach der Schulzeit lebte sie einige Zeit in Göteborg und Järna in Schweden, wohin sie bis heute häufig reist. Die schwedische Natur empfindet sie als heilsam. Die schwedische Sprache ist Musik in ihren Ohren. Seit 1995 lebt und arbeitet sie als zertifizierte Musiktherapeutin in Klinik und Praxis sowie als Komponistin und Musikerin in Lübeck.

www.buitkamp-nagel.de, E-Mail: praxis@buitkamp-nagel.de

*„Eine Krise ist für mich eine meist unangenehme, aufwühlende Zeit der Ungewissheit. Ich muss damit zurechtkommen, dass es entweder *so* wird oder *anders* oder *ganz anders*. Ich bin damit konfrontiert, dass ich den Fort- oder Ausgang nicht planen und bestimmen kann und dass ich – warten muss, obwohl ich ungeduldig und angespannt bin und die Gedanken Karussell fahren. Dann ist es gut, wenn ich Zugriff auf Fähigkeiten habe, die ich auch in normalen, krisenfreien Zeiten täglich übe: Stoisch sein, mich nicht zu sehr aufregen, Dinge leichtnehmen, spielerisch damit umgehen, Abstand nehmen durch Alleinsein, Bewegung, Genuss von Natur und Musik sowie bewusstes Dokumentieren von guten Erlebnissen und Kultivieren von Dankbarkeit. "*

Antje Buitkamp, geboren 1968 in Göttingen, dort 1987-1998 Studium der Humanmedizin. 1998 Dissertation "Implementation und Evaluierung eines Gesundheitsprojekts im Andenhochland Boliviens". Facharztausbildung Gynäkologie und Geburtshilfe 1999-2002 in Bolivien, 2003-2006 in Deutschland. Seit 2006 Tätigkeit als Oberärztin in der gynäkologischen Rehabilitation, Schwerpunkt Endometriose. Zusatzbezeichnungen: Akupunktur, Palliativmedizin, Psychoonkologie, Ernährungsmedizin. Besondere Interessen: Wandern, Garten, Yoga, Klimaschutz.

E-Mail: antjebuitkamp@posteo.de

„Krise bedeutet für mich die konkrete Erfahrung, dass etwas Schlimmes, kaum zu Verkraftendes geschieht und mein Lebenskonzept durchschüttelt, so dass nichts so bleiben kann, wie es war. Und dass es möglich ist, dank der Solidarität anderer Menschen und durch den Einsatz eigener, teils ungeahnter Kräfte an dieser Situation zu wachsen und neue Wege zu gehen. "

Andreas Fraesdorff, geboren 1963 in Gelsenkirchen-Buer, absolvierte nach Schulzeit und Theologiestudium in Hamburg sein Vikariat in Niebüll-Deezbüll (Nordfriesland). Danach nahm er eine zwischenzeitliche Tätigkeit als Arbeitsvermittler, Berater und Trainer auf. Seit 2002 arbeitet er als Pastor in der Nordkirche, zunächst in Gemeinde und Altenheimseelsorge, aktuell als Krankenhausseelsorger in der Asklepios Klinik St. Georg in Hamburg. Weiterhin ist er Referent im Kirchenkreisverband Hamburg und nebenberuflich tätig als Lehrsupervisor, Deutsche Gesellschaft für Pastoralpsychologie (DGfP).

E-Mail: a_fraesdorff@web.de

„Eine Krise ist die Erfahrung einer Infragestellung bestehender Beziehungen, Strukturen, Dinge und Wertvorstellungen. Je bedeutungsvoller diese Aspekte für das Individuum, die Organisation oder die Gesellschaft sind und je grundlegender die Infragestellung geschieht, desto radikaler und einschneidender stellt sich die Krise dar. Jenseits aller mit ihr verbundenen Last, Bedrängung, Schmerzen usw. birgt sie die Chance einer neuen Sicht, der Befreiung, etwas anders und vielleicht sogar besser zu gestalten."

Karin-Franziska Opitz, geboren 1965 in Öhringen. 1992-1996 Studium der Sozialarbeit an der Kath. Fachhochschule Freiburg, Tätigkeit als Sozialarbeiterin. Weiterbildung und Abschluss als systemische Familientherapeutin und Psychoonkologin. Seit 2004 in der Hospiz- und Palliativarbeit tätig. Fachvorträge an der Wannseeakademie Berlin, Greifswald und Stettin. Kraftquellen sind das Leben mit Tieren, die Natur, das Musizieren und die ehrenamtliche Tätigkeit in der Kirchengemeinde.

E-Mail: k-f.opitz@gmx.de

„Krise ist für mich ein Erlebnis, welches mich bis ins Tiefste schüttert, alles in mir aufwühlt und mehr Fragen als Antworten aufwirft. Sie fordert mich existentiell zum Loslassen und Vertrauen heraus. Dafür brauche ich menschlichen und göttlichen Beistand, um sie durchleben zu können. Erst im Rückblick kann ich die Chance, die darin liegt, vielleicht erkennen."

Christian Danckworth, geboren 1974 in Bonn, seit 1979 wohnhaft in Lübeck. Abitur in Lübeck 1994 (Johanneum zu Lübeck). Zivildienst. Von 1995-2006 wohnhaft in Berlin. Politisch aktiv in linkspolitischen Gruppen und Kontexten. 1997-2002 Arbeit als Einzelfallhelfer mit der Betreung eines Jungen mit Muskelschwund. 1998-2002 Studium der Geschichte, Politik und Philosophie an der Humboldt-Universität (ohne Abschluss). 2001-2009 Arbeit als Künstler. 2011 Arbeit in der Behindertenhilfe in Lübeck. 2012-2015 Ausbildung zum examinierten Altenpfleger (Examen 2015). 2016 Arbeit als examinierter Altenpfleger in einem kommunalen Altenheim in Lübeck. Seit 2017 Arbeit als examinierte Altenpflegefachkraft bei einem antifaschistischen Pflegedienst in Hamburg. Interessen: linke Politik und aktive Gesellschaftskritik (vor allem Anarchismus, Antimilitarismus und Rätekommunismus), Literatur, Brettspiele, Science Fiction.

„Krise direkt erleben konnte ich während meiner Ausbildung zur Altenpflegefachkraft. In dieser Zeit ist mir das Ausmaß der Krise im Pflege- und Gesundheitssystem deutlich geworden – eine Pflegekrise, die leider Normalzustand bleibt."

Josef Berghold, geboren 1953 in Graz, Studium der Psychologie in Salzburg (Doktorat 1987), Habilitation im Fach Sozialpsychologie (Universität Klagenfurt, 2002). Lehrtätigkeit u.a. an den Universitäten Wien, Klagenfurt, Ferrara, Innsbruck, Bozen und Lüneburg. Forschungsaufträge u.a. des österreichischen Wissenschaftsministeriums. Mitherausgeber bei Buchprojekten u.a. am Museo storico del Trentino und UKE Hamburg. Schwerpunkte: Vorurteile und Feindbilder, interkulturelle Entwicklung, globale Gesellschaft, Solidarität und Sozialdarwinismus, ökologische Nachhaltigkeit, Deutungen des Unbewussten im öffentlichen Leben, Hindernisse gegen ein Ernstnehmen der Klimakatastrophe.

E-Mail: j.berghold@posteo.de

„Krise bedeutet für mich: Ein deutliches Scheitern der Wirksamkeit und Glaubwürdigkeit bisheriger Sichtweisen, Gewohnheiten und Wertvorstellungen – und daher ein kräftiger Anstoß, ehrlich mit ihnen abzurechnen und sich um eine möglichst illusionslose Bodenhaftung zu bemühen, um mit den entsprechenden Belastungen und Herausforderungen zu Rande zu kommen. Im Kernbereich verhängnisvoller Wertvorstellungen, die seit langen Zeitaltern zu den schwersten Krisen unserer Zivilisation geführt haben und heute unser nacktes Überleben bedrohen, liegt meiner Überzeugung nach das Prinzip des Wettbewerbs (‚Mein Erfolg macht dein Versagen erforderlich').“